EUROPE ORGANISÉE, EUROPE DU LIBRE-ÉCHANGE ?

FIN XIXᵉ SIÈCLE - ANNÉES 1960

P.I.E. Peter Lang

Bruxelles ·Bern ·Berlin·Frankfurt am Main·New York·Oxford·Wien

EUROPE ORGANISÉE, EUROPE DU LIBRE-ÉCHANGE ?

FIN XIXe SIÈCLE - ANNÉES 1960

Éric BUSSIÈRE, Michel DUMOULIN
& Sylvain SCHIRMANN (dir.)

Euroclio n° 34

Actes du colloque *Europe organisée, Europe du libre-échange ?*
tenu à Metz - Scy-Chazelles, Maison Robert Schumann,
les 22 et 23 mai 2003.

Avec le concours
du Conseil Général du département de la Moselle, du Comité pour
l'Histoire économique et financière de la France, de l'Université
Paul Verlaine de Metz et de son Centre de recherche d'Histoire
et de Civilisation de l'Europe occidentale, de l'UMR - IRICE, et de
l'Institut d'études européennes de l'Université catholique de
Louvain.

© P.I.E. PETER LANG
Éditions scientifiques internationales
Bruxelles, 2006 – 2e tirage 2007
1 avenue Maurice, B-1050 Bruxelles, Belgique
pie@peterlang.com ; www.peterlang.com

ISSN 0944-2294
ISBN 978-90-5201-386-2
D/2006/5678/12

Imprimé en Allemagne

Information bibliographique publiée par « Die Deutsche Bibliothek »
« Die Deutsche Bibliothek » répertorie cette publication dans la « Deutsche Natio-
nal-bibliografie » ; les données bibliographiques détaillées sont disponibles sur le
site http://dnb.ddb.de.

Table des matières

Liste des abréviations

ACVW   Algemeen Christelijk Vervond van Werkgevers
AELE   Association européenne de libre-échange
AEP   Agence européenne pour la productivité
APIC   Association des patrons et ingénieurs catholiques
BDI   Bund der deutschen Industriellen
CCI   Chambre de commerce internationale
CCI   Comité central industriel
CECA   Communauté économique du charbon et de l'acier
CED   Committee for Economic Development
CEE   Communauté économique européenne
CEPES   Comité européen pour le progrès économique et social
CES   Confédération européenne des syndicats
CESE   Comité économique et social européen
CFDT   Confédération française démocratique du travail
CFTC   Confédération française des travailleurs chrétiens
CIA   Convention internationale de l'azote
CIFE   Conseil des fédérations industrielles d'Europe
CNPF   Conseil national du patronat français
COPA   Comité des organisations professionnelles agricoles
CPS   Comptoir des produits sidérurgiques
CSCA   Chambre syndicale des constructeurs automobiles
CSO   Central Selling Organisation
CTE   Commission technique des ententes
DKS   Deutsche Kali Syndikat
EIA   Entente internationale de l'acier
FEB   Fédération des entreprises de Belgique
FENIB   Fédération des entreprises non-industrielles de Belgique
FIB   Fédération des industries belges

FIMTM   Fédération des industries mécaniques et transformatrices des métaux

GSCFA   Groupement syndical des constructeurs français de l'automobile

INCA   International Notification and Compensation Agreement

INR   Institut national de radiodiffusion

IPS   International Potash Syndicate

ISC   International Steel Cartel

LECE   Ligue européenne de coopération économique

MWT   Mitteleuropäischen Wirtschaftstag

OECE   Organisation européenne de coopération économique

SCPA   Société commerciale des Potasses d'Alsace

SDN   Société des Nations

SEA   Steel Export Association

SGCI   Secrétariat général du comité interministériel

SNCF   Société nationale des Chemins de fer français

UEP   Union européenne des paiements

VBN   Verbond der Belgische Nijverheid

VEV   Vlaams Economish Verbond

ZELE   Zone européenne de libre-échange

ZVDI   Zentralverband der deutschen Industriellen

Avant-propos

Le colloque *Europe organisée, Europe du libre-échange ?* clôt la première année de travail du séminaire international *Milieux économiques et intégration européenne au XXe siècle*, organisé par le Comité pour l'Histoire économique et financière de la France. Le colloque visait à analyser les positions des acteurs économiques et sociaux, et les attitudes des institutions face à la question de l'architecture économique de l'Europe. Premier d'une série de trois manifestations similaires (Louvain-la-Neuve en 2004, Paris en 2005), il s'intéresse plus particulièrement à la période qui court de la fin du XIXe siècle aux années 1960, et ce même si certaines des interventions reproduites dans les pages qui suivent débordent ce cadre.

Choisissant de croiser les interventions de jeunes chercheurs, pour la plupart en thèse, et d'historiens plus confirmés, les organisateurs du séminaire et du colloque ont souhaité aborder des problématiques et des approches nouvelles. Si la nécessité d'organiser les marchés européens s'affiche dès le XIXe siècle, celle-ci s'inscrit malgré tout dans un capitalisme organisé encore largement dans un cadre national. Les interactions entre acteurs privés et États ont été abordées par des travaux antérieurs. Il convenait de reprendre ce problème, en s'intéressant aux cas allemand et français. Fallait-il rester dans le cadre du *Zollverein*, rentrer dans une logique de cartellisation de l'économie européenne ou privilégier certaines coalitions industrielles ? La question s'est posée aux milieux économiques, politiques et intellectuels allemands à l'époque de la *Weltpolitik*. Les réponses à ces questions, cœur de l'intervention de Séverine Marin, conditionnent également l'attitude du Reich vis-à-vis de l'Europe centrale. Jürgen Elvert revisite cette question de la *Mitteleuropa* au cours de l'entre-deux-guerres. L'article de Françoise Berger reprend, quant à lui, tout le débat de la cartellisation des économies européennes dans les années 1930, apportant ainsi une touche supplémentaire aux réflexions sur les interactions entre milieux économiques et États.

Les débats sur l'organisation des marchés européens reprennent de la vigueur au lendemain de la Seconde Guerre mondiale, dans un contexte marqué par le début du processus de construction européenne, à travers la création de la CECA et du Marché commun. Comment et dans quelle mesure cette intégration européenne a-t-elle été influencée et perçue par les acteurs économiques ? Des études de cas permettent d'apporter quelques pierres à la réflexion d'ensemble. Paolo Tedeschi nous livre les interrogations du patronat lombard face, à la fois, aux risques et à la chance que constitue la CEE. Les mêmes doutes, inquiétudes et espérances se retrouvent au sein du patronat belge, dont Michel Dumoulin esquisse l'attitude. Philippe Mioche montre enfin comment la CECA a contribué, dans le cas français, à « révolutionner » les marchés de l'acier. Le Marché commun institué, reste à voir comment et à quelles conditions il réussit à organiser les marchés, notamment à travers la politique de la concurrence. Celle-ci suscite des débats entre les États, car les conceptions de l'organisation économique ne répondent pas au même modèle au Nord et au Sud de l'Europe des Six. Paris a-t-elle une chance d'imposer le sien ? C'est à cette question que répond la communication de Laurent Warlouzet. Quant à Sigfrido Ramirez, à travers son étude de l'industrie automobile, il s'interroge sur la portée internationale de la politique de concurrence et pose – dès la naissance de la CEE – la question de la rivalité Europe-États-Unis.

Restait enfin à aborder cette question de la libre concurrence ou du dirigisme économique, en donnant la parole aux acteurs sociaux. Le Comité économique et social européen peut-il jeter les bases d'une Europe sociale, qui pèserait sur les marchés ? Antonio Varsori dresse un bilan de l'action du CESE sur un demi-siècle de fonctionnement. L'Europe ne peut manquer d'intéresser les organisations syndicales. Quelles sont leurs positions sur l'organisation d'un marché européen ? L'exemple de la CFDT, évoqué par Sylvain Schirmann, montre que le débat n'y fut pas escamoté.

Symbolique fut le lieu du colloque. Organisée à Scy-Chazelles, dans la maison même de Robert Schuman, la manifestation a bénéficié du soutien important du Conseil général de la Moselle, propriétaire des lieux. Mais elle résulte également d'un partenariat entre le Comité pour l'histoire économique et financière de la France, de l'UMR IRICE et du Centre de Recherche Histoire et Civilisation de l'Europe Occidentale (CRHCEO) de l'Université de Metz. Que les uns et les autres trouvent ici l'expression de la gratitude des organisateurs.

Zollverein, cartels ou coalitions ?

Réflexions allemandes sur l'organisation des marchés européens (1880-1914)

Séverine Antigone MARIN

Université de Paris IV

Le combat de l'Ancien Monde avec le Nouveau dans tous les domaines de la vie semble de toute évidence devoir être la principale question du siècle à venir, et si l'Europe veut conserver sa position dominante dans le monde ou tout au moins rester l'égale des États-Unis, elle devra se préparer à ce combat. Elle ne peut le faire qu'avec la disparition la plus complète possible de toutes les restrictions douanières intra-européennes qui renchérissent les coûts de fabrication et qui diminuent la compétitivité sur les marchés internationaux.

Werner Siemens, *Mémoires*, 1891.

Introduction

Les propos de Werner Siemens feraient le miel de tout biographe. Quelle meilleure preuve apporter des intuitions du fondateur de l'entreprise ? L'historien lui-même ne peut-il y voir les linéaments d'une pensée européenne appelée à s'épanouir – après bien des vicissitudes – au siècle suivant ? Pourtant, l'absence d'engagement concret du pionnier de l'électrotechnique allemande en faveur d'une solution européenne invite à une lecture moins enthousiaste. Ces phrases reflètent surtout l'inquiétude de l'époque face à la vitalité américaine et sans doute une certaine nostalgie des années 1850 et 1860, qui virent le développement prodigieux de l'entreprise familiale dans un contexte libre-échangiste, bien différent du renouveau protectionniste au début des années 1890.

Cet exemple de trompe-l'œil illustre les difficultés qui s'offrent à qui veut étudier l'idée européenne avant 1914. Il est très difficile d'aller au-delà des déclarations d'intention. Pourtant, leur existence même, tout comme la création de cartels au début du XXe siècle, montrent que le paysage économique européen ne devait pas, aux yeux des contemporains, se résumer à des espaces nationaux protégés par des barrières protectionnistes. Cet article voudrait rappeler que projets européens et cartellisation, thèmes le plus souvent traités séparément par l'historiographie, témoignent du même désir d'organiser les marchés nationaux et internationaux, fût-ce par des voies opposées, car ils ont en commun une même vision téléologique de l'évolution de l'économie internationale vers une unité organique.

Étudiés ensemble, ces deux types d'organisation se présentent de façon très contrastée : d'un côté on trouve des projets à l'ambition claironnée mais qui restent largement lettre morte, de l'autre des associations d'intérêts industriels se forment dans la discrétion, fruits d'un désir « naturel » de soutenir les prix qui se passe de toute théorisation. Les sources utilisées sont donc essentiellement des travaux d'universitaires et de publicistes allemands, les seuls à discuter ouvertement de ces thèmes puisqu'ils trouvent leur légitimité dans leur capacité à décrypter les nouvelles tendances économiques mais aussi à se faire les porte-parole de groupes de pression pour orienter l'action du gouvernement. Ces textes analysent la situation allemande en se référant constamment aux expériences étrangères, au point que la *Panamerika* ou les trusts américains deviennent rapidement des références incontournables dans tout argumentaire sur la *Mitteleuropa* ou les cartels. Le fait mérite d'être relevé, car les deux thèmes évoqués renvoient à deux notions souvent utilisées pour essayer de caractériser les spécificités allemandes de l'époque wilhelminienne. La première est la conscience de soi particulière de l'Allemagne qui la conduit à se donner une mission à accomplir dans l'espace centre-européen. La seconde, bien que plus discutée depuis sa création par les historiens des années 1970, renvoie à l'idée d'un développement économique propre à l'empire wilhelminien, désigné sous le vocable de capitalisme organisé. L'étude des deux modèles d'organisation des marchés privilégiés à l'époque permet au contraire de partir d'un double constat, la dimension internationale de la réflexion sur le modèle du *Zollverein* et l'usage européen du contre-modèle des trusts américains. En analysant ces deux éléments, cet article voudrait contribuer à expliquer pourquoi, malgré les nombreuses déclarations d'intention, il fut impossible avant 1914 d'envisager concrètement un espace régional entre les exigences de l'économie nationale et l'économie mondiale.

I. Les projets d'union régionale européenne

Les réflexions sur l'Europe qui se développent dans l'espace germanophone à partir du XVIIIe siècle dépassent très largement l'espace connu sous le nom de *Mitteleuropa*[1], mais, qu'elles suivent la tradition rationaliste kantienne ou la vision romantique, elles se concentrent sur la construction politique du futur ensemble. L'idée européenne est en effet durant tout le XIXe siècle intimement liée à celle de paix universelle, puisque les nations européennes prétendent à ce moment incarner à elles seules l'idée de civilisation, en même temps que leur union paraît le seul moyen de garder cette position. Nous privilégions pourtant la notion de *Mitteleuropa* dans notre analyse car elle possède un contenu nettement économique. Le mot lui-même témoigne de la place de juste milieu que revendique la civilisation germanique, placée entre la pensée excessivement rationalisante de l'Occident et le retard pris par la civilisation russe[2]. Il ne s'oppose cependant pas nécessairement à l'idée d'unité européenne comme le montre Friedrich List dans son ouvrage fameux, *Système national d'économie politique*, paru en 1837. Pour lui, l'espace allemand, dont l'industrie ne peut se développer qu'à l'abri de barrières douanières éducatrices, doit servir de noyau à un espace économique élargi, sous la forme d'un *Zollverein* qui engloberait la Belgique, la Hollande ou la Suisse. Cet élargissement permettrait, dans une dernière étape, la création d'une confédération car les différentes nations, connaissant un développement économique désormais égal, ne craindraient pas d'être dominées à l'intérieur de ce nouvel ensemble. Ainsi serait forgée une entité que List considère comme un contrepoids nécessaire à la puissance anglaise, voire, dans l'avenir, américaine ou russe. Partisan du *Zollverein* et adepte de la *Mitteleuropa*, Friedrich List est resté la référence au cours de notre période, que ce soit comme source d'inspiration ou comme simple instrument de légitimation. Il a en tout cas fixé en bonne partie les termes du débat sur une organisation économique régionale.

---

[1] Parmi de très nombreux ouvrages sur le sujet, on peut citer : Droz, Jacques, *L'Europe Centrale : Évolution historique de l'idée de Mitteleuropa*, Paris, 1960 ; Nurdin, Jean, *L'idée d'Europe dans la pensée allemande à l'époque bismarckienne*, Berne, 1980 ; Gollwitzer, Heinz, *Geschichte des Weltpolitischen Denkens*, Göttingen, 1982 ; Theiner, Peter, « "Mitteleuropa"-Pläne im Wilhelminischen Deutschland », in Berding, Helmut (dir.), *Wirtschaftliche und politische Integration in Europa im 19. und 20. Jahrhundert*, Göttingen, Vandenhoeck 1 Ruprecht, 1984, pp. 128-148. Voir également la longue introduction de Jürgen Elvert dans *Mitteleuropa ! Deutsche Pläne zur europäischen Neuordnung 1918-1945*, Stuttgart, 1999.

[2] Cette notion de juste milieu n'est pas le seul fait de l'Allemagne. À l'heure actuelle, certains intellectuels polonais comme B. Geremek revendiquent ce rôle de pivot pour

A. *Le modèle de la* Mitteleuropa *:* Zollverein *ou* Panamerika *?*

Un homme personnifie en 1890 l'idée de *Mitteleuropa*. Il s'agit d'Alexander von Peez, économiste et homme politique autrichien, dont les œuvres font référence dans ce domaine jusqu'aux premières années du XXe siècle. Il a su non seulement fédérer les milieux agrariens et les représentants de l'industrie lourde[3] autour d'un projet européen protectionniste mais aussi réunir à l'occasion de ses congrès un certain nombre de noms connus parmi les économistes autrichiens et allemands[4].

L'activité de Peez se nourrit ouvertement de l'actualité puisque son projet se présente comme une défense de l'Europe face à la vitalité et à l'expansionnisme américains. L'année 1874 marque la seconde découverte de l'Amérique avec l'arrivée dans les ports européens de blés américains moins chers que la production locale, malgré le surcoût du transport transatlantique. Dès les premières années de la décennie 1880, de nombreux écrits allemands mentionnent l'événement pour justifier des mesures protectionnistes en faveur de l'agriculture nationale[5]. En réalité, ce renouveau du protectionnisme s'explique tout autant par la crise économique et la dépression de ces années-là. La menace américaine est d'abord un prétexte pour édifier des murailles douanières qui, entourant des ensembles régionaux et non des pays, n'auraient pas pour les différents secteurs économiques les inconvénients abondamment dénoncés dans la littérature libre-échangiste des années 1860. À ceci s'ajoute une particularité autrichienne : les milieux économiques de l'empire des Habsbourg craignent de se trouver progressivement marginalisés face à

---

leur pays, entre l'Allemagne occidentalisée et la Russie. Voir Le Rider, Jacques, *La Mitteleuropa*, Presses Universitaires de France, 1994.

[3] Il est depuis 1864 le secrétaire général de l'Association des industriels de Vienne.

[4] La recrue la plus célèbre en 1890 est Lujo Brentano, pourtant grand admirateur de l'économie anglaise – dont il est spécialiste – jusque dans les années 1870. C'est au cours de la décennie suivante qu'il se convertit aux vertus du protectionnisme, des ensembles économiques régionaux et des cartels, malgré la menace du renchérissement du coût de la vie pour les ouvriers que ces projets font planer. Ses raisons sont doubles : il réagit d'abord face à la menace des importations céréalières d'outre-Atlantique, puis, comme beaucoup de ses collègues du *Verein für Sozialpolitik*, il se retrouve attiré par la modernité que paraît présenter l'organisation des marchés.

[5] Les ouvrages et articles les plus souvent cités à ce sujet sont : Meyer, R., *Die Ursachen der amerikanischen Konkurrenz*, Berlin, 1883 ; Schmoller, G., « Die amerikanische Konkurrenz und die Lage der mitteleuropäischen, besonders der deutschen Landwirtschaft », in *Schmollers Jahrbücher*, 6, 1882, pp. 247-284 ; Peez, A., *Die amerikanische Konkurrenz*, Vienne, 1881 ; Kapp, F., *Die Amerikanische Weizenproduktion*, Berlin, 1880 ; Paasche, H., « Über die wachsende Konkurrenz Nordamerikas für die Produkte der mitteleuropäischen Landwirtschaft », in *Jahrbücher für Nationalökonomie und Statistik*, 33, 1879, pp. 92-125 et 195-231.

la montée en puissance américaine, mais surtout face à la nouvelle dynamique allemande.

A. von Peez semble parfaitement s'inscrire dans l'histoire de la pensée allemande, non seulement parce qu'il paraît en mesure de satisfaire les tenants nostalgiques de l'idée de Grande Allemagne, mais aussi parce que son projet d'union douanière semble reprendre cette formule magique que s'est révélée être le *Zollverein*. Ces références n'apparaissent cependant pas explicitement dans ses textes. Les raisons sont aisées à cerner : la zone régionale considérée ne se limite aucunement aux espaces germanophones, ni même à la réunion des deux empires centraux. Il pèse en fait une incertitude culturelle autant que géographique sur ce que doit être cette *Mitteleuropa*. Peez lui-même hésite entre deux formules : la première aurait le mérite de la simplicité, puisqu'il ne s'agirait que de donner un contenu économique à l'alliance diplomatique qu'est la Triplice. La seconde aurait pour elle l'avantage de la cohérence géopolitique puisqu'elle consisterait à créer un ensemble qui, par sa surface et son nombre d'habitants équilibrerait l'Empire britannique, la Russie et, puissance en devenir, le projet panaméricain[6]. Si l'Europe veut respecter cette échelle, elle doit englober non seulement les pays de la Triplice, mais également les nations balkaniques ainsi que les territoires turcs d'Asie mineure – au prétexte que la question d'Orient est européenne – et les « petits » pays européens que sont pour Peez la Scandinavie, la Belgique et la Suisse. Peez insiste d'ailleurs sur la modestie, gage de réalisme, de son projet, puisque cet ensemble engloberait certes 11,5 % de la population mondiale, ce qui est toujours nettement inférieur au grand rival britannique, mais surtout ne couvrirait que 3 % de la surface terrestre. Naturellement, l'argumentaire se garde bien de rappeler les énormes disparités de développement et de richesses que dissimulent ces chiffres.

Si les références au *Zollverein* et à la Grande Allemagne ne sont pas mises en avant dans le discours de Peez et de ses amis, c'est aussi parce qu'ils ne veulent pas courir le risque de retomber dans les débats des années 1850-1860 qui avaient vu la victoire de la Petite Allemagne. En partie à cause de l'air du temps, en partie pour éviter de se fourvoyer dans les mêmes difficultés, les références utilisées sont donc soit historiques, soit étrangères. Lujo Brentano par exemple reprend les schémas évolutionnistes pour montrer que le projet européen correspond à un progrès inévitable, si les États-nations veulent éviter de subir le sort qu'eux-mêmes ont réservé à l'époque moderne aux républiques de

---

[6]   A. von Peez insiste sur cette hiérarchie en rappelant que l'empire britannique inclut 21 % de la population pour 17 % de la surface terrestre, la Russie, 7 % de la population pour 16 % de la surface et la *Panamerika*, 7 % de la population pour 22 % du sol.

Venise ou de Florence[7]. Ce modèle historique n'aurait cependant qu'une faible portée s'il ne venait opportunément expliquer les évolutions observées outre-Atlantique. L'argumentation pour une union douanière européenne se nourrit en effet d'abord de l'actualité du mouvement panaméricain. Cela n'avait pourtant rien d'évident : après tout, pourquoi un projet, dont on ne pouvait par définition connaître le succès, était-il davantage sollicité que le modèle, bien réel celui-là, de l'empire britannique ? Trois réponses peuvent être faites. Cette réussite était appelée, aux yeux des contemporains, à rester unique puisque désormais le partage des colonies était fait. De plus, l'ancienneté de la concurrence anglaise ne pouvait guère faire naître un sentiment d'urgence propice aux grandes réformes, d'autant que les milieux économiques allemands avaient le sentiment de rattraper progressivement leur modèle britannique. Enfin, avant les propositions de Chamberlain en 1894, l'empire paraît fragilisé en raison de la demande, de plus en plus forte, des colonies blanches en faveur d'une politique étrangère autonome, au point que l'on prédit leur indépendance prochaine. À l'inverse, la menace que représente le projet panaméricain semble d'autant plus grande qu'elle est vague. En outre, parce qu'il est soutenu par les États-Unis, dont la puissance ne cesse de croître, ce projet paraît voué à un succès inévitable.

L'idée d'une *Panamerika* n'était certes pas nouvelle. Elle avait mûri tout au long des années 1880, accompagnant les ambitions de plus en plus grandes des États-Unis à l'égard de l'Amérique latine. Là encore, l'historique de ce projet[8] insiste sur ses origines locales, puisque le premier défenseur d'une union panaméricaine fut Simon Bolivar. Pourtant, lorsqu'en 1889 Washington lança finalement une invitation à l'ensemble des pays du continent, la référence explicite fut celle du *Zollverein*. Cette utilisation d'un modèle étranger s'explique de deux façons : les idées de Bolivar ne faisaient des États-Unis qu'un membre parmi les autres. Ils n'avaient donc aucun intérêt à s'en réclamer particulièrement, et ce d'autant moins que les tentatives passées avaient toutes avorté[9]. Or,

---

[7] L. Brentano mentionne également la Suède du XVIIe siècle. Toutes ces analyses portent la marque des réflexions contemporaines du géographe Friedrich Ratzel, liant progrès de la culture, puissance croissante d'un peuple et agrandissement de son territoire. Voir par exemple son ouvrage *Anthropogeographie*, paru en 1882.

[8] Voir par exemple Stoetzer, O. Carlos, *The Organization of American States*, 2e édition, Westport, 1993. (1re édition, 1965).

[9] Ces tentatives furent : le congrès de Panama en 1826, convoqué par Simon Bolivar, le premier congrès de Lima en 1848, le congrès continental de Santiago de 1856, le second congrès de Lima en 1865. Le nombre de participants varia beaucoup plus que les résolutions, appelant toutes à un resserrement des liens économiques, une harmonisation des systèmes juridiques, etc. Toutes restèrent lettre morte.

ils ne disposaient pas réellement d'une idéologie de rechange. La doctrine Monroe, revue au fil des décennies pour légitimer l'intérêt toujours plus grand porté à l'Amérique latine, n'était guère susceptible de rassembler les participants et son contenu restait de toute façon trop vague pour fonder un projet d'union. À l'inverse, le modèle du *Zollverein* avait pour lui son immense succès qui en avait fait un modèle dans les années 1850 en Europe, mais aussi la légitimité intellectuelle que lui donnait Friedrich List. Consacré grand homme dans l'Allemagne des années 1880, il était également présent dans le panthéon des États-Unis où l'avaient placé son admiration pour sa seconde patrie aussi bien que sa théorie sur les douanes éducatives. Enfin, les pays d'Amérique latine ne nourrissaient aucune image négative de l'Allemagne dont la présence économique commençait à se faire sentir. Aussi, loin d'être seulement un artifice politique, la référence au *Zollverein* fut reprise par les journaux, tant aux États-Unis que dans les pays latino-américains. On multiplia à l'envi les parallèles, surnommant le secrétaire d'État Blaine le « nouveau Bismarck », glorifiant la future monnaie, le dollar panaméricain, de « thaler panaméricain ». Or le consensus sur le modèle n'impliquait pas un accord sur le projet : c'est ce que montra le retournement qu'opéra le représentant argentin[10] pour condamner l'entreprise. Affectant de considérer le *Zollverein* non comme un idéal, mais comme un cadre politique, il souligna fortement dans son discours de réponse l'impossibilité d'une politique qui nécessitait au moins autant une harmonisation culturelle que douanière.

Dans le cas du programme d'Alexander von Peez comme dans celui de la *Panamerika*, la référence étrangère a eu dans un premier temps l'effet escompté, celui de rassembler des intérêts divers. Pourtant, les deux échouèrent rapidement à concrétiser leurs promesses pour les mêmes raisons. Le cas américain est le plus explicite : les États-Unis butèrent sur une utilisation trop ambiguë du modèle de *Zollverein*. Présenté comme un véritable programme à suivre, les contradictions dues aux différences d'époque et de contexte que cela entraînait inévitablement obligèrent à le transformer rapidement en simple mot d'ordre. Or ce dernier restait trop précis pour être fédérateur tout en devenant en même temps trop général pour dépasser le simple discours. Ces échecs devaient conduire à renoncer à prendre ce modèle comme programme politique, mais il fallut encore quelques années avant de l'abandonner définitivement comme référence.

---

[10] Voir Docteur Saenz Peña, Roque, *Le Zollverein américain*, conférence internationale américaine de Washington, Sceaux, 1890.

B. Le Zollverein : *curiosité historique ou utopie au tournant du XXᵉ siècle ?*

L'année 1891 représente une sorte de point d'orgue des projets de *Mitteleuropa*. La politique du nouveau chancelier allemand Caprivi semblait aller dans son sens, en renforçant les liens économiques entre les membres de la Triplice. Les nouveaux traités commerciaux abaissaient sensiblement les barrières douanières allemandes en matière agricole, en échange de concessions pour les produits industriels du Reich. Ces résultats restaient cependant très éloignés d'une union douanière, et de plus, ils ne tardèrent pas à être remis en cause à partir de 1897 par les mouvements agrariens.

Au-delà de ces dissensions, il semble que les tentations d'union douanière européenne furent largement dues à la position encore incertaine de l'Allemagne dans les années 1880. Son économie se ressentait toujours des effets de la crise, son industrie avait du mal à concurrencer ses principales rivales sur les marchés étrangers, enfin, la grande jeunesse de l'empire rappelait à quel point les frontières et les États pouvaient se modifier. Tous ces éléments permettaient de considérer le projet soutenu par Peez comme réaliste. Au début des années 1890, beaucoup de ces faits ont changé : le Reich est désormais solidement établi, et Guillaume II est perçu avant tout comme l'empereur, et non plus comme son grand-père, roi de Prusse et Empereur[11]. Les effets de la crise ont disparu et surtout, l'industrie allemande s'affirme désormais comme une des meilleures du monde[12]. L'Allemagne n'a plus besoin de la *Mitteleuropa* pour jouer les premiers rôles et à cet égard la *Weltpolitik* peut être considérée comme une normalisation : c'est désormais comme nation que l'Allemagne entend se mesurer avec les autres.

Ce changement progressif n'est nullement contradictoire avec le succès rencontré par les idées évolutionnistes à la toute fin des années 1890, qui postulent que l'espace des États-nations est désormais trop exigu et doit être dépassé[13]. Les réflexions économiques prirent quasi systématiquement un tour géopolitique, et ce, d'autant plus que les milieux politiques et intellectuels allemands étaient alors agités par les projets de l'amiral Tirpitz. À l'inverse, tous ceux qui souhaitaient intervenir dans le débat sur la *Weltpolitik* furent conduits à mettre en avant des argu-

---

[11] Voir von Thadden, Rudolf, *La Prusse en question. Histoire d'un État perdu*, Paris, 1985, p. 77.

[12] Le symbole parfait de cette réussite est le triomphe remporté par le pavillon allemand à l'Exposition Universelle de Chicago en 1893.

[13] Sur la notion de seuil en économie, voir du Réau, Elizabeth, *L'idée d'Europe au XXᵉ siècle. Des mythes aux réalités*, Paris, 1996.

ments économiques[14]. Nombreux étaient alors ceux qui envisageaient l'avenir sous la forme de grands ensembles autarciques mondiaux[15]. Il fallait assurer à la nation dominante de chaque ensemble – les États-Unis, la Grande-Bretagne et, bien sûr, l'Allemagne – les ressources nécessaires en matières premières ainsi que des marchés exclusifs pour ses produits industriels. Les moyens d'accroître sa puissance ne se distinguaient plus de ceux nécessaires pour assurer sa simple survie, car les deux termes étaient alors devenus synonymes. La logique qui présidait à ces plans ambitieux, détaillés à loisir dans de nombreuses publications proches des milieux protectionnistes, était strictement économique. Nulle allusion n'était faite à une communauté de destin, à des liens de culture, de civilisation et d'histoire. Quel est en effet l'espace considéré par ces plans ? Certes, certains auteurs continuaient à n'envisager que l'espace européen évoqué par Alexander von Peez. D'autres cependant voulaient privilégier les colonies allemandes sur le modèle anglais. Mais c'est surtout l'Amérique latine qui, de plus en plus gagnée à l'influence allemande, concentrait tous les espoirs : on pensait à se rapprocher du Mexique voire à développer une région allemande autonome à l'intérieur même du Brésil. Les idées évolutionnistes sont donc beaucoup plus liées au nationalisme qu'à une quelconque réflexion européenne.

C'est alors en dehors de la zone germanophone que l'on trouve la trace la plus nette de projets de *Zollverein* européen. Les années 1900 leur sont de nouveau – brièvement – favorables grâce à la réapparition du thème du danger américain. Sa forme n'est plus celle d'une union panaméricaine : ce sont désormais les États-Unis eux-mêmes qui représentent une menace mais aussi un modèle réussi de fédération, encourageant en France des hommes comme Anatole Leroy-Beaulieu à promouvoir la formule des « États-Unis d'Europe »[16]. Cette expression, qui réveillait l'écho d'anciens projets nés au XIXe siècle[17], est cependant

---

[14] Voir Pohl, Hans, *Aufbruch der Weltwirtschaft. Geschichte der Weltwirtschaft von der Mitte des 19. Jahrhunderts bis zum Ersten Weltkrieg*, Stuttgart, 1989.

[15] Voir l'article « Autarkie », in Brunner, Otto, Conze, Werner, Koselleck, Reinhard, *Geschichtliche Grundbegriffe*, Stuttgart, 1990.

[16] Voir Congrès des Sciences Politiques de 1900, Leroy-Beaulieu, Anatole, Fleury, André, Dollot, René, Lefébure, Paul, Isambert, Gaston, de Montardy, Henry, *Les États-Unis d'Europe*, Paris, 1901.

[17] E. du Réau souligne qu'après avoir été à l'honneur dans les années 1840-1860, la formule était tombée en déclin à la fin du XIXe siècle, même si elle fut remise au goût du jour lors de certaines manifestations comme le troisième congrès international de la paix, tenu à Rome en 1891. C'est qu'entre-temps, elle est devenue l'apanage des milieux pacifistes. Voir Nurdin, Jean, *Le rêve européen des penseurs allemands*, Presses universitaires du Septentrion, 2003. Dans le contexte du congrès de 1900, le titre est plus ambigu : les intervenants ne reviennent pas sur cette tradition de « paix perpétuelle » que la création d'une fédération européenne permettrait d'instaurer,

trompeuse, car le modèle américain se révèle rapidement bien trop politique. Elle supposerait une entente entre les gouvernements et les peuples européens pour abandonner une partie de leur souveraineté, ce qui paraît parfaitement illusoire. Aussi Leroy-Beaulieu utilise-t-il de nouveau la formule éprouvée du *Zollverein*. Ce dernier apparaît comme la plus sûre recette du succès aux yeux du professeur de l'École libre des Sciences-Politiques car « les intérêts économiques dominent actuellement les intérêts politiques ». Lier par une union douanière les peuples, c'est par conséquent permettre de développer un sens de la *solidarité* entre eux. Le terme renvoie naturellement dans l'esprit de l'orateur comme dans celui de ses auditeurs à toute la pensée solidariste qui a marqué la fin du XIXe siècle français, transposant dans le domaine social et politique les notions mises à l'honneur par les découvertes de Louis Pasteur[18]. Par le biais des intérêts commerciaux devenus communs, les Européens doivent prendre conscience que leurs destins sont liés par des relations d'interdépendance, et qu'ils doivent par conséquent organiser ensemble leur communauté politique. Un tel raisonnement permet de gommer le caractère allemand du *Zollverein*, tout en lui donnant un aspect actuel pour justifier son utilisation contre le danger présent[19].

Or, malgré cette réelle habileté rhétorique, A. Leroy-Beaulieu ne rencontre guère l'assentiment des autres intervenants. Ces derniers rejettent le modèle du *Zollverein* parce qu'ils ne croient pas que, les prémisses étant semblables, la conclusion puisse être différente. Leroy-Beaulieu affirme qu'il est possible de ne pas évoluer vers une fédération sur le modèle du Reich allemand, mais il est rapidement amené à concéder qu'il ne peut y avoir qu'un *Staatenbund* européen, et non un *Bun-*

---

mais le choix de l'expression permet de mobiliser également ceux qui sont plus intéressés par les moyens de se défendre contre le « danger américain ».

18 Sur la réflexion d'Anatole Leroy-Beaulieu en matière d'économie sociale, voir Savoye, Antoine, « Les paroles et les Actes : les dirigeants de la société d'économie sociale, 1883-1914 », in Topalov, Christian (dir.), *Laboratoires du nouveau siècle. La nébuleuse réformatrice et ses réseaux en France, 1880-1914*, Paris, EHESS, 1999, pp. 61-94.

19 Cette logique économique était loin d'être la seule possible pour les contemporains. Les réflexions de Paul D'Estournelles de Constant suivent une évolution inverse. Séduit au départ tant par le modèle économique du *Zollverein* que par son avatar contemporain que sont les projets de *Mitteleuropa* tels qu'ils sont présentés par l'économiste Molinari, il s'en écarte progressivement, en constatant que les intérêts économiques sont trop divergents pour constituer un socle solide à une réflexion européenne. Député, il choisit donc la voie politique de la conciliation entre puissances européennes, recherche d'une politique étrangère commune, comme prélude nécessaire à tout rapprochement institutionnel. Voir Barcelo, Laurent, *Paul D'Estournelles de Constant. L'Expression d'une idée européenne*, Paris, 1995, p. 161.

desstaat. Il concède que chaque peuple européen doit conserver son identité autonome, et que l'ensemble qui en résulte ne peut donc prendre que la forme d'une association permanente. Malgré le titre de la conférence, on s'est donc rapidement éloigné du modèle fédéraliste américain par peur du modèle allemand[20]. Cette recherche du plus petit dénominateur commun destiné à satisfaire l'ensemble des participants achève alors de rendre obsolète la notion de *Zollverein*. En effet, pour les contradicteurs de Leroy-Beaulieu, l'association permanente qu'il propose désormais comme compromis n'est pas différente de cette vieille formule diplomatique qu'est la coalition. Or il était évident à tous que cela ne pouvait constituer la base d'un ensemble européen organisé, car si sa facilité d'application en fait une solution pragmatique, elle constitue également une faiblesse mortelle, puisqu'elle ne peut exister en l'absence de danger immédiat à combattre.

Ainsi, par le détour de ces discussions historico-juridiques, on revenait au point de départ d'A. von Peez : était-il possible de concevoir une structure européenne économique sans lui assigner de but politique ? Et cette structure politique pouvait-elle être bâtie sans désigner au préalable un ennemi contre lequel elle devait servir de défense ? À ces deux questions, les contemporains répondaient négativement, et cela, parce que le seul modèle de structuration économique régionale réussie, le *Zollverein*, avait abouti au Reich allemand. Dès lors que l'on y renonçait, il ne restait comme modèle d'organisation européenne que des solutions diplomatiques, des alliances temporaires. En 1904, la question semble épuisée en Allemagne même : on a bien imaginé des coalitions européennes dans le cas d'une guerre douanière contre les États-Unis, mais les critiques ont mis en avant les immenses risques d'une telle formule et la difficulté à la mettre en place. Les projets pour un espace autarcique ont également fait long feu, et les projets d'« États-Unis d'Europe » sont largement tournés en dérision, qualifiés d'« utopie »[21].

---

[20] Cet aboutissement n'était pourtant pas certain car l'idée fédéraliste était bien antérieure à l'unification allemande. Elle pouvait en outre se réclamer du parrainage de Kant, qui tenait la première place dans l'université française de l'époque, et qui avait proposé une union fédérale d'États républicains. Par ailleurs, le modèle suisse de confédération, tel que le présentait la nouvelle Constitution forgée après la guerre du *Sonderbund* de 1847, avait sur le moment recueilli les faveurs de nombreux partisans d'un projet européen. Voir Nurdin, J., *op. cit.* et du Bois, Pierre, *La guerre du Sonderbund. La Suisse de 1847*, Alvik éditions, 2002.

[21] Voir Dietzel, H., *Vergeltungszölle*, Berlin, 1904. À partir de ce moment, l'expression est largement discréditée par les marxistes qui y voient un idéal bourgeois, certains pacifistes qui dénoncent son aspect « machine de guerre » contre l'Amérique, alors que ses opposants traditionnels sont confortés dans leur hostilité.

C. La **Mitteleuropa**. *Simple exemple régional d'un mouvement international d'harmonisation des marchés ?*

Un fait demeure : la résurgence du danger américain avait redonné espoir aux partisans de l'idée de *Mitteleuropa*, bien décidés à ne pas laisser échapper une seconde fois leur chance malgré le reflux de ce thème après 1904[22]. Pour cela il leur fallait abandonner des modèles historiques trop rigides et trop contestés et se tourner vers des formules plus actuelles. Le renouveau du discours européen dans l'espace germanophone n'était pourtant pas acquis à première vue, car l'étendard de la *Mitteleuropa* fut repris par un économiste autrichien, Julius Wolf, qui se déclarait un fidèle disciple d'Alexander von Peez. Dans les années 1901-1902, ses ouvrages ne proposaient guère qu'une adaptation au goût du jour des formules passées, et trouvaient le soutien de la même coalition dirigée par les agrariens, fer de lance de la lutte pour un renforcement des droits douaniers contre les États-Unis qui se négociaient alors. La retombée de ce mouvement et les réticences du gouvernement allemand[23] incitèrent cependant Julius Wolf à trouver une nouvelle formule, nourrie de l'actualité et des réflexions qui s'étaient multipliées en dix ans sur le sujet.

Un point était désormais acquis : il fallait s'interdire toute référence au *Zollverein*. À plusieurs reprises Wolf condamna comme impossible tout projet d'union douanière. Le cas n'était certes pas difficile à instruire, il suffisait de présenter les nombreuses divergences d'intérêt entre les milieux économiques du Reich et ceux de l'empire austro-hongrois. L'existence d'un grand projet d'union douanière sous la forme de *Greater Britain* qui continuait à agiter les esprits, tant en Grande-Bretagne qu'en Allemagne, aurait certes pu amener le *Mitteleuropäischen Wirtschaftsverein* à persister dans la tradition du *Zollverein*. Certains membres le demandèrent[24], mais ils furent mis en minorité : pour Julius Wolf,

---

[22] Sur les raisons de cette retombée, voir Marin, S.A., « "L'américanisation du monde ?". Étude des peurs allemandes face au "danger américain" (1897-1907) », in Barjot, D., Lescent-Giles, I., de Ferrière Le Vayer, M. (dir.), *L'Américanisation en Europe au XXe siècle : Économie, Culture, Politique*, Lille, Septentrion, 2002, pp. 71-92.

[23] Ces réticences se manifestèrent par le refus du gouvernement d'appuyer la candidature de Julius Wolf, qui était professeur à Breslau, l'université de Berlin, afin d'éviter qu'il ne soit dit qu'il se trouvait derrière l'association pour l'économie d'Europe Centrale (*Mitteleuropäischer Wirtschaftsverein*). Voir AA, R-901, dossier 2499.

[24] Ce fut le cas par exemple de la petite section belge du *Mitteleuropäischen Wirtschaftsverein*. On trouve l'explication de cette attitude dans la thèse de Marie-Thérèse Bitsch, *La Belgique entre la France et l'Allemagne. 1905-1914*, Paris, 1994, p. 50. L'intervention du député socialiste Hector Denis en faveur d'une union douanière européenne autour de l'Allemagne est moins liée aux projets industrialo-

secrétaire de l'association[25] et son véritable dirigeant, le danger anglais ne pouvait être substitué au danger américain pour deux raisons. Les plans défendus par Chamberlain se heurtaient à trop de difficultés et rencontraient trop d'oppositions pour pouvoir être considérés comme une menace imminente. D'autre part, il n'était pas souhaitable à ses yeux de désigner l'Angleterre comme l'ennemi, bien que ce soit là chose fréquente à l'époque en Allemagne. Elle restait à ses yeux une partenaire souhaitable du futur ensemble européen même s'il n'envisageait pas de l'y intégrer, suivant en cela la plupart des analyses sur ce thème depuis la fin du XIXe siècle.

Il y avait, dans la position de Julius Wolf, une certaine originalité : le projet européen ne devait plus se construire contre une menace, il ne devait pas non plus être élaboré selon un modèle étranger ou historique. Quelles pouvaient être alors les sources d'inspiration ? Wolf proposa d'abord de donner un contenu économique à la Triplice. Il renonça cependant très vite devant les critiques qui l'accusaient de vouloir figer les camps et renforcer les divisions à l'intérieur de l'espace européen. Plus vigoureuse fut sa proposition de créer une zone économique en utilisant le développement des cartels. C'est ainsi qu'il écrivit dans une lettre au chancelier von Bülow : « L'association pour l'économie d'Europe centrale ne veut pas d'une union douanière des États d'Europe centrale, mais – suivant les modèles modernes – désire un cartel économique de ces États, qui naturellement devrait en définitive encourager aussi au plus haut point leurs relations politiques. »[26]. Cette idée ne put cependant aboutir en raison de son ambition : il n'était pas à la portée de l'association d'influencer la création de tels cartels. De plus, ceux-ci se décidaient dans un espace qui dépassait le plus souvent largement l'espace centre-européen.

Il ne restait donc qu'une possibilité pour sauver l'idée d'un espace économique européen de plus en plus réduit par la réalité des relations internationales aux deux empires centraux. Julius Wolf la trouva dans le

---

agrariens d'A. von Peez qu'à la politique d'ouverture commerciale engagée par le chancelier Caprivi au début des années 1890. Pour Denis, l'appel à un renouveau de l'idée de *Zollverein* n'est pas contradictoire avec le souhait de conserver la tradition libre-échangiste de la Belgique, voire de l'étendre progressivement à l'ensemble de la zone sous influence allemande.

[25] La présidence revenait à Ernst Günther, Herzog zu Schleswig-Holstein, membre de la *preussischen Herrenhaus*. Il ne s'agissait pas uniquement d'un titre honorifique, car il s'engagea réellement, essayant en particulier d'user de son influence auprès du gouvernement allemand, au reste sans succès. Ce dernier, mécontent de cette nomination, se contenta de lui rappeler régulièrement la prudence et son devoir de ne pas paraître mêler l'empereur aux activités de l'association.

[26] Julius Wolf au chancelier von Bülow, 18 décembre 1905, AA, R-901, dossier 2500.

modèle des conférences internationales. L'économiste autrichien se proposait en effet de faire écho à un mouvement international d'harmonisation qui n'avait cessé de se développer depuis la conférence internationale sur la poste en 1875. Concrètement, son association se fixait pour but un lobbying actif auprès des gouvernements allemand et autrichien, mais aussi belge et italien, puisqu'elle avait des correspondants dans ces pays. Les domaines concernés étaient les transports, avec l'harmonisation de l'écartement des rails, les communications, avec la demande d'une harmonisation des règles concernant le téléphone et les postes, pour lesquelles l'envoi de colis posait toujours des problèmes. Enfin, l'association cherchait également à régler un problème abordé régulièrement dans les rapports annuels des chambres de commerce allemandes, le paiement des chèques. En abordant ces questions très concrètes, Julius Wolf espérait rallier à sa cause des milieux économiques bien plus larges que ceux traditionnellement intéressés par l'idée de *Mitteleuropa*, même si ces derniers avaient du mal à accepter une telle banalisation de l'idée, regrettant les projets d'union douanière. En récompense, l'association pouvait compter sur une certaine bienveillance du gouvernement allemand, qui n'alla cependant pas au-delà d'une approbation discrète et surtout non officielle. Ces changements se firent progressivement : en 1904, les trois possibilités étaient encore présentes, et ce n'est que peu à peu que l'association réduisit son propos à des sujets techniques.

La survie de la *Mitteleuropa* était due à sa banalisation : la solution de Julius Wolf, sous l'aspect moderne des conférences internationales, aboutissait à revenir à une structure diplomatique. Cela assurait une forme acceptable par tous[27] d'harmonisation des marchés européens, précisément parce qu'elle s'interdisait toute originalité, trouvant au contraire sa légitimation dans son inscription dans un mouvement plus général[28]. C'était une solution efficace, également adoptée pour la *Pa-*

---

[27] La liste des membres du comité de direction rassemble en effet des hommes venus d'horizons très différents, qui ne partagent guère que la notoriété qui entoure leur nom et/ou celui de leur entreprise ou de leur association. À côté de Max Roetger pour Krupp, du comte de Schwerin, président du *Deutschen Landwirtschaftsrat* ou de Richard von Vopelius, propriétaire de mines, président du ZVDI, on trouve Ballin, directeur de la HAPAG, Henry von Boettinger, dirigeant de la firme Bayer, ou Hermann Hecht, président de l'association des exportateurs allemands et de l'union des firmes exportatrices.

[28] Il est frappant de voir la ressemblance entre les propositions de J. Wolf et celles avancées par Alfred Fried, dans son ouvrage *Panamerika. Entwicklung, Umfang und Bedeutung der panamerikanischen Bewegung (1810-1910)*, paru en 1910. L'auteur, figure éminente des milieux pacifistes austro-allemands, récuse l'idée des États-Unis d'Europe au nom du réalisme pour défendre celle « d'États organisés d'Europe », en

namerika à la même époque : les accusations d'hégémonisme étaient ainsi contrecarrées. Le choix de se rapprocher du modèle des procédures d'arbitrage international présentait cependant dans les deux cas l'inconvénient majeur de ne pas permettre une forte mobilisation. Julius Wolf le reconnaît lorsqu'il justifie le faible nombre de ses effectifs par le rôle qu'il attribue à l'association de conseiller du prince. Son importance est quasi nulle comparée aux grands groupes de pression allemands, et la tentative pour peser sur les négociations des traités douaniers s'avère futile, malgré les déclarations nécessairement optimistes du secrétaire de l'association. Utiliser un modèle diplomatique pour régler des questions économiques ne permettait pas pour autant de se mêler de politique commerciale.

En 1914, l'idée européenne, y compris dans sa forme la plus étroite de *Mitteleuropa*, est devenue insignifiante, et il faut la guerre pour redonner à cette idée des couleurs attrayantes[29]. La conception large d'une Europe rassemblée dans une union douanière s'est heurtée à l'impossibilité des contemporains d'imaginer un modèle de coopération économique entre États sans aliéner largement la souveraineté de ceux-ci. L'argument de la menace a fait long feu, surtout pour les Allemands, dont l'économie s'est parfaitement adaptée à la nouvelle économie mondiale. C'est moins le cas des Autrichiens[30], qui, pour cette raison et parce qu'il leur est plus naturel d'envisager un ensemble multinational, persistent davantage à nourrir ces projets.

II. Les cartels face à l'économie mondialisée

Les années 1880 voient apparaître dans la littérature économique allemande l'idée selon laquelle les marchés peuvent être régulés grâce au développement des cartels. La faveur que cette formule rencontre alors ne se dément guère dans les décennies qui suivent, même si elle s'exprime de différentes façons. Autant les économistes de l'École historique allemande s'engagent à la suite de Gustav Schmoller dans l'étude des avantages que présente cette forme supérieure d'organisation, autant les

---

encourageant la coopération internationale en particulier dans le domaine des transports mais aussi dans l'élaboration d'une administration commune.

[29] Sur les plans élaborés à partir de 1915 et les réactions nuancées des milieux économiques allemands, voir Soutou, G.-H., *L'Or et le Sang. Les buts de guerre économiques de la Première Guerre mondiale*, Paris, 1989, chapitre III « Mitteleuropa ou économie mondiale », pp. 86-108.

[30] La remarque s'applique également à certains milieux belges, qui ne peuvent prétendre pour leur pays à une place de premier rang international, et qui voient dans ces projets européens la possibilité de profiter du dynamisme économique de leur puissant voisin germanique.

industriels, qui la pratiquent, restent d'une discrétion remarquable sur les accords effectivement passés[31]. Après 1900, les doutes sur l'efficacité des cartels à réguler la vie économique dans l'intérêt général s'expriment plus fortement, mais aucune politique semblable à la lutte antitrust menée aux États-Unis ne se met en place[32].

L'Allemagne est à ce moment moins une exception qu'un modèle pour un certain nombre d'observateurs étrangers, et les cartels sont décidément à la mode dans l'Europe des années 1900. Que les deux économies les plus dynamiques aient produit des géants comme la Standard Oil ou Krupp semble indiquer que la voie de la modernité passe nécessairement par des regroupements industriels. L'idée est d'autant plus séduisante qu'une certaine confusion subsiste sur les différences entre cartels, Trusts et Konzerns. Certains économistes peuvent d'ailleurs bâtir leur carrière sur l'élucidation de ces ambiguïtés, comme l'Allemand Robert Liefmann, spécialiste reconnu de la question, qui, d'ouvrage en ouvrage, gravit les différents degrés d'une carrière académique réussie[33]. Dans l'opinion publique, mais aussi dans des livres spécialisés, on en vient ainsi à mélanger allègrement les cartels avec les trusts mais aussi avec les coopératives. Ces trois types d'organisation ont en commun de favoriser les producteurs face à leurs clients, soit par des ententes, soit par concentration. Dans tous les cas, il s'agit de mettre un frein à une concurrence libre dont le caractère meurtrier est dénoncé à l'envi, et de maîtriser à son profit le mécanisme de fixation des prix. En France, les ouvrages sur le « Kartell » ou « cartell » se multiplient et même si les grandes entreprises allemandes comme Krupp ou Thyssen sont souvent dénoncées avec vigueur par les nationalistes français au début des années 1910[34], cela n'entraîne pas un rejet du principe même. Bien au contraire, certains auteurs n'hésitent pas à étendre au maximum le sens

---

[31] G. Schmoller s'en plaint dans son introduction à l'étude sur les cartels qu'il dirige en 1894. Son problème fut de trouver des spécialistes pour écrire sur la question : ceux qui étaient directement concernés ne voulaient pas écrire, et ceux (des économistes) qui souhaitaient traiter le sujet manquaient d'informations. L'envoi d'une lettre aux quarante cartels allemands constitués afin de leur présenter le projet et leur demander d'envoyer leurs statuts fut presque totalement infructueux. Voir Schmoller, G., in *Über wirtschaftliche Kartelle in Deutschland und im Ausland*, Leipzig, Schriften des Vereins für Sozialpolitik, 1894.

[32] Voir Blaich, Fritz, *Kartell- und Monopolpolitik im kaiserlichen Deutschland*, Düsseldorf, 1973.

[33] Voir par exemple son ouvrage, *Beteiligungs- und Finanzierungsgesellschaften*, Jena, 2ᵉ édition revue et augmentée, 1913.

[34] Voir Poidevin, Raymond, *Les relations économiques et financières entre la France et l'Allemagne de 1898 à 1914*, Paris, Comité pour l'histoire économique et financière de la France, 1998, p. 532 (sur Krupp et les mines algériennes dans l'Affaire de l'Ouenza) et p. 731 (sur Thyssen et la société des hauts fourneaux de Caen).

du terme jusqu'à y inclure les coopératives agricoles[35]. Cette définition élargie leur permet d'étayer leur démonstration selon laquelle les cartels constituent la formule magique qui a permis au voisin germanique de connaître des progrès économiques spectaculaires[36]. L'importance internationale de ce mouvement se lit dans l'intérêt qu'il suscite également en Grande-Bretagne. La commission mise en place en 1904 pour examiner la nécessité d'instaurer un régime douanier protectionniste s'intéressa ainsi particulièrement au rôle des cartels allemands comme des trusts américains dans la pratique de dumping, et ses effets sur l'économie anglaise[37]. Par un système de miroirs très fréquent à l'époque, la Grande-Bretagne est aussi un objet d'études pour les Allemands. Certains commentateurs favorables aux cartels tirèrent argument du mouvement de concentration qu'ils constataient dans la patrie du libre-échange et qu'ils décrivaient comme autant de trusts et de cartels semblables à ceux du continent[38]. Le même camp pro-cartel ne manqua pas non plus de relever qu'aux États-Unis mêmes, le président Wilson, au nom d'une évolution nécessaire des formes de l'économie, se déclara partisan en 1912 de certains rapprochements entre entreprises pour une meilleure efficacité, proposant une adaptation de la loi sur les ententes industrielles[39]. Le

---

[35] Voir par exemple une thèse de droit publiée dans la collection du Musée social par un professeur de droit maître de conférences à l'Institut agronomique : Souchon, A., *Les cartels de l'agriculture en Allemagne*, Paris, 1903.

[36] Pendant la guerre encore, Henri Hauser chanta les louanges des cartels allemands sur lesquels il fallait prendre exemple, même si, à cause du conflit, il concluait sur le mauvais usage fait par les industriels allemands de cette forme nouvelle d'organisation, mise au service du dumping sur les marchés internationaux. *Rapport sur les Cartels ou syndicats de producteurs en Allemagne*, présenté par Monsieur Henri Hauser, correspondant de l'Institut, professeur à Dijon, devant l'Association Nationale d'Expansion Économique, s. l., s. d.

[37] Marrison, Andrew, *British Business and Protection. 1903-1932*, Oxford, 1996, p. 143. les différents participants peinèrent à s'entendre sur ces effets. D'un côté, la politique de dumping à l'exportation des cartels et des trusts créait une concurrence dommageable à l'industrie anglaise sur son marché non protégé. De l'autre, la possibilité pour cette même industrie de bénéficier au plus bas coût de produits semi-finis fournis par la US Steel Corporation par exemple, représentait un avantage économique certain. Mais la réalité même de ce dumping était contestée : s'agissait-il d'une conséquence inévitable de la formation de ces ententes ou au contraire d'une politique dont les excès ne pouvaient que conduire à sa disparition progressive, ce que montrait la lente atténuation de l'écart entre les prix extérieurs et les prix intérieurs pratiqués par ces cartels ?

[38] Levy, Hermann, *Monopole, Kartelle und Trusts in ihren Beziehungen zur Organisation der kapitalistischen Industrie ; dargestellt an der Entwicklung in Grossbritannien*, Iena, 1909.

[39] La lecture allemande était largement biaisée : Wilson reflétait surtout l'ambiguïté de l'opinion publique américaine à l'égard des mouvements de concentration industrielle. Reprenant les considérations de l'économiste J.B. Clark, il déclarait : « I, for

thème de la rationalisation des structures industrielles est à ce moment général, même s'il s'inscrit aussi à chaque fois dans une réflexion proprement nationale.

Puisqu'un tel accord international existait, il semble logique que les cartels aient pu constituer une solution alternative au *Zollverein*, modèle dépassé, pour envisager une organisation des marchés européens. Or, si quelques rares occurrences peuvent être repérées, par exemple dans les propos de Julius Wolf, non seulement cela ne correspond pas à la réalité de l'avant-guerre, mais on ne peut discerner aucune tendance dans ce sens. Pourquoi ?

A. Réguler le marché : la légitimité des cartels et le débat entre théorie et pratique

Dès le début, les économistes ont assigné aux cartels l'objectif ambitieux de gommer les accidents de la conjoncture. La réflexion remonte à 1880, elle est donc contemporaine du renouveau de la réflexion sur la *Mitteleuropa*, dont elle partage l'exigence de changements radicaux. Les deux se nourrissent des désordres spectaculaires qui ont accompagné la crise de 1873, mais dans le cas des cartels, la concurrence américaine ne tient aucune place : c'est la lutte suicidaire pour conserver ses parts de marché en réduisant ses coûts jusqu'à ne plus en tirer de bénéfices, entraînant de nombreuses faillites, qui justifie désormais une régulation des marchés.

Les cartels ne sont pas le fruit d'une pensée théorique mais un réflexe de défense de la part d'industriels qui se sentent menacés. Les économistes ont cependant accompagné de près cette évolution et l'ont justifiée en en faisant non le produit de circonstances particulières, qui l'auraient limitée à n'être qu'un expédient plus ou moins convenable pour temps de crise, mais en le reliant à la chaîne de l'évolution, rendant sa naissance nécessaire, et son développement inévitable. Lujo Brentano développe ce thème dès 1888 à l'occasion du congrès économique germano-autrichien[40]. Le parallèle peut alors encore être fait avec les ana-

---

one, don't care how big any business gets by efficiency, but I am jealous of any bigness that comes by monopoly ». « I am for big business, and I am against the trusts ». Voir Freyer, Tony, *Regulating Big Business. Antitrust in Great Britain and America, 1880-1990*, Cambridge University Press, 1992, p. 117. Une telle distinction est étrangère aux analyses allemandes et le rapport annuel de la Chambre de Commerce de Hambourg pour 1912, exprimant l'espoir de voir la loi Shermann corrigée, montre l'ampleur du malentendu.

[40] Brentano, L., « "Über Kartelle". Vortrag am 29 Oktober 1888 in der Plenarversammlung der Gesellschaft österreichischer Volkswirte », in *Mitteilungen der Gesellschaft österreichischer Volkswirte*, 1, 1889.

lyses sur la *Mitteleuropa* qui s'inspirent du même schéma évolution-niste. Le recours à des comparaisons étrangères est également utilisé pour prouver qu'il s'agit d'une tendance générale que l'Allemagne doit suivre pour rester dans la compétition. L'existence, dans le cas des cartels, d'une pratique transforme le rôle du discours économique. Il n'est plus programmatique mais seulement légitimateur, ce qu'il assume parfaitement. Ainsi, en 1905, alors que la crise de 1901-1903 a jeté le doute sur la capacité réelle des cartels à atténuer les effets de la dépression, Gustav Schmoller reprend l'idée d'une nécessité historique pour défendre les cartels et ne pas faire dépendre leur existence de leur efficacité à un moment donné[41]. Pourquoi une telle séduction ? Le courant économique majoritaire de cette période a conquis sa place scientifique en récusant le libéralisme au profit d'un rôle reconnu de l'État mais aussi d'une pensée néo-corporatiste : les deux sont valorisés dans une réflexion sociale qui se veut une alternative au courant socialiste. La promesse, en évitant les pires effets d'une crise économique, d'empêcher un chômage massif, de protéger les ouvriers en leur assurant une activité régulière, paraît ainsi irrésistible. À ceci s'ajoute une approche résolument téléologique de l'économie. Récuser les lois mathématiques qui gouvernent l'économie ne revient pas à renoncer à la rationalité dans l'économie, bien au contraire ; simplement elle ne se situe pas au niveau des individus, mais des structures socio-économiques et politiques, quand celles-ci décident d'œuvrer ensemble pour le bien commun. La rationalisation est opposée à la loi de la jungle, car elle est le produit d'une politique menée de concert entre l'État, les entreprises et les syndicats.

Tout ce discours est repris *mezzo voce* par les entreprises concernées, qui se contentent de profiter de ce climat intellectuel favorable à leurs regroupements. Pourtant, cet accord repose en partie sur un malentendu qui s'exprime lors de l'enquête sur les cartels[42]. Durant les auditions se pose le problème du traitement des ouvriers des entreprises affiliées au syndicat rhénan-westphalien. Un entrepreneur rappelle qu'il est pour lui hors de question de négocier avec les syndicats, mais uniquement avec ses propres ouvriers. Présent comme spécialiste, Gustav Schmoller considère à l'inverse que les questions sociales que pose l'existence des cartels doivent faire l'objet d'une discussion générale au sein de la commission d'enquête. Sa position n'est pas originale : Lujo Brentano

---

41 Schmoller, G., « Das Verhältnis der Kartelle zum Staate », in *Schmollers Jahrbücher*, 29, 1905.

42 On pourra se reporter au très long compte rendu qui en est fait, de façon significative, dans les *Annales du Musée Social* en 1903 par E. Martin de Saint-Léon, correspondant en Allemagne du Musée Social. Numéro d'avril, pp. 109-133 et numéro de mai, pp. 147-175.

avait déjà fait dans les années 1880 le lien entre cartels de producteurs et cartels de travailleurs, puisque c'est en partie par son étude des syndicats anglais qu'il a mûri sa réflexion sur la nécessité d'organiser également les entreprises. La demande est naturellement immédiatement rejetée par la commission et balayée par Emil Kirdorff au motif que le cartel est une association et non une organisation commune : les relations avec les ouvriers concernent donc chaque entreprise. C'est aller à la fois contre les représentations des économistes d'une vie économique organisée, et contre la réalité qui voit de plus en plus une intégration des entreprises à l'intérieur des cartels, en particulier par le biais des comptoirs de vente communs[43]. Les milieux économiques bénéficient donc d'un discours économique qui est favorable à leurs ententes et qui influence la puissance publique dans leur sens, mais ils refusent de le reprendre afin de ne rien perdre de leur liberté de mouvement. C'est ainsi que dans le cas du syndicat rhénan-westphalien, il est possible, sans craindre la contradiction théorique, de justifier sa propre existence tout en critiquant celle des cartels de consommateurs.

Le second point de conflit entre théorie et pratique concerne la nature même du cartel. Sa légitimité est en effet fondée sur le service qu'il rend en réduisant les aléas économiques liés aux retournements de la conjoncture. Or jusqu'à quel point le cartel peut-il affirmer son utilité publique sans vouloir renoncer à son but d'entreprise privée qui est de faire du profit ? La question ne se pose qu'en temps de crise, et c'est pourquoi elle constitue le cœur de l'enquête menée après celle de 1901-1903. Le syndicat rhénan-westphalien se voit reprocher d'avoir trouvé son avantage dans ces moments de dépression, puisque sa structure de cartel le mettait relativement à l'abri de la chute de l'activité qui, liée à une diminution des commandes de charbon, aurait dû entraîner une baisse des prix. Comme les clients étaient liés par des contrats annuels dont les conditions avaient été fixées avant le retournement de tendance, les prix n'ont pas pu être ajustés à la réalité du marché. Dans cette discussion, l'appui des économistes reste acquis au cartel car ils contestent précisément que cette réalité du marché doive être l'étalon de la vie économique. Mais les arguments des entrepreneurs eux-mêmes ne se situent pas à de telles altitudes. Ils sont de deux ordres, et suivent à chaque fois une logique proprement de marché. Faisant moins de profit en temps de prospérité puisqu'ils n'ont pas suivi exactement la hausse de l'activité en 1900, ils sont en droit de compenser ces bénéfices moindres par une baisse qui ne soit pas non plus proportionnelle à celle de l'acti-

---

[43]   Voir Leisse, Wilhelm, *Wandlungen in der Organisation der Eisenindustrie und des Eisenhandels (seit dem Gründungsjahr des Stahlwersverbandes)*, Munich et Leipzig, 1912, p. 158.

vité générale. Le second argument est encore plus terre-à-terre, puisqu'il consiste à détourner les accusations sur les mines fiscales de Saxe, détenues par l'État, qui ont encore moins respecté les retournements du marché, profitant de leur monopole pour fournir les chemins de fer de l'État. Cet exemple de débat montre ainsi l'écart entre une nécessité théorique d'organisation des marchés et des stratégies pragmatiques d'adaptation aux conditions du marché dont le fonctionnement n'est pas fondamentalement remis en cause. Cette différence ne constitue cependant une difficulté que pour les économistes.

B. L'émergence d'un modèle européen d'entente ?
Cartels contre Trusts

En 1897, le Reichstag avait débattu de la nécessité ou non de mettre des limites au monopole de fait qu'exerçait la Standard Oil Company sur le marché du pétrole allemand[44]. L'examen des arguments invoqués à l'époque montre que l'opposition entre cartels allemands et trusts américains n'a rien de spontané, mais qu'elle fut élaborée très progressivement. Les débats de la fin du XIXe siècle témoignent d'une collusion objective des intérêts entre les défenseurs des cartels allemands et le trust américain : toute proposition de loi permettant à l'État de juger de la recevabilité de contrats passés entre entreprises pour réguler le marché à leur avantage aurait tout autant gêné les industriels allemands du charbon que les Américains. Pour certains socialistes, le trust peut même être préféré au cartel, car, entreprise gigantesque immobilisant des capitaux très importants, la Standard Oil est d'après eux amenée à développer une production de masse qui ne peut que faire baisser les prix. Les cartels, sans doute parce qu'ils représentent une réalité plus familière, sont vus avec davantage de suspicion puisque, liés au système protectionniste, ils maintiennent des prix élevés sur le marché national pour mieux pratiquer le dumping à l'étranger. Ce sont donc les représentants nationalistes les plus virulents qui s'attachent à maintenir une stricte distinction entre trusts et cartels, et ce uniquement pour des raisons xénophobes. Pour eux l'important n'est pas que les cartels allemands mènent une politique différente des trusts américains ; l'essentiel est que le surcroît d'argent que l'on oblige le consommateur ou les entreprises de transformation à payer aillent à des firmes allemandes. De la sorte, ces sommes, intégrées dans le circuit économique du Reich, profiteront bien *in fine* à des Allemands.

Ces arguments ne se retrouvent guère par la suite : le développement du thème des cartels dans la littérature spécialisée, ainsi qu'un nationa-

---

[44] Blaich, F., *op. cit.*, pp. 79-92.

lisme économique à la fois inquiet et triomphateur, conduisent assez rapidement à insister sur les différences entre les deux formes. À ceci s'ajoutent des raisons conjoncturelles. La récession de 1901 a remis en cause aux yeux de certains économistes la justification des cartels comme éléments stabilisateurs. L'acmé de la crise concernant le « danger américain » au même moment met aussi à l'ordre du jour les trusts américains. Dans ce contexte polémique, le parallèle entre les deux formes est approfondi afin de mieux défendre les syndicats de producteurs allemands et plusieurs titres de livres mettent en scène cette opposition[45]. Cependant cette stratégie de différenciation ne va pas sans difficulté car la ligne de partage se révèle assez fluctuante selon les auteurs. La réflexion peut en revanche s'appuyer sur des analyses semblables en dehors de l'Allemagne, en particulier en France, dans les milieux proches du Musée Social par exemple, chez un auteur comme Henri Hauser, peu suspect de germanophilie.

Le reproche le plus fréquemment formulé à l'encontre des trusts est leur logique purement financière, par opposition à la nécessité industrielle qui guiderait l'apparition des cartels. Les trusts sont des constructions anonymes, donc irresponsables, produits par Wall Street et objets de spéculation[46]. Une telle argumentation s'inscrit dans une méfiance traditionnelle à l'égard du capital anonyme, rendu responsable de tous les désordres boursiers[47]. Elle s'appuie en outre sur une abondante production de livres et d'articles destinés à expliquer les différences entre *preferred shares* et *common shares*, dans des buts parfois opposés. Certains auteurs cherchent à dévoiler les pieds d'argile de ces géants de la Bourse qui impressionnent Américains et Européens, d'autres au contraire veulent prouver la cohérence d'un système qui s'est dédoublé entre des actions représentant réellement un titre de propriété sur une part de l'entreprise, et des actions purement spéculatives, dont la valeur

---

[45] On peut citer par exemple Tschierschky, Siegfried, *Kartell und Trust. Vergleichende Untersuchung über deren Wesen und Bedeutung*, Göttingen, 1903 ; Singer, Isidor, *Das Land der Monopole : Amerika oder Deustschland ?*, Berlin, 1913 ; Calwer, Richard, *Kartelle und Trusts*, réédition Berlin 1920 (1re édition avant 1914).

[46] Robert Liefmann considère ainsi que l'attribution aux trusts de « services publics » comme la distribution d'eau ou d'électricité a démontré, par les problèmes qu'elle a engendrés, que le trust ne possède aucun avantage sur le cartel en termes d'efficacité et de rationalisation de l'organisation, précisément parce qu'il n'est qu'une structure financière.

[47] Hermann Ahlwardt, avec son pamphlet *Die Vertrustung Deutschlands*, Leipzig, 1913, offre un exemple de la convergence entre antisémitisme et haine des trusts. L'auteur, qui se présente lui-même comme « le pire des antisémites », considère que les juifs ont désormais « perdu les 9/10e de leur domination financière » au profit des trusts qui présentent – en pire – « les mêmes caractéristiques : omnipotence, malveillance, omniprésence, secret ».

est uniquement liée aux bonnes performances attendues du trust[48]. Quelques ouvrages enfin reprennent les critiques de Werner Sombart sur l'évolution du capitalisme qui conduit à marginaliser de plus en plus le producteur au profit du commerçant, analyse qui peut dans certains cas nourrir des représentations antisémites[49]. Une fois le trust ainsi caractérisé, il est aisé de bâtir une image positive de la réalité allemande. Certes, celle-ci ne se résume pas aux cartels, et les *Konzerns* qui se créent sont baptisés dans certains textes « trusts au sens allemand », mais cette identification n'est pas toujours faite puisqu'on préfère parfois parler d'un phénomène de cartellisation verticale, et surtout parce qu'on choisit de ne voir dans ce phénomène que le développement d'une entreprise qui conserve son identité. Dans cette optique, l'essentiel est qu'elle reste la propriété de la famille qui lui a donné son nom, Krupp, Thyssen, car celle-ci voudra maintenir la renommée de son patrimoine, mais aussi, dans une certaine mesure, conserver la relation paternaliste qui doit régner dans l'entreprise, où le propriétaire s'affirme personnellement responsable de ses ouvriers.

Observant la concentration industrielle, les contemporains se sont surtout interrogés sur ses conséquences quant à une possible disparition de la figure de l'entrepreneur-innovateur, héritée de l'époque héroïque du capitalisme. Or ces analyses ne recoupent pas la différence pourtant affirmée entre cartels et trusts : à ce stade de la réflexion, on s'aperçoit donc que la stratégie de différenciation n'opère plus guère, même chez ses défenseurs les plus fidèles[50]. L'opposition se fait plutôt entre ceux

---

[48] Louis Katzenstein dans *Die Trusts in den Vereinigten Staaten, Volkswirtschaftliche Zeitfragen*, Berlin, 1901, se montre très sévère à l'égard de ce système. Le thème de la fragilité des trusts se retrouve chez Henri Hauser, *L'impérialisme américain*, Paris, 1905. Cela lui permet de rejeter l'idée d'un réel danger américain. Pour une appréciation plus positive voir Glier, Ludwig, « Zur neuesten Entwicklung der amerikanischen Industrie », in *Schmollers Jahrbücher*, 3ᵉ cahier 1903 et 1ᵉʳ cahier 1904.

[49] Cette analyse se retrouve dans Tschierschky, S., *op. cit.*, p. 24 où il cite l'ouvrage de Sombart, *Der Moderne Kapitalismus*, paru l'année précédente. Sombart y considère comme un élément significatif du système capitaliste les différentes façons de faire du commerce, ce que Weber qualifiait de « capitalisme de paria », et trace un portrait ambigu du commerçant, « d'une sensibilité infinie, tous yeux, toutes oreilles » à la mesure de l'ambiguïté du statut moral du capitalisme. Voir Bruhns, Hinnerk, et Haupt, Heinz-Gerhard (dir.), *Werner Sombart*, Paris, Centre de Recherches historiques, 1990, Introduction « les juifs et l'économie ».

[50] On trouve cependant quelques exceptions. Robert Liefmann, dans le chapitre II de son ouvrage, reprend l'idée d'une bureaucratisation du management des cartels comme des trusts. Il souligne cependant que la nature de ces nouvelles directions est très différente. Les managers des cartels allemands se situent d'après lui dans la grande tradition de service de la fonction publique, alors que les dirigeants des trusts mélangent les rôles de managers et ceux d'actionnaires puisque seuls ou avec leur conseil d'administration, ils détiennent souvent la majorité des actions du trust. Ces

qui considèrent que l'évolution va vers une bureaucratisation de ces structures, et ceux qui insistent sur les personnalités à la tête de ces nouveaux empires industriels. Dans le premier camp on trouve par exemple l'analyse de Max Prager, qui fait écho aux réflexions contemporaines de Max Weber : ces grands ensembles bureaucratisés ne peuvent produire en leur sein que des administrateurs, des personnalités moyennes qui auront su s'adapter à ces structures[51]. L'aboutissement logique, bien que pas toujours explicité, semble alors être la mainmise de l'État sur une économie désormais entièrement cartellisée[52]. Cette vision reste cependant relativement minoritaire, car le présent offre suffisamment d'exemples de capitaines d'industrie pour que des figures comme Emil Kirdorff pour le syndicat rhénan-westphalien ou Charles Schwartz pour la US Steel Industry ne paraissent pas représenter l'avenir du dirigeant capitaliste. Ceci explique pourquoi Gustav Schmoller, pourtant grand partisan d'une distinction nette entre trusts et cartels, se retrouve dans le second camp, et n'hésite pas à tracer une généalogie fictive qui partirait des Fugger et des Médicis pour arriver aux grands entrepreneurs allemands[53]. Ces derniers posséderaient à leur tour des points communs avec les fameux *tycoons* dont les réputations avaient depuis un certain temps déjà franchi l'Atlantique pour s'imposer à l'imaginaire européen, qu'il s'agisse d'Andrew Carnegie ou de John Pierpont Morgan[54]. Qualifiés

---

analyses restent cependant relativement isolées, et le lien avec la fonction publique est rarement évoqué : on relève plus volontiers la concurrence que l'attrait pour les postes de fonctionnaires fait aux besoins croissants de l'industrie allemande pour de jeunes managers compétents. Voir Sartorius von Waltershausen, A. *Das volkswirtschaftliche System der Kapitalanlage im Auslande*, Berlin, 1907.

[51] Il y a dans ces critiques une tendance anti-matérialiste qui porte le vague écho de la critique nietzschéenne sur les derniers hommes, « spécialistes sans esprit ». Voir Weber, Florence, *Max Weber*, Paris, Hachette, 2001, p. 151 ; Prager, Max, *Die Amerikanische Gefahr, Volkswirtschaftliche Zeitfragen*, Berlin, 1902. Comme dans le cas de l'analyse de la solidité financière des trusts par H. Hauser, le propos de Prager suit certes un raisonnement scientifique, mais possède également une motivation plus immédiate, dégonfler la baudruche du danger américain.

[52] C'est la critique que Henri Hauser adresse aux cartels allemands, qui, dans une ultime phase, doivent être inévitablement nationalisés. Certes l'analyse est faite en temps de guerre, elle est donc marquée à la fois par l'observation de l'économie de guerre mise en place par le Reich et par l'antagonisme franco-allemand. Cependant, cette idée est loin d'être conjoncturelle et est poursuivie après guerre dans les écrits de Joseph Schumpeter sur la fin du capitalisme par la monopolisation progressive de l'industrie.

[53] Schmoller, G., *Über wirtschaftliche Kartelle...*, *op. cit.*

[54] L'image de Carnegie est assez floue dans la littérature : il représente d'un côté l'un de ces hommes qui ont fait fortune en en se moquant de toute déontologie dans les affaires, il a annoncé que la Grande-Bretagne ne serait bientôt plus qu'une base de loisirs pour Américains dont l'économie devait nécessairement dominer le monde. D'un

par les réformateurs américains de « robber barons », critique complaisamment reprise en Europe, ils n'en illustrent pas moins pour l'opinion publique et toute une partie de la publicistique le charisme propre aux grands dirigeants.

L'observation des éventuelles différences concrètes entre trusts et cartels n'aboutit qu'à des conclusions mouvantes et incertaines sur la réalité de leur opposition. Pour maintenir celle-ci, justifier le cartel, et à travers lui la pensée économique qui le promeut, il fallait donc rester à l'intérieur du système d'explication élaboré par ces économistes. Ceci explique que l'opposition finisse par se résumer dans les différents écrits à l'apologie de la démocratie des cartels contre la tyrannie des trusts. Pour de nombreux auteurs, les cartels sont par nature différents des trusts et doivent être encouragés parce qu'ils ont une structure démocratique : nés d'une logique économique nationale, ils réunissent plusieurs entreprises en donnant à chacune le droit de s'exprimer. C'est le modèle de l'association, comme union d'intérêts des entreprises, étape sur la voie de la reconnaissance par tous les acteurs de la vie économique de leurs intérêts communs[55]. Les trusts présentent au contraire une structure dictatoriale, car, nés d'une logique égoïste, purement financière, ils ne font qu'assurer la domination d'une entreprise sur le marché sans améliorer le fonctionnement de celui-ci. Les industriels allemands ne sont certes pas indifférents à de tels arguments, et lors de l'enquête, le syndicat rhénan-westphalien, interrogé sur son mode de décision, reprend volontiers une distinction si flatteuse. Ses représentants insistent sur le respect accordé à l'individualité de chaque entreprise et présentent le cartel comme un espace privilégié de concertation. Mais cette insistance n'a qu'un but pragmatique, rassurer une opinion inquiète et en même temps souligner l'impossibilité d'exiger plus du cartel que ce que l'on pourrait demander à chaque entreprise prise individuellement. L'insistance des économistes a des causes bien différentes : Henri Hauser sou-

---

autre côté, il est depuis le début du XXe siècle un ardent défenseur de la paix et à ce titre, il est venu défendre devant l'empereur Guillaume II un projet d'union européenne. J. Pierpont Morgan atteint le sommet de sa célébrité en Allemagne en projetant de créer une grande compagnie maritime américaine. Cette idée déclencha à l'intérieur de l'empire une immense campagne de presse contre le « Schiffahrttrust » qui d'après les commentateurs enfiévrés, aurait remis en cause l'existence même de ces perles de l'économie allemande, la HAPAG et la Norddeutsche Lloyd.

[55] Richard Calwer, ancien député SPD, reprend par exemple dans sa comparaison entre trusts et cartels un argument souvent utilisé : la vision du marché d'un entrepreneur ne peut être que partielle, puisqu'elle ne dépasse pas le cercle de ses clients. Le cartel permet au contraire d'avoir une vue d'ensemble du marché pour un certain produit, et donc de juger de son état plus objectivement, c'est-à-dire de façon plus conforme à l'intérêt général. *Kartelle und Trusts, op. cit.*, p. 57.

ligne ainsi que le développement des cartels ne doit pas entraîner de bouleversement des structures industrielles propres à la France car le but est de rationaliser le système afin d'en tirer un bénéfice social, en encourageant la coopération. De son côté, Gustav Schmoller insiste sur la possibilité que le cartel offre aux entreprises les plus petites de survivre sans craindre d'être emportées par la concurrence et la crise. Le cartel, même s'il est justifié par une pensée évolutionniste, n'est pas, contrairement au trust, de type darwinien ; c'est le contraire de la loi du plus fort et non le résultat de l'application féroce de celle-ci. Dans les deux pays, l'utilisation de cette opposition schématique entre démocratie et tyrannie, sans cesse répétée, est essentielle pour ceux, proches de la pensée solidariste ou appartenant au courant des socialistes de la chaire, qui cherchent à faire avancer des projets de réformes économiques et sociales respectueuses des cadres établis.

Pourtant, cette démonstration cache des contradictions qui affleurent dans les écrits de Gustav Schmoller comme d'Henri Hauser. Tous les deux considèrent en effet que la tendance est à une concentration inéluctable, et les chiffres de la période confirment cette analyse. Le cartel dans ces conditions ne fait que retarder – et adoucir – une évolution inévitable[56]. C'est un changement sensible par rapport à l'analyse plus ancienne de Levy von Halle, qui en 1896 considérait encore que la grande entreprise ne représentait pas forcément l'avenir. Le changement de perception intervenu en l'espace de quelques années est dû sans doute aux effets de la crise du début du XXe siècle et aux mesures prises par les plus grandes entreprises allemandes. Là encore, l'effort pour prendre en compte l'évolution de la réalité aboutit à miner la cohérence de la démonstration.

Les analyses françaises et allemandes faites par les défenseurs des cartels présentent donc des liens étroits. Peut-on en conclure pour autant qu'un modèle européen se dégage à la faveur de ces discussions ? Plusieurs arguments invitent à la prudence, à commencer par le fait que l'expression « modèle européen » n'apparaisse pas dans les textes. Cela ne signifie certes pas qu'une telle réalité n'existe pas, mais à tout le moins qu'il n'y a pas de forte conscience de celle-ci. Il faudrait compléter l'étude en examinant la littérature d'autres pays. Les *Annales du Musée Social* y invitent en publiant la même année que l'enquête allemande deux imposantes bibliographies, l'une sur les ententes, l'autre sur les trusts, portant à chaque fois non seulement sur les États-Unis mais

---

[56] Une des principales figures allemandes de l'opposition aux cartels, le député Gothein, considère au contraire que ces regroupements accélèrent la concentration industrielle, au point d'affirmer devant la commission d'enquête sur le syndicat rhénan-westphalien que le cartel mène au trust.

sur la plupart des pays européens[57]. Par ailleurs, une bonne partie des critiques faites à l'égard des trusts sont en fait reprises de la littérature américaine réformatrice, source unique et donc indispensable pour les auteurs français ou allemands qui désiraient avoir des renseignements précis sur le fonctionnement des trusts et leurs conséquences sur la vie économique nationale[58]. Finalement, la distinction entre le modèle des cartels et celui des trusts est trop liée à la défense des premiers et se révèle trop fragile pour permettre de conclure à l'existence d'un modèle européen qui aurait, *a fortiori*, influencé la formation des ententes sur le continent.

C. Le rôle des cartels sur les marchés internationaux : trahison ou arme pour l'économie nationale ?

Que représentent les marchés internationaux pour les cartels ? La question n'a pas immédiatement préoccupé les économistes puisque le cartel constituait d'abord une réponse à la crise de l'économie nationale[59]. Cependant, au tournant du siècle, les renégociations des droits douaniers, les discussions provoquées par l'importation de produits américains en Europe, les échos des débats anglais sur la décadence de l'industrie nationale soumise à la concurrence des cartels allemands et des trusts américains, enfin la dénonciation du système des primes à l'exportation pour le sucre, la remise en cause du rôle contra-cyclique des cartels, tout concourt à s'interroger sur les relations entre le marché intérieur et les marchés internationaux. La discussion reste cependant étroitement liée aux problèmes de l'économie nationale, et les différents jugements portés sur ces relations ne considèrent que les avantages ou les inconvénients qui peuvent en résulter pour la vie économique allemande. Ainsi, l'analyse du dumping met en jeu les mêmes arguments que le protectionnisme.

La pratique était décriée parce qu'elle désavantageait le consommateur national au profit de l'étranger et lui faisait payer le surcroît de

---

[57] *Annales du Musée Social*, juin 1903, pp. 198-209 et juillet 1903, pp. 252-264.

[58] Un exemple est donné par un exposé, « Die amerikanischen industriellen Verbände, welche nicht direkt dem Steel Trust unterstehen » paru dans les *Verhandlungen des Vereins zur Beförderung des Gewerbefleisses in Preussen* pour l'année 1905. L'auteur, l'ingénieur Bruno Simmersbach, présente son intervention comme un moyen de populariser le livre de J. Goody, *The Truth about Trusts*, paru à New-York l'année précédente.

[59] Dans sa réflexion sur l'avenir économique après la fin de la guerre, Henri Hauser continue à ne considérer que les cartels nationaux lorsqu'il estime qu'ils représentent une forme particulièrement favorable au progrès technique, en lui permettant de récupérer des sommes auparavant consacrées à la conquête de parts de marché.

consommation de ce dernier[60]. L'exemple le plus caricatural fut donné par le sucre, puisque, grâce aux bas prix permis par les primes à l'exportation des sucres européens, un produit de luxe avait pu devenir pour les Anglais un produit de première nécessité. Les adversaires de ces pratiques soulignaient qu'un relèvement des prix du sucre allemand à l'étranger aurait certes pour conséquence des exportations moindres, mais que cela ne ferait qu'introduire un rééquilibrage entre marché extérieur et marché intérieur, puisque celui-ci, bénéficiant à son tour de prix moins élevés, pourrait accroître sa consommation. L'exemple était bien choisi, car il touchait à un problème majeur de la vie économique allemande : les revenus nominaux des catégories populaires urbaines avaient beau connaître des hausses importantes, le pouvoir d'achat ouvrier continuait à souffrir du poids excessif que représentaient le logement et l'alimentation. Cela rendait ces catégories très réceptives aux discours antiprotectionnistes classiques qui dénonçaient la cherté de certains produits agricoles, dont la viande en particulier, et l'impossibilité d'avoir accès aux importations meilleur marché à cause de la protection dont bénéficiaient les agrariens. Le thème était moins facilement transposable à l'ensemble des produits cartellisés, constitués surtout des matières premières ou des produits semi-finis. À l'exception notable du charbon, ceux qui étaient touchés directement étaient les industries de transformation, utilisatrices de nombreux produits sidérurgiques. Or, même si elles répercutaient ce surcoût sur leurs propres prix, cela restait peu lisible, donc peu sensible pour le consommateur. En revanche, ce même consommateur urbain, travaillant dans l'industrie, pouvait être sensible à l'argument favorable aux cartels et au dumping, selon lequel l'écoulement à très bas prix d'une partie de la production permettait de maintenir en activité les entreprises cartellisées, autrement dit empêchait une dévalorisation rapide du capital investi dans des machines non utilisées et surtout la mise au chômage des ouvriers travaillant sur ces machines. La pratique du dumping permettait, au même titre que la cartellisation du marché intérieur, de garantir à toutes les entreprises concernées un niveau de production minimum quelle que soit la conjoncture. On retrouve ainsi sous une forme modernisée un argument ressassé du discours protectionniste, la défense du travail national.

Le débat sur les avantages et les inconvénients du dumping renvoie à deux visions contradictoires de la fonction des marchés extérieurs. Pour les défenseurs des cartels, ils ne constituent qu'une soupape de sécurité pour réguler l'activité industrielle, un déversoir pour les excédents de

---

[60] Certains défenseurs des cartels estiment de leur côté que les cartels ont malgré tout une influence favorable sur les prix intérieurs car ils contribuent à diminuer le nombre des intermédiaires, cause fréquente des prix élevés.

production. C'est ce qui se produit pour les exportations américaines, surtout formées du surplus de la consommation du marché intérieur américain, ce que seuls quelques commentateurs allemands de l'époque montrent pour réfuter le danger américain. Pour leurs adversaires, les marchés extérieurs représentent au contraire la cible privilégiée des entreprises cartellisées, qui ne se sont assurées de leur marché intérieur que pour mieux combattre la concurrence industrielle de leurs rivaux étrangers et gagner ainsi des parts de marché à l'international[61].

Le thème du dumping apparaît finalement peu dans la littérature pourtant abondante sur l'économie internationale et la place que doit y prendre l'Allemagne. Cette discrétion peut s'expliquer par les mauvais souvenirs qu'il évoque, l'époque du *billig und schlecht*, quand le principal argument de vente des produits allemands à l'étranger était leur bas coût. Pour ces auteurs qui célébraient la supériorité technique et économique de l'empire, de telles stratégies paraissaient sans doute indignes de commentaires. Chez les industriels concernés, le silence est encore plus épais. Ils devaient certes ménager l'opinion publique et ne pas détruire l'argument de la protection du travail national en avouant exporter des produits nécessaires à l'industrie étrangère, car cela aurait été assimilé à une véritable trahison. Leur discrétion était également due à la crainte de représailles de la part des pays importateurs. La crise du sucre fut un révélateur, mais la multiplication progressive des contrôles des agents consulaires américains sur les prix effectivement pratiqués sur le marché intérieur afin de les comparer à ceux des produits exportés aux États-Unis n'incitait pas non plus à une quelconque publicité de pratiques de dumping.

La naissance d'ententes entre les entreprises de différents pays, principalement dans les dernières années d'avant-guerre, devait nécessairement conduire à reconsidérer le lien entre cartels et marchés inter-

---

[61] Ludwig Voigt, dans son ouvrage, *Export zu Schleuderpreisen*, Berlin, 1911, défend la première interprétation contre la seconde. Pour lui le dumping ne peut être une politique industrielle, car la logique veut que tout entrepreneur cherche toujours à vendre au meilleur prix. Cependant, il récuse aussi l'idée de prix fixés arbitrairement hauts sur le marché intérieur : selon lui, ils restent déterminés par la situation de l'industrie, car les cartels ne peuvent parvenir à un monopole complet sur l'ensemble du territoire. Par conséquent, ils sont amenés à le diviser en différentes zones selon le degré de concurrence rencontré (élevé par exemple dans les régions frontalières) et à ajuster leurs prix en conséquence. Cette analyse est confirmée par les pratiques de l'Entente des houillères du Nord et du Pas-de-Calais, obligée d'ajuster ses prix à ceux des concurrents anglais, belges et allemands dans les zones frontières, et compensant ce manque à gagner par l'annulation de « la prime de distance » qui permettait aux industriels des départements du Nord et du Pas-de-Calais de payer moins cher leur charbon. Voir Gillet, Marcel, *Les Charbonnages du nord de la France au XIXe siècle*, Paris La Haye, Mouton, 1973, p. 130.

nationaux. Les économistes lurent dans ces créations la confirmation de leurs hypothèses sur l'évolution des structures économiques et la généralisation inévitable de cette forme d'organisation. Confrontés au niveau international au même problème d'une concurrence qui laminait les profits, les industriels devaient nécessairement adopter les mêmes solutions de cartellisation. Ce n'était plus simplement un phénomène repérable dans tous les pays industrialisés, mais un mouvement qui devait progressivement conduire à la formation d'un marché international organisé. Pourquoi ce schéma par étape ne permit-il pas de penser un espace européen cartellisé ?

Des traces montrent que le lien entre cartels et *Mitteleuropa* a bien été fait par certains, mais l'écho rencontré fut loin d'être à la mesure de la popularité de chacun de ces concepts. Le premier à les rapprocher fut encore une fois Lujo Brentano, qui en 1889, réfléchissant à la réalisation concrète d'un rapprochement économique entre l'empire allemand et l'Autriche-Hongrie, considérait que le décalage entre les deux économies était déjà trop important pour que l'union douanière soit envisageable sans pertes majeures pour l'économie la plus faible. À ceci s'ajoutaient les réticences de chaque secteur : les agrariens allemands, prompts à demander l'édification de murs douaniers pour se protéger des importations venues d'outre-Atlantique, n'avaient aucune envie de partager leur marché avec les importations meilleur marché de leurs voisins autrichiens et hongrois. Les mêmes réserves se retrouvaient dans l'industrie lourde. Aussi Lujo Brentano proposa-t-il de créer une solidarité de branche entre ces différents acteurs en établissant, dans certains cas, des cartels incluant les deux empires, ce qui permettait en fait à chacun de préserver ses marchés. Malgré son réalisme et sa relative modestie, la proposition ne fut pas suivie. À l'intérieur même de chaque secteur, l'hétérogénéité des intérêts était déjà trop marquée, les craintes de chacun de perdre au change, trop grandes, pour qu'on se résolve à franchir le pas. L'idée cependant resta dans les mémoires des défenseurs du projet de *Mitteleuropa* : les idées de Julius Wolf en sont un écho, même si celui-ci s'inspire aussi du développement national et surtout international contemporain de la cartellisation. Cette remise à jour du thème ne remporta pas un succès plus grand. Des cartels entre l'Allemagne et l'Autriche-Hongrie se formèrent à l'époque, mais de façon extrêmement pragmatique, et sans qu'on puisse parler d'un mouvement d'entraînement général.

L'idée correspondait cependant certainement à un certain esprit du temps, qui explique qu'on la retrouve encore sous la plume de Walter

Rathenau[62]. Tout en conservant la formule pourtant usée du *Zollverein*, il utilisa la solution des cartels pour proposer la construction d'un espace économique centre-européen. La proposition de Rathenau fait également écho à la politique suivie au même moment par l'entreprise de son père. AEG avait conclu en 1903 un cartel avec les fabricants autrichiens de lampes à incandescence, mais cet accord ne résista pas aux difficultés économiques de 1912[63]. Le projet de *Mitteleuropa* esquissé procède cependant beaucoup moins de la coopération entre industries allemandes et autrichiennes que de l'idée d'un *Hinterland*, notion bien connue de la géographie allemande, à développer au profit des cartels allemands. L'espace ainsi formé n'est pas très différent de ce que représente au même moment l'Amérique latine pour l'économie du Reich, avec le double avantage que représentent la proximité et l'idée de l'abolition des barrières douanières. Cette réflexion sur l'organisation d'un marché centre-européen se fait donc toujours dans une perspective nationale et reflète plus les propositions faites par Friedrich Naumann, deux ans plus tard, en plein conflit, qu'une réflexion sur un espace réellement européen[64].

Les entreprises allemandes membres d'alliances conclues pour organiser le marché international n'ont fait que suivre la logique que leur dictait le rapport de force dans leur secteur, dans la mesure où leurs produits pouvaient être cartellisés. Dans le cas de la chimie, l'accord s'est principalement fait entre firmes allemandes, qui à elles seules dominaient la production de colorants synthétiques et celle des médicaments : le but était de garantir à chacune la vente de ses familles de pro-

---

[62] La personnalité de Walter Rathenau avant-guerre est encore marquée par une certaine ambivalence. Il est certes l'héritier désigné de son père pour reprendre AEG, rôle pour lequel il s'est préparé. Dans le même temps, il reste attiré par une réflexion politique voire philosophique dont témoigne parfaitement son livre, *La Mécanisation du Monde*, paru en 1913. Il s'agit tout à la fois d'une analyse précise des évolutions des réalités techniques et économiques, et d'une réflexion sur la nécessité pour l'humanité de dépasser spirituellement cette mécanisation du monde. Sans véritablement s'engager politiquement, Walter Rathenau cherche dès ce moment à prendre position sur les grandes questions d'actualité : il n'intervient pas comme porte-parole d'AEG.

[63] Pohl, Manfred, *Emil Rathenau und die AEG*, Berlin et Francfort/Main, p. 180. La récession qui succède à la brillante croissance de 1908 à 1912 commence réellement en 1913.

[64] Les milieux économiques qui argumentèrent alors contre les projets de Naumann reprirent bon nombre d'arguments développés avant guerre, parmi lesquels le niveau de développement trop disparate entre les économies des deux empires centraux, déjà évoqué en 1889. Voir Soutou, G.-H., *op. cit.*, pp. 103-105.

duits[65]. Pour l'acier, le cartel porta sur la production de rails. Conclu en novembre 1904 après de longues réticences, il englobait les Allemands, les Belges, les Français, les Anglais et les Américains[66]. La répartition régionale ne correspondait aucunement à une logique européenne puisque si les Européens étaient logiquement exclus des États-Unis, Français, Anglais et Allemands partageaient avec les Américains les marchés d'Amérique latine. En ce qui concerne le domaine de l'électrotechnique, les produits se prêtaient peu à la cartellisation. Les industriels choisirent donc dans de nombreux pays de créer une structure de production commune. Cela conduisit AEG et Siemens à s'associer pour exploiter le marché russe, considéré comme trop étroit pour deux concurrents, mais en Italie, l'association se fit entre AEG et General Electrics[67]. Ces deux entreprises conclurent par ailleurs en 1903 un accord plus général mais qui ne limitait aucunement le champ d'action de l'entreprise européenne à son continent.

Il a certes existé avant 1914 des ententes à l'échelle européenne. Le *pool* mis en place par Ballin, directeur de la *Hamburg-Amerika Linie* en 1892 ne regroupe que des compagnies européennes continentales[68]. Cela n'implique cependant aucune considération sur un espace économique européen, bien que Ballin soit par ailleurs membre du comité du *Mitteleuropäische Wirtschaftsverein*. C'est le simple reflet d'une situation qui a vu la marine marchande américaine sombrer progressivement dans l'insignifiance. Dès lors que les États-Unis menacent de revenir en force dans la compétition avec la création du « Trust Morgan », il devient nécessaire de les intégrer à l'organisation, ce qui est fait à la fin de 1904. Les origines de la Convention des Glaceries donnent un autre exemple

---

[65] Voir Wengenroth, Ulrich, « Germany : Competition abroad – cooperation at home, 1870-1990 », in Chandler, Alfred, Amatori, Franco, Hikino, Takashi (eds.), *Big Business and the Wealth of Nations*, Cambridge University Press, 1997, p. 144.

[66] Ils furent rejoints en 1908 par l'Autriche-Hongrie et l'Espagne, puis après 1910 par les Russes. Leisse, W., *op. cit.*, p. 176.

[67] La compagnie américaine était représentée par une des compagnies européennes de Thomson Houston. Voir Hartner, Peter, « Financial Strategies and Adaptation to Foreign Markets. The German Electro-technical Industry and Its Multinational Activities, 1890s to 1939 », in Teichova, Alice, Levy-Leboyer, Maurice, Nussbaum, Helga (eds.), *Multinational Enterprises in Historical Perspective*, Cambridge University Press et Maison des Sciences de l'Homme, 1986, p. 152.

[68] Huldermann, Bernhard, *La vie d'Albert Ballin*, Paris, Payot, 1923 (1921 pour l'édition allemande), pp. 34-76. Allemands, Français, Autrichiens, Scandinaves, Russes, Italiens, Grecs y entrèrent progressivement au cours des vingt années qui suivirent. Il semble que les Anglais n'entrèrent pas totalement dans le pool avant 1908, mais des accords ponctuels furent signés avant.

d'une création européenne fondée uniquement sur le pragmatisme[69]. L'accord réunit les signatures anglaise, française, belge, hollandaise, allemande, autrichienne et italienne, parce que ce sont ces pays qui durant les trois années précédentes se sont livrés une véritable guerre commerciale. Les Américains n'ont pas participé à la guerre, car leur production – 56 % de la production européenne – est essentiellement destinée au marché intérieur ; ils ne sont donc pas non plus présents à la signature d'armistice que représente la Convention, et non un instrument dirigé contre les États-Unis. « Simple contrat d'association », le cartel est à l'économie ce que le pacte de non-agression est à la diplomatie. Il est destiné à sauvegarder les gains acquis par chaque signataire, sachant que tout changement d'équilibre entraîne la fin du pacte, un nouveau conflit commercial et un nouveau compromis. Cette conception diplomatique du cartel international, chargé uniquement de régler la répartition des marchés, est la plus répandue avant 1914. Seuls quelques exemples, dans l'électrotechnique, dans les projets de Ballin pour organiser une structure de décision commune, montrent que, ponctuellement, il était possible d'envisager une collaboration internationale et non une simple association. Ces tentatives n'entraînèrent cependant aucune réflexion sur l'organisation d'un espace européen[70].

---

[69] Elles sont relatées dans la plaquette, *Convention Internationale des Glaceries*, 1904-1929, s. l., s. d., pp. 26-29.

[70] L'ancienneté des relations peut expliquer ces cas particuliers. Dès le début de son histoire, AEG s'est trouvée liée, pendant des périodes plus ou moins longues, à Siemens ou à la société américaine Edison. Les débats sur le pool maritime remontent au début des années 1880. Dans les deux cas ces entreprises développèrent pendant près de vingt ans l'expérience des possibilités qu'une collaboration industrielle pouvait offrir. Il ne s'agit pas du passage à un stade supérieur, mais bien davantage d'une solution adoptée en fonction des besoins du marché. Si ceux-ci changent, cette collaboration peut donc, comme l'association, être remise en cause.

La politique économique allemande à l'égard de l'Europe centrale et du Sud-Est (1918-1939)[1]

Jürgen ELVERT

Université de Cologne

Remarques préliminaires

L'importance particulière que les gouvernements du Reich, de la coalition de Weimar et de Gustav Stresemann jusqu'à Hitler, attachaient aux relations de l'Empire avec les États d'Europe centrale et d'Europe du Sud-Est s'explique par le fait que cet espace faisait partie intégrante de ce qui, aux yeux de l'Allemagne, constituait la *Mitteleuropa*. Cette conception, qui s'était développée au cours du XIXe siècle, était née du rôle particulier que l'Allemagne entendait jouer au cœur de l'Europe[2] en tant que première puissance politique, économique et culturelle. Cette ambition s'était cependant heurtée d'emblée à la résistance des États concernés et des puissances victorieuses de la Première Guerre mondiale, qui s'opposèrent catégoriquement à toute tentative de l'Allemagne visant à acquérir une position hégémonique, même limitée, en Europe centrale et dans les Balkans. L'un des objectifs qu'ils s'étaient fixés lors des négociations de la Conférence de la paix à Paris était en effet d'insérer le Reich allemand dans le tissu européen de telle manière qu'il ne puisse plus constituer à l'avenir une menace pour ses voisins. Les réactions que suscitèrent dans le pays les dispositions du traité de Versailles sont elles aussi bien connues : l'encre des signatures apposées en bas du traité n'était pas encore sèche que déjà des voix s'élevaient, à l'intérieur du Reich, pour réclamer haut et fort sa révision. La résistance opposée au traité de paix, d'abord aussi vaine que désespérée, se trans-

---

[1] Traduction faite depuis l'allemand par le service de traduction du ministère des Finances.

[2] Pour plus de détails : Cord Meyer, Henry, *Mitteleuropa in German Thought and Action 1815-1945*, Den Haag, 1955.

forma, en l'espace de quelques années seulement, en un climat de contestation soutenu par des pans entiers de la population allemande – les historiens parlent à ce propos du « syndrome révisionniste »[3] de la République de Weimar, qui fédéra l'ensemble des tendances de l'échiquier politique, des nationalistes pangermaniques à droite jusqu'aux communistes à gauche, en passant par les sociaux-démocrates, même si les raisons de ce ralliement différaient d'un groupe à l'autre.

Comme il est possible à partir de là d'établir un lien de causalité direct avec le national-socialisme, les conditions imposées au Reich par le traité de Versailles comptent parmi les sujets les mieux étudiés de notre discipline. Les insuffisances du traité de paix ont été suffisamment démontrées. On ne mentionnera qu'une seule des conséquences de l'inflexibilité avec laquelle la France, surtout, pour des considérations de sécurité nationale, a longtemps réclamé le respect scrupuleux des clauses du traité : l'impossibilité pour une majorité des Allemands de se rapprocher désormais des idéaux politiques de l'Ouest. Au lieu de cela, les milieux conservateurs nationalistes, en particulier, continuèrent à les rejeter comme étant les « idées de 1789 ». Cela faisait écho aux « idées de 1914 », qui avaient été invoquées à dessein au moment de l'entrée en guerre et au nom desquelles les Allemands devaient ouvrir une ère nouvelle en Europe[4]. Il s'agissait à l'époque essentiellement des conceptions, déjà mentionnées, qui découlaient d'une revendication « particulière », parce que fondée historiquement, de l'Allemagne à occuper une position hégémonique en Europe centrale. Cependant, étant donné la marge de manœuvre politique limitée dont disposait la jeune république au début des années 1920, une telle prétention ne pouvait s'exprimer dans un premier temps qu'à huis clos et dans la presse politique.

I. Le rétablissement des relations économiques et politiques dans la première moitié des années 1920

Les grands défis économiques et politiques auxquels se sont trouvés confrontés tous les gouvernements du Reich jusqu'en 1924 ont fédéré l'ensemble des forces dont celui-ci disposait encore dans les premières années de son existence post-versaillaise. Il fallait rétablir un cadre politique ordonné, préalable indispensable à l'amélioration de la situation

---

[3] Voir Salewski, Michael, « Das Weimarer Revisionssyndrom », in *Aus Politik und Zeitgeschichte*, vol. 2, 12 janvier 1980, pp. 14-25.

[4] Pour plus de détails sur les « idées de 1914 » : von Ungern-Sterngerb, Jürgen et Wolfgang, *Der Aufruf « An die Kulturwelt ! ». Das Manifest der 93 und die Anfänge der Kriegspropaganda im Ersten Weltkrieg. Mit einer Dokumentation*, Stuttgart, 1996.

économique et, partant, des conditions de vie de la population. Cela passait notamment par le développement d'un réseau efficace d'échanges économiques avec l'extérieur. L'espace géographique qui s'offrait tout naturellement était celui avec lequel le Reich avait entretenu de bonnes relations commerciales déjà avant la guerre. Aussi l'Allemagne s'employa-t-elle très vite, dans le cadre de sa politique étrangère, à instaurer des relations diplomatiques régulières avec les États d'Europe centrale et d'Europe du Sud-Est. Les responsables politiques allemands savaient l'importance que revêtait le Reich pour ces États en tant que débouché pour leurs produits agricoles. En même temps, ils étaient conscients qu'une Allemagne politiquement trop puissante ne pouvait être du goût de leurs gouvernements. En effet, les voix qui, dans le Reich allemand, réclamaient haut et fort une révision de l'ordre instauré par le traité de Versailles étaient entendues tout particulièrement là où cet ordre représentait le fondement de l'existence des États nationaux issus de l'Empire des Habsbourg et de leurs voisins, car toute révision de l'ordre mis en place par le traité de Versailles signifiait toujours en fin de compte une menace pour l'existence des jeunes États d'Europe centrale et d'Europe du Sud-Est[5].

Pendant les premières années d'après-guerre, les diplomates allemands en charge de ces questions durent donc s'habituer à jouer un rôle nouveau : tant qu'il s'agissait des relations économiques avec le Reich, ils étaient courtisés, mais dès qu'étaient abordées les questions politiques ou militaires, ils devaient se contenter d'une place à l'arrière plan, car dans ce domaine c'était les puissances occidentales, en particulier la France, qui dictaient la marche à suivre. Ainsi, la politique allemande à l'égard de l'Europe centrale et de l'Europe du Sud-Est au début des années 1920 dut, pour plusieurs raisons, se limiter dans un premier temps aux aspects purement commerciaux. Un premier succès partiel fut enregistré, au cours de l'été 1920, avec la signature d'un accord commercial avec la Tchécoslovaquie[6]. Après quelques difficultés de mise en route, les contacts avec la Yougoslavie se développèrent eux aussi dans un sens très favorable et aboutirent en 1921 à un accord de mise en œuvre de la clause de la nation la plus favorisée[7]. Lorsque peu de temps après, le ministre des Affaires étrangères Rathenau obtint, dans le cadre des négociations menées avec le gouvernement britannique, que la ques-

---

[5] Sur les débuts de la politique étrangère et de la politique économique étrangère de la République de Weimar : voir Krüger, Peter, *Die Außenpolitik der Republik von Weimar*, Darmstadt, 1985, pp. 77-81.

[6] Elvert, Jürgen, *Mitteleuropa ! Deutsche Pläne zur europäischen Neuordnung (1918-1945)*, Stuttgart, p. 98.

[7] *Ibid.*

tion du paiement des réparations fût liée à celle de la priorité des exportations allemandes en Europe centrale et en Europe du Sud-Est, ce succès fut à juste titre considéré par ses collègues au ministère comme un progrès décisif. Pour la première fois en effet, les intérêts économiques allemands dans la région étaient officiellement reconnus par l'une des puissances victorieuses, alors que les efforts déployés par la France pour étendre sa propre influence sur cette même zone s'étaient soldés par un échec[8].

Le rapprochement germano-soviétique, inscrit dans le traité signé à Rapallo le 16 avril 1922, eut pour effet d'accroître la marge de manœuvre de la politique étrangère allemande à l'égard de l'Europe centrale et du Sud-Est, même si, dans un premier temps, il avait fallu exercer une pression psychologique sur les gouvernements des États de la région. Finalement seul l'avenir allait dire quelles conséquences aurait cette reconnaissance diplomatique mutuelle entre les deux grandes nations perdantes de la Première Guerre mondiale, assortie de l'octroi de la clause de la nation la plus favorisée[9]. Jusqu'au traité de Locarno et ses garanties de sécurité pour certains des principaux États d'Europe centrale et d'Europe de l'Est, aucun des gouvernements de cette région ne pouvait exclure d'être un jour victime d'une coalition entre l'Allemagne et la Russie soviétique. Une certaine bienveillance face aux *desiderata* de Berlin pouvait, par conséquent, apparaître à plus d'un responsable politique comme un moyen de sortir de cette situation délicate[10]. Toutefois, si l'URSS peut être considérée comme le véritable gagnant du traité de Locarno, c'est que celui-ci signifiait la rupture, par les gouvernements bourgeois des États voisins, de l'isolement du système révolutionnaire.

En Allemagne, les effets catastrophiques de la crise économique du début des années 1920 furent adoucis par le renoncement aux paiements en réparation des dommages liés à la révolution et à la guerre, par l'amélioration des échanges de biens entre l'Allemagne et l'Union soviétique suite à l'octroi de la clause de la nation la plus favorisée ainsi que par la consolidation, qui s'ensuivit, des relations économiques avec l'Europe centrale et du Sud-Est. En même temps, il ne faut pas oublier que l'ouverture du marché allemand aux produits agricoles contribua à stabiliser la situation politique, économique et sociale des États producteurs de l'Europe du Sud-Est. De ce point de vue, le Reich allemand avait joué dans cet espace, de manière tout à fait satisfaisante, le rôle de stabilisateur qui lui avait été assigné dans l'ordre de paix instauré par le

---

[8] *Ibid.*

[9] Sur le traité de Rapallo et ses conséquences : voir Krüger, P., *Außenpolitik*, p. 99 sqq.

[10] Voir Elvert, J., *Mitteleuropa*, p. 81 sqq., aussi p. 99 sqq.

traité de Paris. C'est pourquoi le retour prudent de l'Allemagne sur la scène politique internationale après 1922, grâce à sa présence en Europe de l'Est, en Europe centrale et en Europe du Sud-Est, a été peu critiqué par les puissances victorieuses occidentales, même si le rapprochement du Reich et de l'Union soviétique, ancré dans le traité de Rapallo, avait été trop loin aux yeux de la plupart des décideurs politiques des capitales d'Europe occidentale.

Il est important de noter que la politique étrangère allemande, au début des années 1920, redécouvrait avec l'Europe centrale et l'Europe du Sud-Est un champ d'action pour son commerce extérieur qui, déjà au XIXe siècle, était considéré par certains visionnaires politiques comme l'« *hinterland* naturel » des Allemands[11]. La poursuite de l'approfondissement des relations avec cet espace géographique fut un pilier de la politique étrangère de Gustav Stresemann. Par sa politique axée sur l'entente avec les puissances occidentales, il visait en fin de compte à redonner vie au « concert des Nations européennes », au sein duquel l'Allemagne allait pouvoir acquérir une marge de manœuvre lui permettant de mettre en place et d'entretenir ses propres relations avec l'Union soviétique et les États d'Europe centrale et d'Europe du Sud-Est[12]. S'agissant de l'Europe centrale et de l'espace balkanique, cela signifiait avant tout la poursuite de l'approfondissement des relations économiques extérieures. Dès 1924, l'Allemagne avait retrouvé dans cette région sa position incontestée de premier partenaire commercial. Seule la Roumanie continuait d'entretenir ostensiblement de bonnes relations avec la France, afin de donner plus de poids à certaines de ses revendications financières d'après-guerre à l'égard de l'Allemagne[13].

Paris perçut très clairement la consolidation de l'importance économique du Reich pour l'espace balkanique. Aussi, dès l'été 1924, le Quai d'Orsay procéda-t-il à une réorientation prudente de ses préférences, en matière de politique étrangère et de politique économique, en faveur des pays à devise forte, à savoir les États-Unis, la Grande-Bretagne et même l'Allemagne, de sorte que, sur ce point, il n'y a pas eu de relâchement vis-à-vis des pays d'Europe centrale et du Sud-Est du fait de la pression exercée par la France sur l'Allemagne. Au contraire : le rapprochement timide opéré par la France en direction de son ancien ennemi fut même

---

11 Par exemple, Friedrich List, économiste allemand et précurseur de l'union douanière allemande créée en 1834, avait à l'époque considéré l'espace danubien comme constituant un *hinterland* colonial pour l'Allemagne, qu'il entendait exploiter économiquement et politiquement au profit d'un État allemand unitaire.

12 Voir Baechler, Christian, *Gustav Stresemann (1878-1929). De l'impérialisme à la sécurité collective*, Strasbourg, 1996, p. 886 sqq.

13 Elvert, J., *Mitteleuropa*, p. 98 sqq.

facilité par la politique d'équilibre menée par Stresemann. Grâce aux traités de Locarno (1925) et de Berlin (1926) et à la reconnaissance des frontières occidentales qui en découlait, d'une part, et à la délimitation de la sphère d'influence germano-soviétique vis-à-vis de l'ensemble des États d'Europe centrale et du Sud-Est en général et de la Pologne en particulier, d'autre part, le ministre allemand des Affaires étrangères parvint de surcroît à hisser à nouveau la République de Weimar au rang de grande puissance, reconnue par les États vainqueurs de la Première Guerre mondiale. L'accord conclu avec la Russie soviétique allait élargir encore la marge de manœuvre de la politique allemande à l'égard de l'Europe du Sud-Est, les pays de la région continuant de se positionner en fonction de l'entente entre les deux grandes puissances.

Toutefois, les problèmes économiques du Reich n'étaient nullement réglés au milieu des années 1920, bien au contraire : avec la question des réparations, ils allaient déterminer l'ordre du jour d'un grand nombre des négociations internationales qui se déroulèrent à cette époque. À cet égard, l'Allemagne, la Grande-Bretagne et les États-Unis s'accordaient à considérer que seul l'assainissement de l'ensemble du système économique européen permettrait de sortir l'Europe de la crise économique et de stabiliser la situation politique sur le continent. Cela supposait toutefois une coopération étroite entre les puissances européennes, à laquelle l'Allemagne devait être associée à égalité en tant qu'élément essentiel du système économique européen.

Cela allait servir de levier à Gustave Stresemann pour mettre en œuvre sa politique. Ce dernier voyait dans l'économie, notamment dans les relations avec l'étranger, une source d'énergie avec laquelle il espérait satisfaire les besoins de l'Allemagne. Cela impliquait d'une part de stabiliser les relations économiques avec les puissances victorieuses, et donc de régler les questions des réparations sur la base du plan Dawes, bien qu'il doutât que l'économie allemande fût en mesure de réaliser les profits qui auraient permis de payer en totalité le montant annuel des réparations[14]. D'autre part, cela impliquait aussi de rétablir la sphère d'influence traditionnelle de l'Allemagne en Europe centrale[15]. Il existait dans ce domaine, avant l'effondrement de 1918, une sorte de « répartition des tâches » entre le Reich allemand et la monarchie austro-hongroise : alors que les intérêts économiques de Berlin étaient situés essentiellement au centre et à l'est de l'Europe, États baltes compris, les instances autrichiennes compétentes – du fait même du cadre politique – exerçaient leur domination dans la partie sud-est de l'Europe. Dès lors

---

[14] Baechler, C., *op. cit.*, p. 738 sqq.
[15] *Ibid.*, p. 741 sqq.

que la monarchie des Habsbourg avait disparu, cette forme de répartition des tâches était exclue. En ce sens, l'annexion de l'Autriche allemande au Reich faisait elle aussi, dès le départ, – avec la révision des frontières à l'Est – partie intégrante du projet politique de Stresemann. Le meilleur moyen de parvenir à réactiver les relations économiques traditionnelles n'était-il pas d'utiliser les infrastructures de liaison déjà existantes avec l'Europe du Sud-Est? Le ministre des Affaires étrangères du Reich savait en effet qu'une annexion n'était possible que dans le cadre d'une solution consensuelle et paneuropéenne des problèmes politiques et économiques en suspens[16].

II. La question de l'*Anschluss*

La « question autrichienne » était un problème très souvent débattu entre tous les États d'Europe depuis la fin de la guerre, depuis que le Parlement autrichien, en novembre 1918, avait décidé son rattachement au Reich à une écrasante majorité. Toutefois, le traité de paix de Saint-Germain avait strictement interdit la mise en œuvre de cette décision et décidé de soumettre tout souhait de rattachement futur à l'arbitrage de la Société des Nations. En confirmant ces dispositions dans le Protocole de Genève, les puissances victorieuses avaient espéré en 1924 avoir mis un obstacle supplémentaire à toute initiative de l'Allemagne et de l'Autriche dans ce sens. En outre, depuis 1921, certaines offensives avaient été menées qui visaient à intégrer l'Autriche à une communauté économique au centre-est ou au sud-est de l'Europe, dont le Reich était exclu, dans le but d'affaiblir les liens qui unissaient les deux pays et de donner en même temps un coup d'arrêt à l'influence économique croissante de l'Allemagne dans la région. Jusqu'alors, le gouvernement du Reich avait réussi à repousser ces offensives. Faute de moyens politiques appropriés, cela s'était traduit jusqu'en 1925 essentiellement par des concessions économiques à l'Autriche, qui étaient octroyées dans le but précis de « concilier les intérêts autrichiens dans les Balkans et le souci du Reich de développer ses échanges avec le Sud-Est dans l'intérêt des deux parties » et de repousser ainsi la menace d'une fédération danubienne, contraire aux intérêts allemands dans le sud-est de l'Europe.

Le retour du Reich dans le « concert des puissances européennes » après Locarno allait offrir à Stresemann des possibilités nouvelles pour sa politique révisionniste. En 1925, il avait déclaré lors d'un conseil des

---

[16] Voir Elvert, J., *Mitteleuropa*, p. 102 sqq. Ce que Baechler attribue aux successeurs de Stresemann vaut aussi pour Stresemann lui-même, qui d'ailleurs savait mieux que ses successeurs faire la distinction entre le possible et le souhaitable. Voir Baechler, C., *Stresemann*, p. 900 sqq.

ministres que le but poursuivi par cette politique était la création d'un État « dont les frontières politiques engloberaient toutes les populations allemandes qui vivaient au sein de la zone d'implantation allemande bien délimitée au centre de l'Europe et qui souhaitaient leur rattachement au Reich »[17]. Le chemin à parcourir pour atteindre cet objectif était encore long. En attendant, le ministre des Affaires étrangères allemand voulait que cette question fût traitée avec la plus grande retenue, tant en Allemagne qu'en Autriche. Il ne fallait donner à aucun des membres de la SDN l'occasion de lancer un débat général et public sur l'Allemagne et la question de l'*Anschluss* et de céder dans ce contexte, éventuellement, aux souhaits de la Pologne, de la Tchécoslovaquie, de certains États d'Europe du Sud-Est ou de la France en matière de sécurité, avec le risque que ce processus aboutisse à un « Locarno oriental » qui aurait automatiquement mis un terme à toutes les ambitions allemandes au centre-est et au sud-est de l'Europe. Il fallait plutôt continuer d'approfondir les relations économiques, déjà très bonnes, avec l'Autriche et l'espace danubien. C'est dans ce contexte, vraisemblablement en août 1926, que le ministère des Affaires étrangères rédigea un mémoire qui analysait de façon circonstanciée les relations entre l'Allemagne, l'Autriche et l'Europe du Sud-Est. Ses recommandations étaient clairement exprimées : l'Allemagne avait, au sud-est de l'Europe, des intérêts fondamentaux qui, eu égard à la question de l'*Anschluss* et des minorités, dépassaient les intérêts, purement économiques, de débouchés et de complémentarité. Il s'agissait de défendre ces intérêts, en mettant l'accent sur un approfondissement des relations avec la Tchécoslovaquie, la Roumanie et la Yougoslavie. L'objectif toutefois n'était pas de construire une relation de partenariat, mais de rendre l'espace balkanique économiquement dépendant du Reich allemand et, dans le même temps, de réduire l'influence française et britannique. Une telle configuration devait permettre de laisser ouverte la question de l'*Anschluss* et, espérait-on, de réunir un jour au sein de la SDN une majorité en faveur de la revendication germano-autrichienne[18].

Les puissances victorieuses de la Première Guerre mondiale ne pouvaient pas accepter de tels objectifs. Les projets de rattachement se heurtèrent à un refus, notamment en France et en Italie. Paris et Rome voyaient dans la dépendance de l'Europe du Sud-Est vis-à-vis du Reich, que l'*Anschluss* aurait nécessairement entraînée, une menace pour leurs

---

[17]   Elvert, J., « Der Balkan und das Reich. Deutsche Südosteuropapläne zwischen des Weltkriegen », in *Der Balkan. Eine Europäische Krisenregion in Geschichte und Gegenwart*, Stuttgart, même éditeur, 1997, p. 150 sqq.

[18]   Texte du mémoire in *Akten zur deutschen auswärtigen Politik (ADAP)*, (série) B (1925-1933), (vol.) III : décembre 1925-décembre 1926, doc. n° 175.

propres conceptions des rapports de forces politiques en Europe. Alors que le refus en France s'expliquait plutôt par des considérations de sécurité, il s'agissait concrètement pour l'Italie de défendre ses propres ambitions dans les Balkans. Par ailleurs, en cas de voisinage direct avec l'Allemagne, la frontière du col du Brenner semblait menacée. Ainsi, face à ces refus, il n'allait rester à Stresemann, pendant toute la durée de son mandat, et ce, en ce qui concerne tant l'Autriche que l'Europe centrale et du Sud-Est, aucune autre possibilité que de poursuivre la politique menée jusqu'alors[19].

Une comparaison entre la politique allemande du début des années 1920 à l'égard de l'Europe centrale et du Sud-Est et celle de la fin de l'ère Stresemann fait ressortir quelques éléments caractéristiques. En période de crise politique et économique, cet espace géographique constituait, du point de vue de l'Allemagne, une sorte de réservoir d'énergie que le pays croyait pouvoir utiliser pour renforcer sa propre position sur la scène internationale. Malgré un contexte différent, cette interprétation vaut tout autant pour les premières années de la République de Weimar que pour les années 1830 à 1840. Elle vaut également pour les débuts de la Première Guerre mondiale, lorsque Friedrich Naumann appelait l'Allemagne et l'Autriche-Hongrie, sans oublier les États voisins au centre-est et au sud-est de l'Europe, à devenir le noyau d'un grand empire continental[20]. Ce type de réflexions avait toujours été perçu avec grand intérêt par la classe politique allemande. Mais si de nouvelles opportunités, éventuellement meilleures, se dessinaient ailleurs, de préférence à l'Ouest, cet espace perdait d'autant de son importance. Cela se vérifie également pour les années Weimar, car, dès que le Reich eut réintégré le cercle des grandes puissances au lendemain de la signature du traité de Locarno, son engagement en Europe centrale et en Europe du Sud-Est diminua.

Cela tient au réseau beaucoup plus dense d'obligations politiques et d'égards nécessaires dans lequel le Reich, qui se trouvait désormais « au centre de l'Europe », était enserré. Ainsi, entre 1926 et 1929, Berlin se limita essentiellement au maintien du *statu quo*. Les décideurs en matière de politique étrangère allaient veiller simplement à ce que les États de la région ne se regroupent pas au sein d'une fédération excluant le Reich, voire hostile à l'Allemagne. Cela valait également pour la façon de traiter la question de l'*Anschluss*. Gustave Stresemann, le ministre des Affaires étrangères, voulait éviter à tout prix de créer des tensions dans les relations avec les puissances occidentales, afin de ne pas mettre

---

[19]   Elvert, J., *Balkan*, p. 151 sqq.
[20]   Naumann, Friedrich, *Mitteleuropa*, Berlin, 1915.

en danger son propre objectif, à savoir la création d'un *modus vivendi* pour l'Allemagne au sein de l'Europe. Il entendait par là l'établissement de relations stables avec les grandes puissances, relations qui pourraient un jour servir de base à une révision du traité de Versailles. S'agissant de l'espace constitué par l'Europe centrale et du Sud-Est, il lui suffisait d'entretenir des relations commerciales qui, dès les années 1920, avaient fait leurs preuves comme vecteur des contacts politiques nécessaires et qui continuaient à profiter aux deux parties.

III. La politique économique extérieure allemande en Europe centrale et en Europe du Sud-Est sous le signe de la crise économique mondiale

Les conséquences dramatiques de la crise économique mondiale et le plan pour l'Europe que le ministre français des Affaires étrangères, Aristide Briand, présenta presque à la même époque, ont montré clairement au gouvernement du Reich combien étaient fragiles les bases de cette politique menée depuis 1926. Dès qu'il avait disposé des premières informations sur le contenu de l'initiative de son homologue français, Gustav Stresemann avait essayé, en vain, d'infléchir les intentions politiques de ce dernier et de limiter ce projet au simple développement des relations économiques. Mais les Français insistèrent pour que « toute possibilité de progrès sur la voie de l'unification économique soit strictement déterminée par la question de la sécurité »[21]. La proposition française devenait alors inacceptable pour le gouvernement du Reich. Elle allait au contraire fournir aux forces nouvelles qui, depuis l'élection de Brüning au poste de chancelier en mars 1930, commençaient à remplacer au sein du gouvernement allemand les partisans d'une politique d'entente autour de Gustav Stresemann, des arguments supplémentaires en faveur de leur intransigeance accrue à l'égard des puissances occidentales.

Julius Curtius, le nouveau ministre des Affaire étrangères, et son secrétaire d'État, Bernhardt von Bülow, défendirent avec fermeté l'idée que le Reich devait à nouveau mener une politique plus active vis-à-vis de l'Europe du Sud-Est[22]. Ils estimaient les conditions favorables car il y avait déjà eu dans l'espace balkanique, sous la pression des difficultés économiques, plusieurs projets d'association d'États[23]. Dans certains de ces projets, l'Autriche et la Hongrie avaient elles aussi joué un rôle.

---

[21] Krüger, P., *Außenpolitik*, p. 524.

[22] Baechler, C., *Stresemann*, p. 900.

[23] Sur la politique étrangère après la mort de Stresemann : voir Krüger, P., *Außenpolitik*, p. 531.

Mais il n'était toujours pas dans l'intérêt de l'Allemagne de voir la République alpine se tourner vers cette partie de l'Europe. Afin d'attacher plus étroitement ce voisin du Sud au Reich, l'Allemagne devait trouver de nouvelles formes de coopération politique et économique. Mais comme la clause de la nation la plus favorisée s'appliquait déjà dans le commerce de marchandises sur un plan bilatéral, de nouvelles voies devaient être empruntées dans ce domaine. Julius Curtius et Bernhardt von Bülow voyaient dans la création d'une union douanière germano-autrichienne une alternative appropriée. Des réflexions comparables furent menées parallèlement en Autriche, et c'est la délégation autrichienne qui pour la première fois, à l'occasion d'une visite à Berlin du chancelier fédéral Schoeber en février 1930, mit ce sujet à l'ordre du jour des discussions[24].

Un modèle de ce genre avait déjà été discuté au début des années 1920. Mais à l'époque, on était tombé d'accord sur le fait que cette question devait être creusée avant que des négociations concrètes puissent être entreprises. Il était clair que les grandes puissances, notamment la France, et certains États d'Europe centrale s'opposeraient à un tel projet. Loin de se laisser impressionner par ce genre de scrupules, le ministre allemand des Affaires étrangères et son secrétaire d'État allaient, au début de 1930, pousser en avant de manière systématique les projets d'union douanière, soutenus en cela par le chancelier en personne. Bülow en particulier évoqua à plusieurs reprises, pendant cette année-là, les possibilités que l'union douanière, en tant que pont vers les États danubiens en particulier, offrait pour le renforcement du rôle de grande puissance de l'Allemagne[25]. La demande pressante de certains États d'Europe du Sud-Est en faveur de droits de douane préférentiels pour faire face aux graves problèmes de débouchés que rencontrent sur le marché allemand leurs propres produits agricoles est l'élément à partir duquel il élabore sa stratégie. Il pense que ces problèmes vont contraindre les États de la région à intégrer précisément l'union douanière et qu'ils sont susceptibles de créer une dynamique qui suscitera chez les États baltes également le désir de se rapprocher de ce bloc économique. Une telle configuration aura pour effet, selon lui, d'encercler économiquement la Pologne et, peut-être, d'amener Varsovie à faire des concessions sur la question des frontières orientales. Enfin, ce grand bloc économique au centre de l'Europe contraindra également la France à reprendre les négociations sur des projets similaires[26].

---

[24] Sur l'union douanière : voir Elvert, J., *Balkan*, p. 154.

[25] Krüger, P., *Außenpolitik*, p. 531

[26] Elvert, J., *Balkan*, p. 154.

Ces réflexions, qui furent engagées au ministère des Affaires étrangères allemand dans les années 1930-1931, montrent que les anciens plans pour la *Mitteleuropa* datant de la Première Guerre mondiale étaient loin d'être oubliés. Ils allaient connaître, au contraire, une véritable renaissance après que le Reich eut retrouvé sa liberté d'action en matière de politique étrangère, c'est-à-dire au plus tard après l'évacuation de la Rhénanie en novembre 1929.

Mais lorsqu'en mars 1931, l'Allemagne et l'Autriche annoncèrent publiquement leurs intentions, les auteurs de ces projets durent reconnaître qu'ils étaient trop ambitieux et que leur réalisation constituerait une réelle menace pour le réseau européen d'interactions étatiques, déjà extrêmement fragile. Le rejet du projet par les États voisins fut quasiment unanime. L'émotion était particulièrement forte en France, où le gouvernement français s'indigna, notamment, de l'absence de toute consultation dans cette affaire. Ce qui fâcha d'autant plus Paris, c'est le fait que le gouvernement du Reich essayait de revêtir son projet d'union douanière d'un « cache-misère paneuropéen ». Les analystes du Quai d'Orsay voyaient à juste titre dans ce projet les prémisses d'une annexion possible de l'Autriche au Reich et, partant, la première phase de réalisation d'un projet de fédération économique au centre de l'Europe. Afin d'éviter que les tensions entre le Reich et la France ne dégénèrent, le problème fut finalement posé tout d'abord devant la Société des Nations, puis devant la Cour de justice de La Haye, laquelle rejeta la légalité de la création d'une union douanière germano-autrichienne à une, très courte, majorité d'une voix[27].

Les querelles entre les grandes puissances européennes au sujet de l'Europe du Sud-Est paralysèrent au début des années 1930, pour un certain temps, toute politique constructive. Cela amena certains États de l'espace danubien à réfléchir à des solutions individuelles pour sortir de la crise[28]. Il fut souvent débattu, dans les États riverains du Danube, de la possibilité de créer un grand espace économique, parfois appelé « fédération danubienne ». Ce dernier se serait appuyé sur les crédits octroyés par la France et aurait pu, sur la base des contrats commerciaux existants, continuer d'écouler ses produits sur le marché allemand. En contrepartie, l'augmentation du pouvoir d'achat dans les États balkaniques aurait offert à l'industrie allemande de nouveaux débouchés, tout en limitant cependant l'influence politique du Reich dans cet espace. Le France fut prompte à réagir à ces projets. Ne lui donnaient-ils pas l'occasion de renforcer sa propre influence aux dépens de l'Allemagne ?

---

[27] Elvert, J., *Mitteleuropa*, p. 107 sqq.
[28] *Ibid.*, p. 178 sqq.

Le plan Tardieu en fut l'aboutissement, qui prévoyait un système de préférences douanières entre la Tchécoslovaquie, l'Autriche, la Hongrie, la Roumanie et la Yougoslavie. Mais, malgré diverses tentatives des gouvernements de Paris et de Londres pour intéresser leurs homologues allemands à cette initiative, Berlin refusa tous les projets fédéraux concernant l'Europe du Sud-Est, de crainte de perdre à nouveau une influence récemment acquise[29].

IV. L'Europe centrale et du Sud-Est comme cible des intérêts économiques allemands

Indépendamment des difficultés politiques, l'économie allemande était partie, à la fin des années 1920, à la conquête de l'espace économique d'Europe du Sud-Est et était résolue à afficher, contrairement à ce qui se passait sur le plan politique, des résultats concrets et mesurables en termes de rendement économique[30]. Dès 1926, ce mouvement fut porté par l'un des plus anciens lobbies industriels allemand, l'*Essener Langnam-Verein*. Ses représentants siégeaient notamment à la commission économique de la Communauté de travail germano-autrichienne de Rhénanie-Westphalie, depuis laquelle ils cherchaient à tisser des liens d'interpénétration entre l'industrie allemande et l'industrie autrichienne, notamment par l'acquisition de l'*Österreichische Alpine Montan AG*. En 1931, ce sont les représentants du *Langnam-Verein* qui conduisirent la réorganisation du groupe allemand du Congrès économique de l'Europe centrale (*Mitteleuropäischer Wirtschaftstag – MWT*), fondé en 1925, en « Congrès économique de l'Europe centrale-Groupe allemand »[31]. Ils désignèrent à la présidence Tilo von Wilmowsky, directeur du bureau berlinois de *F.A. Krupp AG*. Max Hahn, un proche collaborateur au sein du directoire du *Langnam-Verein*, fut nommé secrétaire général du MWT. Si les grands industriels allemands plaçaient autant d'espoirs dans la refondation du MWT, c'est qu'aussi bien les partisans de Brüning que ceux du « Front de Harzburg » y étaient représentés. On mesure les qualités du secrétaire général au fait qu'il ait réussi, non seulement à établir un consensus satisfaisant entre les différents camps politiques représentés dans l'association, mais également à en faire le porte-voix des intérêts de l'économie allemande toute entière dans l'Europe du

---

[29]   Elvert, J., *Mitteleuropa*, p. 179 sqq.

[30]   Voir également Frommelt, Rainer, *Paneuropa oder Mitteleuropa. Einigungsbestrebungen im Kalkül deutscher Wirtschaft und Politik 1925-1933*, Stuttgart, 1977.

[31]   Sur les activités économiques en Europe centrale et du Sud-Est : voir par exemple Sohn-Rethel, Alfred, *Industrie und Nationalsozialismus. Aufzeichnungen aus dem « Mitteleuropäischen Wirtschaftstag »*, Berlin, 1992. Voir aussi Boelcke, Willi A., *Deutschland als Welthandelsmacht 1930-1945*, Stuttgart, 1994.

Sud-Est[32]. Il fut aidé en cela par ses nombreux contacts personnels avec des dirigeants d'autres organisations professionnelles, comme les confédérations agricoles, mais aussi avec les « associations paramilitaires » nationales. Leurs représentants se rencontraient à intervalle régulier lors de réunions secrètes qui avaient lieu dans le bureau du secrétaire général du MWT. Hahn entretenait en outre d'excellents rapports avec les ministères compétents, par exemple le ministère des Affaires étrangères, qui cofinança le MWT à partir de 1931, mais aussi avec la *Reichswehr*, et en particulier visiblement avec les responsables de la défense du territoire[33]. Dans le cadre de cette coopération non-officielle, il fut débattu à plusieurs reprises des possibilités d'améliorer les relations économiques avec les États de l'espace danubien. Mais occasionnellement, il y eut aussi des réflexions politiques, qui méritent d'être notées, comme celles qui aboutirent au mémorandum d'octobre/novembre 1932, qui prévoyait un partage totalement inédit de la région en deux sphères d'influence : l'une italienne et l'autre allemande. Mussolini, naturellement, fut enchanté lorsqu'il prit connaissance du contenu de ce document[34].

Enfin, les intérêts directs de l'Italie dans l'espace adriatique étaient pleinement reconnus. Il était fait référence, dans ce document, à la côte dalmate où depuis quelque temps, le *Duce* soutenait le mouvement d'indépendance croate conduit par Ante Pavelić en lui fournissant armes et subsides. Dans ce contexte, le mémorandum recommandait le partage de la Yougoslavie et de l'Europe centrale en une sphère d'influence italienne et une sphère d'influence allemande. La Yougoslavie elle-même devait être réduite à ce qui constituait jadis la Serbie et le Monténégro, les territoires restants étant fondus en un État croato-slovène. Pour la Roumanie, un soutien ciblé des populations allemandes et hongroises rebelles était recommandé, avec la création d'une Transylvanie indépendante regroupant les zones où elles étaient implantées, ce qui réduisait le territoire national de la Roumanie à sa taille d'avant-guerre. L'ancienne Roumanie avec une Bulgarie qui aurait absorbé des parties de la Macédoine, ce qui restait de la Yougoslavie ainsi que l'Albanie et la Grèce auraient formé la sphère d'influence italienne, créant ainsi un espace dans lequel Mussolini pouvait constituer un « pacte balkanique » selon les conceptions italiennes. Il devait, en contrepartie, approuver une union douanière austro-allemande avec maintien de la frontière du Brenner avec l'Autriche et renoncer à exercer une influence dans les

---

[32] Voir Sohn-Rethel, A., *Industrie*, p. 65 sqq.

[33] Voir *ibid.*, p. 67 sqq.

[34] Il fut remis, entre le 8 et le 14 novembre 1932, à Mussolini « par des représentants du MWT », sans que l'on sache concrètement qui étaient ces représentants. *Ibid.*, pp. 68-71.

questions tchèque et polonaise. Par ailleurs, Mussolini aurait été contraint d'accepter la création d'une fédération du Danube, composée de la Hongrie, de la Croatie-Slovénie et de la Transylvanie. Enfin, il était prévu de lier les sphères d'influence italienne et allemande par un système équilibré de contingents commerciaux, de participations financières et de préférences douanières.

Le mémorandum sur l'Europe du Sud-Est circula à Rome plusieurs semaines pendant l'automne 1932. Le 20 novembre 1932, le quotidien londonien *Sunday Times* évoqua ce plan dans un article qui traitait notamment des plans de coopération entre l'Allemagne et l'Italie[35]. Certes, Mussolini réfuta cet article comme étant le fruit de « l'imagination sauvage d'un italophobe notoire »[36], mais son contenu reflétait tout à fait ce que pensaient non seulement les hommes au pouvoir en Italie, mais aussi beaucoup d'Allemands s'intéressant à l'Europe centrale et du Sud-Est, comme par exemple l'ambassadeur d'Allemagne à Rome, Ullrich von Hassel. Celui-ci évoqua le 9 décembre 1932, au ministère des Affaires étrangères, une discussion qu'il avait eue avec Mussolini, au cours de laquelle le *Duce* avait proposé un partage de l'Europe centrale, non pas en zones géographiques, mais en régions de travail[37]. Mais, à l'époque, le ministère des Affaires étrangères ne se montrait nullement intéressé par « une organisation et un partage en commun des affaires en Europe du Sud-Est »[38].

Il est d'ailleurs incertain que les conceptions du MWT concernant une répartition future des tâches en Europe du Sud-Est entre l'Allemagne et l'Italie aient pu se concilier avec celles de l'ambassadeur allemand. En effet, ceux qui, au sein du MWT, défendaient ce projet semblent être partis du principe que l'Italie pourrait, après quelques années, être écartée sans problème de ce dessein « beaucoup trop grand pour elle, et que peu importait par conséquent les promesses que l'on faisait pour l'instant aux Italiens »[39], car le Reich exercerait alors seul le contrôle sur toute l'Europe centrale. La paternité de cette déclaration ne peut être attribuée avec certitude à Max Hahn. Ce que l'on sait toutefois c'est qu'en privé, il avait coutume d'exprimer des vues qui allaient bien au-

---

[35]   Steed, Wickham, « World on the Razor's Edge », in *Sunday Times*, 20 novembre 1932. Cf. aussi : PA/AA, dossiers de l'ambassade de Rome, Quir., Politique 2a 1 : Relations germano-italiennes, vol. gén. 10, Rapport n° A 2979 du 21.11.1932.

[36]   Voir ADAP B XXI, doc. n° 210.

[37]   Voir *ibid*.

[38]   Voir à ce propos les remarques sceptiques apportées dans la marge par Köpke et von Bülow dans : ADAP B XXI, doc. n° 221, ainsi que la réponse négative de Neurath dans : *ibid.*, doc. n° 245.

[39]   Sohn-Rethel, A., *MWT*, pp. 68-71.

delà de ce que prévoyait le mémorandum, dans lequel les intérêts allemands en Europe centrale étaient formulés avec plus de réserve. Ses conceptions du rôle que le Reich allemand avait à jouer en Europe centrale et du Sud-Est correspondaient en cela pour l'essentiel à l'image, largement répandue dans les milieux nationaux-conservateurs du Reich, comme facteur d'ordre au centre de l'Europe, investi d'une mission de refondation de l'économie au sein de cet espace.

Max Hahn allait, un peu plus tard, développer les possibles modalités de réalisation de ce projet en comparant les répercussions de l'Union douanière allemande au XIXe siècle avec celles d'une association douanière austro-allemande conçue comme une étape vers une Union douanière de l'Europe centrale pour le XXe siècle[40]. Son hypothèse était qu'une telle union engendrerait un processus d'intégration des politiques commerciales en Europe centrale et du Sud-Est, qui toutefois ne devait pas mener obligatoirement à un regroupement politique des États de la région. Au contraire, il insistait sur la nécessité d'une séparation des processus de rapprochement économique et politique. Cela correspondait d'ailleurs tout à fait à ce qui était d'usage juste après la « prise du pouvoir » par le parti national-socialiste, lorsqu'une certaine réserve dans la formulation des objectifs de politique étrangère de la « nouvelle Allemagne » était de rigueur. Certes, les grands journalistes de la presse politique continuèrent, même après le 30 janvier 1933, à défendre la nécessité, fondamentale, d'instaurer un nouvel ordre européen, mais désormais ils insistaient sur le fait que cela ne devait pas se faire en menant une guerre contre les populations non allemandes[41]. Si dans ce genre d'articles, on essayait manifestement d'aborder la question d'une réorganisation de l'Europe en renvoyant au caractère pacifique des intentions allemandes, il avait semblé opportun à Max Hahn de souligner que l'unification politique ne suivait pas nécessairement l'unification économique. Mais après avoir lu cette dernière phrase, n'importe quel lecteur savait qu'une union politique en Europe centrale était fondamentalement possible.

---

[40]   Hahn, Max, « Deutscher Zollunion damals – Mitteleuropa heute. Zur hundertjährigen Wiederkehr des Gründungstages des Deutschen Zollvereins », in *Volk und Reich*, 1/1934, pp. 1-7, ici surtout p. 6.

[41]   Voir les nombreuses contributions publiées au cours de l'année 1933 sur ce sujet. Par exemple : Hildebert Boehm, Max, « Das neue Deutschland und die gesamtdeutsche Frage », in *Der Ring* (cahier 13/1933) ; Ullmann, Herrmann, « Der neue Staat und das Auslandsdeutschtum », in *Deutsche Arbeit/Grenzlandzeitschrift* (cahier 9/1933) ; Steinacher, Hans, « Neue Wege », in *Freie Stimme* du 7 juillet 1933 ; von Loesch, Karl C., « Die Bleibende Aufgabe », in *Volk und Reich/Politische Monatshefte* (1/1934), etc.

La thèse de Hahn, qui faisait de l'union douanière un modèle pour la consolidation économique de l'Europe centrale, était visiblement influencée par les réflexions de l'économiste allemand Erwin Wiskemann. Celui-ci avait donné le 16 décembre 1932, devant le Congrès économique de l'Europe centrale réuni à Berlin, une conférence sur le thème « L'Europe centrale, une mission allemande »[42]. Il avait pris comme point de départ de son exposé l'Europe centrale vue par Friedrich List[43]. List lui semblait particulièrement approprié, car il avait, en son temps, assigné à la nation allemande une tâche qui restait d'actualité : la réorganisation politique et économique de l'espace constitué par l'Europe centrale et du Sud-Est[44]. Une analyse approfondie de sa conception de la *Mitteleuropa* montrait, selon lui, que « le génial Souabe » n'avait fait que développer sur le plan politique et économique l'ancienne idée du Reich lorsqu'il avait imaginé le futur empire allemand comme un ensemble de structure fédérale, qui englobait culturellement et économiquement l'espace centre-européen, et au sein duquel des nations étrangères devaient elles aussi avoir leur place[45]. Cependant, List, à ses yeux, était allé trop vite par rapport à la réalité allemande de son époque, et il n'avait pas bien évalué certains facteurs, par exemple l'impuissance de l'Allemagne. Toujours est-il que Wiskemann considérait List comme le premier à avoir perçu avec justesse l'importance de cet espace géographique pour le développement politique et économique d'une grande nation[46].

V. L'Europe centrale et du Sud-Est : un champ d'action pour la politique économique nationale-socialiste.

De telles réflexions n'entraient certes pas en ligne de compte dans la politique extérieure et économique officielle de l'Allemagne dans les premiers temps qui suivirent l'arrivée au pouvoir des nationaux-socialistes. Néanmoins, elles éclairent sur la manière dont bon nombre de personnalités jouissant d'une grande influence se représentaient l'Europe centrale et la région des Balkans à cette époque. Les nationaux-socialistes orientèrent tout d'abord leur politique sur une recommandation du Service de politique étrangère du NSDAP, qui préconisait de tisser des liens aussi étroits que possible entre ces régions et l'économie alle-

---

[42] Wiskemann, Erwin, « Mitteleuropa. Eine Deutsche Aufgabe », in *Volk und Reich Politische Monatshefte*, 4e cahier annexe 1933, Berlin, 1933.

[43] *Ibid.*, p. 3.

[44] *Ibid.*, p. 8.

[45] *Ibid.*, p. 44.

[46] *Ibid.*, p. 41 sqq.

mande, dans la perspective du contrôle politique de cette zone[47]. En mars 1933, le ministère des Affaires étrangères avait formulé une recommandation similaire. Dans un mémorandum, von Bülow suggérait d'appliquer des droits de douane préférentiels aux exportations de cette zone, pour renforcer la position de l'Allemagne, notamment au sein de l'espace danubien. Sa recommandation vise en premier lieu la Yougoslavie et la Roumanie, afin que le Reich préserve ces importants débouchés et puisse y accroître dans le même temps son influence politique[48]. Elle énonce deux axes majeurs de la politique nationale-socialiste envers l'Europe centrale et l'Europe du Sud-Est, laquelle s'articule autour de quatre scénarios. Ceux-ci vont coexister entre 1933 et 1939, sans qu'il se dégage une préférence notable pour l'une ou l'autre des variantes. Au contraire, les différentes instances du régime nazi en charge des dossiers concernant l'Europe du Sud-Est bien souvent suivaient plusieurs lignes à la fois, quitte à se contredire parfois, ce qui peut tout à fait s'expliquer par l'ambivalence de la politique nationale-socialiste classique et par l'hétérogénéité de la mosaïque des États de l'Europe du Sud-Est[49].

La variante n° 1 met en avant les intérêts économiques du Reich en Europe centrale et dans les Balkans. Dans le cadre de l'ambitieux programme de « conquête de l'espace vital » décidé par Hitler et dirigé en premier lieu contre l'Union soviétique, cette zone géographique se vit attribuer le rôle provisoire de grand réservoir de matières premières et celui de grenier agricole de l'empire continental en devenir. La variante n° 2 se fonde sur une nouvelle orientation de la politique étrangère des puissances victorieuses de la Première Guerre mondiale, qui se focalisèrent sur la Roumanie et la Yougoslavie, ainsi que l'expliquait von Bülow dans son mémorandum. Dans ce contexte, il fallait empêcher tout rapprochement de la Roumanie avec l'Union soviétique, lequel était du domaine du possible compte tenu du pacte franco-soviétique de mai 1935, et toute aggravation des heurts entre l'Italie et la Yougoslavie. Dans le même ordre d'idées, il était nécessaire d'éloigner la Roumanie et la

---

[47]   Voir le mémorandum « Politik im Süd-Osten » daté du 27 octobre 1934, rédigé par Georg Ferdinand Duckwitz, collaborateur du Service des Affaires étrangères du NSDAP et classifié « hautement confidentiel », in *Bundesarchiv* (BA), (Bestand) NS 43, Bd. 44, Fol. 1-27.

[48]   Mémorandum reproduit par Wollstein, Günter, « Eine Denkschrift des Staatssekretärs Bernhard von Bülow vom März 1933. Wilhelminische Konzeptionen der Außenpolitik zu Beginn der nationalsozialistischen Herrschaft », in *MGM*, 13 (1975), 1, p. 90 sqq.

[49]   Pour de plus amples détails sur les variantes de la politique étrangère menée à l'égard de l'Europe centrale et de l'Europe de l'Est, voir Hillgruber, Andreas, « Deutsche Außenpolitik im Donauraum 1930-1939 », in *Die Zerstörung Europas. Beiträge zur Weltkriegsepoche 1914-1945*, Berlin, Frankfurt/Main, 1989, p. 145.

Yougoslavie de la Tchécoslovaquie, en vue d'affaiblir la Petite Entente. La variante n° 3 suppose une alliance de tous les États européens révisionnistes, en d'autres termes des perdants de la guerre, qui se traduirait par un renforcement de la coopération entre la Hongrie et la Bulgarie et une aggravation des tensions avec la Roumanie et la Yougoslavie, conduisant *in fine* à raviver la Petite Entente. La variante n° 4 prévoit une instrumentalisation des différents mouvements « fascistes » de cette région, souvent de petite taille et profondément divisés. Les minorités allemandes présentes en Tchécoslovaquie, en Hongrie, en Roumanie et en Yougoslavie auraient servi de levier pour imposer des revendications politiques voire œuvrer à l'implosion des États.

En raison des différentes approches, en partie contradictoires, qui ont coexisté jusqu'au début de la Seconde Guerre mondiale, la politique étrangère nationale-socialiste n'a pas réussi à ériger, en Europe centrale et dans les Balkans, un « empire informel » dirigé politiquement par l'Allemagne, selon le modèle impérialiste classique. Or, on peut douter que cela ait jamais été d'une importance capitale pour Hitler, pour qui l'utilisation des richesses économiques de la région au service des objectifs futurs du régime nazi primait largement sur la question de son contrôle politique total. Certes, dans les premiers temps qui suivirent 1933, différents concepts étaient en concurrence également dans le domaine de la politique économique, mais tous, précisément en ce qui concernait l'Europe du Sud-Est, finirent par s'insérer dans la politique générale d'autarcie axée sur la notion d'« espace », qui était suivie par l'état-major national-socialiste. Le « Nouveau Plan » élaboré par Hjalmar Schacht en septembre 1934, qui visait, par un contrôle des changes strict et la conclusion d'accords de compensation bilatéraux, à assainir l'économie allemande et, à terme, lui redonner sa place dans l'économie mondiale, créa, notamment dans l'espace danubien, les conditions d'ordre structurel nécessaires à la politique national-socialiste d'expansion de l'espace vital basée sur des critères sociaux et ethniques. Pour l'Europe du Sud-Est, cela signifiait une régulation des échanges commerciaux axée sur les marchandises et le territoire, afin de créer un grand marché à l'abri des problèmes d'approvisionnement et de blocus dans cette région où la position française et britannique était systématiquement affaiblie et où, parallèlement, se mettait en place une économie de guerre pour une « conquête de l'espace vital à l'Est »[50].

Les accords de compensation conclus de 1933 à 1936 entre les États de l'espace danubien et le Reich garantissaient aux pays producteurs des quotas d'exportations à destination du marché allemand. Mais ils instau-

---

[50] Elvert, J., *Balkan*, p. 161 sqq.

raient en même temps une relation de dépendance, qui ne se limitait pas aux garanties économiques. Lors d'un voyage dans la région, en 1936, Hjalmar Schacht put constater qu'il se trouvait toujours en présence d'États créditeurs qui, tous, exportaient plus qu'ils n'importaient. Berlin se gardait de fournir toutes les marchandises désirées et n'accordait que des quotas d'exportation limités. Le contrôle s'exerçait donc non seulement sur la quantité mais aussi sur la qualité : on ne livrait que ce qu'on voulait bien livrer, ce qui permettait à la fois d'épargner de l'argent et d'exercer un contrôle direct sur les systèmes économiques des partenaires commerciaux. Bien entendu, cette situation ne pouvait être du goût des États balkaniques, mais, entre-temps, leur dépendance vis-à-vis du marché allemand était devenue telle qu'ils se trouvaient désarmés face au Reich.

Le « deuxième plan quadriennal » de septembre 1936 allait créer les conditions d'une rationalisation de l'économie de guerre dans cette Europe du Sud-Est, que le Troisième Reich considérait comme faisant partie intégrante d'un « grand marché » (*Großwirtschaftsraum*) ; ce dernier non seulement était capable, en raison de ses excédents agricoles, de pallier le manque de céréales fourragères et panifiables nécessaires à l'approvisionnement en temps de guerre et de couvrir une grande partie des besoins en viande de l'Allemagne, mais disposait également d'un grand nombre des matières premières qui intéressaient au plus haut point le Troisième Reich[51]. En plus de différents minerais, ce dernier convoitait surtout les réserves de pétrole roumaines et hongroises. Par ailleurs, il était nécessaire de développer l'industrialisation jusque là insuffisante des États des Balkans, afin d'y installer des sites de production susceptibles d'être mis au service de l'économie de guerre du grand marché. Les directives définies à cette fin dans le plan quadriennal portaient sur l'aménagement d'un réseau d'oléoducs entre la Roumanie, la Hongrie et le Reich, la production d'essence synthétique dans certains États de l'Europe du Sud-Est et la construction d'usines de fabrication de métaux légers en Hongrie et en Yougoslavie. La mise en œuvre des mesures correspondantes s'est rapidement traduite dans les chiffres. En 1933, les exportations de la Bulgarie, de la Grèce, de la Yougoslavie, de la Roumanie et de la Hongrie vers l'Allemagne représentaient un montant total de 198,5 millions de Reichsmark (RM), tandis que leurs im-

---

[51]   Pour plus de détails sur le tournant de l'année 1936, voir notamment Wendt, Bernd-Jürgen, « Südosteuropa in der nationalsozialistischen Großraumwirtschaft », in Hirschfeld, Gerhard, Kettenacker, Lothar (Hg.), *Der « Führerstaat » : Mythos und Realität*, Stuttgart, 1981, p. 426 sqq. ; également Volkmann, Hans-Erich, « Die NS-Wirtschaft in der Vorbereitung des Krieges », in *Militärgeschichtliches Forschungsamt* (Hg.), *Das deutsche Reich und der Zweite Weltkrieg*, vol. 1 : *Ursachen und Voraussetzungen der deutschen Kriegspolitik*, pp. 339-348.

portations ne représentaient qu'une contre-valeur de 154,3 millions de RM. En 1937, le rapport était de 574 contre 555,7 et en 1940 de 1 143,9 contre 1 178[52].

Si, au tout début, dans certains États de l'Europe du Sud-Est, notamment en Roumanie et en Yougoslavie, l'adhésion par trop manifeste à cette planification du grand marché se heurtait encore à une certaine résistance, celle-ci s'est atténuée au plus tard à compter de l'*Anschluss* de l'Autriche et de l'annexion par l'Allemagne du reste de la Tchécoslovaquie. La résignation ouvertement exprimée des Britanniques face aux aspirations hégémoniques du Reich en Europe du Sud-Est y a certainement contribué. En novembre 1938, le Premier ministre Chamberlain avait cautionné les agissements du Reich à la Chambre des Communes, en accordant à ce dernier le droit d'occuper une position dominante dans l'Europe du Sud-Est. Depuis Londres, située à une distance respectable, il était facile de cacher que la politique britannique n'offrait aux États de l'espace danubien plus aucune alternative à un rôle de satellites d'un « grand marché » allemand et n'avait rien mis en œuvre pour stabiliser, avec l'aide de la France et des États-Unis, l'indépendance économique de l'Europe du Sud-Est sur laquelle aurait pu reposer la souveraineté politique. Les seuls chiffres de l'année 1937 le démontraient : 47 % des exportations bulgares, 41 % des exportations hongroises, 45 % des exportations yougoslaves, 32 % des exportations grecques et 27 % des exportations roumaines étaient alors à destination de l'Allemagne et ces pourcentages devaient encore enregistrer une forte hausse jusqu'à ce que la guerre éclate[53].

VI. L'Europe centrale et du Sud-Est comme « hinterland économique » du Reich allemand : un talon d'Achille dans la Seconde Guerre mondiale ?

Le déclenchement de la Seconde Guerre mondiale ne marque pas un tournant radical dans la politique allemande menée en Europe du Sud-Est, puisque les travaux préliminaires à la constitution d'un grand marché au service de la guerre étaient déjà achevés. En outre, avec la naissance à Vienne, le 4 février 1940, de la *Südosteuropagesellschaft* (Société pour l'Europe du Sud-Est), rattachée au ministère de l'économie du Reich, avait été créée une instance compétente spécialement chargée d'approfondir la coopération économique qui, jusqu'à la fin de

---

[52] Informations extraites de : Rieker, Karlheinz, « Die deutschen Hendelsbeziehungen zu Südosteuropa », in *Deutsche Zeitschrift für Wirtschaftskunde*, 4 (1939) 1, pp. 132-137.

[53] Elvert, J., *Balkan*, p. 166.

l'année 1944, a assuré un rôle d'interface, de centralisation et de coordination afin que l'exploitation économique du grand marché du Sud-Est se déroule sans encombre, en fonction des circonstances[54]. Néanmoins, les conditions de guerre prévalant désormais, la politique allemande en Europe du Sud-Est au cours de l'été 1940 devait essentiellement tenir compte de quatre points : garantir l'approvisionnement de l'Allemagne en provenance de cette région, puisque le blocus maritime privait désormais le Reich, dans une large mesure, de tout ravitaillement d'Outremer ; empêcher les opérations et les débarquements des Alliés et des Soviétiques ; veiller à maintenir tant que possible le *statu quo* territorial des Balkans, afin de ne pas charger inutilement le réseau d'approvisionnement organisé avant-guerre ; tenir compte des intérêts italiens dans les Balkans[55].

Cela se révéla toutefois très vite être une erreur fatale, car le débarquement italien en Grèce, en octobre 1940, amorça la fin de la politique menée jusque là par le Reich dans l'Europe du Sud-Est. Face à la résistance grecque d'une violence inattendue, qui a pris les Italiens par surprise, et au débarquement britannique en Crête, lancé avec l'accord d'Athènes, Hitler ordonna la préparation de l'opération *Marita*, à savoir l'invasion de la Grèce par les troupes allemandes. Du point de vue allemand, le danger d'un débarquement britannique dans la partie continentale du territoire grec, qui se traduirait par l'ouverture d'un « front des Balkans », était devenu trop menaçant. Mais pour contrer efficacement la menace, la participation du plus grand nombre possible des États d'Europe centrale et du Sud-Est était nécessaire. La Hongrie et la Roumanie répondirent immédiatement présentes à la demande de renfort des Allemands, suivies par la Bulgarie, qui, après un temps d'hésitation, finit par se ranger du côté des puissances de l'Axe. La Yougoslavie se déclara tout d'abord disposée à tolérer l'attaque du Reich contre la Grèce, mais ne voulait pas servir de zone de déploiement aux troupes allemandes et exigeait de recevoir la région de Salonique « en récompense », une fois la Grèce occupée.

Le 25 mars 1941, Hitler accepta ces exigences dans le cadre d'un accord écrit, pour revenir dès le lendemain sur le droit de passage des troupes allemandes. Le jour suivant, le gouvernement pro-allemand de Belgrade était renversé par des unités du général Simović, qui essaya sur le champ de prendre contact avec les Alliés. Pour le Reich, il devenait de plus en plus difficile d'éviter une campagne dans les Balkans, contre

---

[54] Voir BA R 63, vol. 1, *Gründungsprotokoll der SOEG* du 8 février 1940.

[55] Bloch, Charles, *Das Dritte Reich und die Welt. Die deutsche Außenpolitik 1933-1945*, Paderborn, 1993, p. 106 sqq.

la Grèce et la Yougoslavie. Pour ce faire, encore fallait-il d'abord obtenir l'assentiment des autres États des Balkans proches des puissances de l'Axe, ce qui assénait le coup de grâce au dispositif de sécurité qui avait été élaboré avec soin en Europe du Sud-Est et qui reposait en grande partie sur des pactes mutuels de non-agression. En dépit du fait que l'invasion de la Grèce et de la Yougoslavie ait pu être menée à terme et couronnée de succès dès la mi-avril 1941, le flanc sud des Balkans ne pouvait plus être considéré comme un territoire sûr et exigeait le maintien de nombreuses divisions allemandes, dont on avait un besoin urgent sur d'autres fronts. Enfin Hitler devait reconnaître, au lendemain de la défaite de Stalingrad, que la puissance militaire et la domination économique ne constituaient pas une garantie absolue pour un système d'alliances militaire et politique qui ne reposait pas sur le primat du volontariat et de la conviction, mais était le produit d'une idéologie de mépris et d'anéantissement de l'être humain. C'est la disponibilité de l'Europe centrale et du Sud-Est dans le cadre du grand marché allemand qui a permis au Troisième Reich de mener la Seconde Guerre mondiale. Mais en même temps, ce dernier s'était placé lui-même dans une position de dépendance qui devait le conduire à sa perte.

Les milieux économiques et les États face aux tentatives d'organisation des marchés européens dans les années 1930

Françoise BERGER

Université de Paris I

Introduction

Les recherches sur les cartels internationaux semblent n'avoir pas jusqu'à présent suscité une grande attention de la part des historiens français : si le thème est traité partiellement dans certains ouvrages, il n'existe, depuis la Seconde Guerre mondiale, aucun ouvrage en français entièrement consacré aux cartels alors que ceux-ci sont plutôt abondants en anglais et en allemand et ce, depuis les années 1930 jusqu'à nos jours. Il faut cependant citer l'exception que représentent les actes du colloque international de Caen de 1993 qui, même s'ils ne sont que pour moitié en français, sont une rare et très précieuse exception, indispensable pour réfléchir sur ce sujet[1]. En dehors de cet ouvrage, je me suis appuyée en particulier sur les travaux américains très classiques de Hexner et Stocking (immédiat après-guerre), de Mirow (années 1980) et des travaux plus récents (années 1990) de Wurm et Schröter, entre autres[2], enfin sur mes propres recherches sur le cartel de l'acier.

Pour ne pas en rester à une simple synthèse des connaissances actuelles, mais tenter d'apporter aussi ma modeste pierre à cette construction jamais achevée, je me suis appuyée sur le très beau travail d'élaboration d'une base de données sur les cartels de l'entre-deux-guerres, publié par l'université de Leiden (Pays-Bas), un outil très précieux qui n'existait pas encore lors du dernier colloque. Il s'agit, pour chaque grand ensemble de produits, d'une liste exhaustive des cartels par produits avec les pays membres, la date et la forme de l'accord de cartel. J'ai effectué une

---

[1] Barjot, Dominique (dir.), *International cartels revisited. Vues nouvelles sur les cartels internationaux (1880-1990)*, Caen, éditions du Lys, 1994, 384 p.
[2] Voir la bibliographie en fin d'article.

étude qualitative et quantitative sur cette base de données pour donner une image plus précise des cartels qui ont souvent été présentés sous leurs exemples les plus célèbres, mais pas toujours les plus représentatifs. Je propose ici une mise au point sur les connaissances dont on dispose aujourd'hui sur les cartels des années 1930 et les problèmes qu'ils posent aux historiens de l'Europe, en confrontant cette théorie avec une approche concrète de type économétrique.

Remarque historiographique

On peut délimiter trois périodes où se produit une multiplication des ouvrages sur ce thème des cartels, et cela a un sens plus général en terme de conception économique dominante. Après la Seconde Guerre mondiale, l'influence américaine antitrust et anticartel génère de nombreux ouvrages d'analyses des cartels anciens, pour montrer, d'une manière générale qu'ils opéraient au détriment des consommateurs. Une justification de l'attitude américaine et de son influence en Europe. La problématique dominante est alors de l'ordre du moral : bonne ou mauvaise entente.

Au tout début des années 1980, alors que les deux chocs du pétrole ont bouleversé la donne économique mondiale, on revient sur cette analyse ancienne, en particulier sur la période 1929-1932, pour trouver désormais quelque intérêt à ces cartels, en temps de crise. La problématique se concentre alors sur les conditions de l'efficacité des ententes. Enfin, les ouvrages publiés depuis les années 1990, dont les recherches bénéficient désormais d'un large recul sur les événements, d'un accès total aux archives et d'une connaissance des faits bien établie, réétudie le problème des ententes internationales dans une approche plus globale ou dans des perspectives un peu différentes, observant en particulier le poids des gouvernements dans les réussites ou dans les échecs des accords de cartels.

On constate aussi qu'il s'agit d'un thème qui a intéressé des auteurs d'origine très différente. On peut ainsi classer les ouvrages sur les cartels en trois types : politiques (polémiques), économiques et juridiques (les plus nombreux) et universitaires (perspective historique).

Une définition des concepts en jeu

Avec le marasme économique des années 1970-1980, les cartels internationaux ont fait parler à nouveau d'eux. Se posait essentiellement la question de leur signification historique. N'avaient-ils été qu'une traduction temporaire des difficultés spécifiques de l'entre-deux-guerres ou constituaient-ils une solution récurrente en période de crise ? Quels étaient, dans l'industrie, leurs champs privilégiés d'intervention ? Quels rapports avaient-ils établi avec les États et les organisations internationales ? Quel avait été leur impact sur l'évolution des prix et des profits, de l'emploi et des investissements, des technologies et des structures d'entreprises ? Comment avaient-ils été perçus ?

Pour tenter d'apporter sinon des réponses définitives, mais au moins des éclaircissements sur ces points, il convient tout d'abord de revenir à leur définition. Or celle-ci n'est pas si simple qu'elle le paraît, en raison de la fréquente imprécision des concepts et du vocabulaire utilisés en ce domaine, en particulier les mots de cartel et d'entente.

La notion de cartel diffère en effet théoriquement de celle d'entente. Il y a entente lorsque deux ou plusieurs entreprises s'associent, par contrat ou non, dans un but déterminé, pour une opération particulière, tout en conservant leur autonomie juridique. Le cartel est une forme plus élaborée d'entente, pour laquelle les adhérents constituent un organisme commun chargé de la mise en œuvre de l'objectif poursuivi. Il vise souvent à la domination pure et simple d'un marché par un groupe d'entreprises ayant des intérêts communs, au détriment du consommateur et des concurrents éventuels. Il y a donc une ambivalence du cartel, dont les effets peuvent être à la fois positifs et négatifs. Pour les années 1930, on devrait utiliser de préférence le terme « d'ententes internationales », en raison de la très grande variété de cas, mais le terme qui domine à cette époque est plutôt celui de cartel.

Qu'on le nomme cartel ou entente, il s'agit d'un accord entre entreprises ou regroupements d'entreprises qui poursuit un but déterminé (parfois plusieurs) de diverse nature (prix, partage de marché, protection nationale, organisation de circuits de ventes, entente sur la diversification de la production, la rationalisation du secteur, la recherche, accords de licence, etc.). Ce sont de ce fait des ententes en général partielles, limitées à ces objectifs précis.

Ces cartels sont, dans les années 1930, de différents types et c'est justement cette grande diversité qui en est la première caractéristique. Ils peuvent être horizontaux (souvent pour les prix) ou verticaux, sectoriels ou intersectoriels, avec des contrats écrits, des accords tacites (*gentlemen agreement*) ou concertés, partiels ou totaux (une entente totale débouche progressivement sur la fusion). Le critère de classification le plus souvent utilisé demeure le but poursuivi par les participants à l'accord. Le premier groupe est celui des cartels de rationalisation, fréquents en période de crise, pour créer des économies d'échelle ou pour faire face à la réduction soudaine de la demande. La seconde famille comprend les pratiques collectives tendant à limiter la concurrence tantôt au détriment du consommateur, tantôt au détriment de nouveaux concurrents ou contre l'introduction de nouvelles technologies si elles risquent de rendre obsolescentes des installations existantes.

Leurs actions consistent à limiter, restreindre ou fausser le jeu de la concurrence à l'aide d'une fixation des prix, d'une répartition des marchés, de l'octroi de marges de rabais, d'une discrimination de la clientèle, d'une barrière à l'entrée de nouveaux concurrents, de quotas de production, d'un contrôle de la distribution, etc. Autrement dit, par la variété même de ses acceptions, le terme de cartel ou d'entente demeure ambigu.

I. Un point des connaissances sur les cartels de l'entre-deux-guerres

A. *Approche globale*

1. *Avant les années 1930*

La Première Guerre mondiale avait détruit la plupart des cartels existants, dont certains depuis la seconde moitié du XIXe siècle. Ils se reconstituent progressivement au cours des années 1920. Selon Daniel Barbezat qui a travaillé sur le cartel international de l'acier[3], les années 1926-1930 sont celles de la mise en place des structures qui vont opérer jusqu'à la Seconde Guerre mondiale.

Un des préalables à l'existence de ces cartels internationaux est une organisation d'ententes et de comptoirs à l'échelle nationale bien structurée et la plus complète possible. Le phénomène nouveau des années 1920, c'est justement ce changement d'échelle, cette extension des ententes au niveau international, dans une tentative de contrôle mondial des marchés et celle-ci est permise parce que, dans les grands pays industriels, on a atteint un excellent niveau d'organisation des marchés intérieurs, principalement dans les matières premières et les industries de première transformation.

Ce phénomène, largement étudié en ce qui concerne la sidérurgie, est valable pour l'ensemble des secteurs. On constate aussi un changement fondamental entre l'avant-guerre, au cours de laquelle ce sont les ententes nationales, le plus souvent appelées comptoirs, qui organisent les marchés nationaux et l'entre-deux-guerres qui voit surgir une nouvelle conception dont le modèle reste celui de l'Entente internationale de l'acier (EIA), créée en 1926, et qui s'applique désormais au contrôle du

---

[3] Barbezat, Daniel, « International Cooperation and Domestic Cartel Control : The International Steel Cartel (ISC) 1926-1938 », thèse de l'université de Urbana-Champaign (Illinois), 1988, 341 p.

marché européen puis mondial[4]. L'EIA, qui prend modèle sur la *Rohstahlgemeinschaft*[5], peut être considérée comme un développement plus poussé des ententes nationales formées sur ce modèle.

Un très important projet de 1929 entre les gros producteurs des quatre membres EIA visait à créer à l'échelle européenne ce que les *Vereinigte Stahlwerke* avaient été à l'échelle allemande, quelque chose comme l'*European Steel* mais les promoteurs de cette idée se heurtèrent au refus du groupe de Wendel. Ceci semble confirmer qu'une partie des cartels seraient une première étape vers de larges opérations de concentration/fusion. Pour une large majorité de leurs participants français et belges, l'EIA n'est vu que comme un expédient en attendant des avancées à une autre échelle, une véritable échelle européenne[6].

L'impact de la Crise sur cette organisation mondiale en train de se mettre en place est essentiel. Avec le choc de la dépression, la coopération internationale semble passer au second plan car les pays se préoccupent avant tout de leur effondrement national. De 1930 à 1932, on assiste d'abord à une réaction des pays face à l'effondrement des marchés, à la fois par une concurrence effrénée et par des mesures de protection des marchés nationaux mises en place par les États.

Mais les grands groupes font pression pour revenir à un contrôle des marchés dont l'absence leur coûte cher, avec la multiplication des outsiders. On assiste ainsi, au cours d'un processus assez confus et soumis aux aléas économiques et politiques, à une accélération et à un élargissement de la cartellisation, les objectifs en sont révisés et l'image des cartels est modifiée : certaines ententes ne sont plus considérées comme mauvaises, mais au contraire comme nécessaires pour sauver les pans de l'économie qui peuvent encore l'être. Elles vont même, dans la plupart des cas, recevoir l'onction des pouvoirs publics.

2. Les spécificités des années 1930

La période 1933-1939 constitue le véritable âge d'or des ententes, c'est celle du plus haut degré de coopération internationale. Si l'on procède à l'examen de l'efficacité des cartels, comme dans la période précédente, on peut avoir une impression négative, avec des ententes qui se font au détriment de la liberté économique. Mais quand on regarde le

---

[4] Voir l'article d'Éric Bussière, « The Evolution of Structures in the Iron and Steel Industry in France, Belgium and Luxembourg : National and International Aspects, 1900-1939 », in Abe, Etsuo, et Suzuki, Yoshitaka, *Changing Patterns Of International Rivalry. Some Lessons From the Steel Industry*, Tokyo, University of Tokyo Press, 1991, pp. 141-162.

[5] Comptoir national de la sidérurgie allemande.

[6] Bussière, É., *op. cit.*

détail des accords, des politiques et des résultats, les cartels se révèlent avoir été souvent efficaces pour organiser le marché mondial, car ceux-ci se dotent d'une structure intégrée pour la participation de ses membres[7].

On peut par ailleurs faire remarquer qu'il n'est pas vraiment surprenant que l'âge d'or des cartels corresponde aussi à l'âge d'or (commencé fin XIXe) des nationalismes. En effet, ces accords permettent de renforcer la puissance des nations participantes. Ainsi, le poids important de l'Allemagne dans ces accords n'est pas du tout étonnant, car grande nation et industrie se combinent avec la volonté de puissance[8]. La situation politique très particulière et les relations diplomatiques que la situation politique du nouveau Reich engendre entre les principaux pays européens ne semblent pas avoir eu de véritable influence sur la création et le fonctionnement des cartels. On peut cependant noter une différence entre deux périodes : celle d'avant et celle d'après 1936, car l'Allemagne exporte alors beaucoup moins pour les raisons que l'on connaît. Cette analyse ne fait pas l'unanimité entre les auteurs.

Par ailleurs, il ne faut pas conclure de ce qui précède à une agressivité plus importante des cartels des années 1930 : bien au contraire, la crise a gommé pour un moment ce type d'attitude et pour des pays comme l'Italie ou le Japon, il n'y a aucune agressivité dans les cartels mis en place dans l'espace national[9].

De nouvelles formes et de nouvelles méthodes

Quelles continuités et quelles évolutions rencontre-t-on dans les méthodes des ententes au cours des années 1930 ? Si les formes traditionnelles des cartels classiques qui visent au contrôle des prix pour les producteurs se maintiennent largement, ceux-ci se caractérisent désormais par la multiplicité de leurs formes, de leurs objectifs et de leurs modes de fonctionnement. On trouve ainsi des types très différents d'accords : certains rassemblent tous – ou presque – les producteurs d'un secteur pour tous les produits (chimie, acier), d'autres peuvent être des accords sur un produit unique, souvent très mineur pour chaque participant (magnésium, lampes). Et, entre les deux extrêmes, on croise toutes les autres possibilités.

Les fonctionnements et les objectifs des cartels conclus peuvent ainsi être très différents. Dans le secteur du sucre et caoutchouc, ce sont de simples restrictions à l'exportation, appuyées par les États et administrés par un comité international. On n'y observe jamais de pression sur les

---

[7] Ce fut particulièrement le cas pour le secteur de l'acier ; Barbezat, D., *op. cit.*

[8] Barbezat, D., *op. cit.*

[9] Lanthier, Pierre, « L'IGEC et l'organisation mondiale de l'industrie électrotechnique dans l'entre-deux-guerres », in Barjot, D. (dir.), *op. cit.*, pp. 165-175.

prix. Pour les produits sidérurgiques, la structure est plus complexe, avec une régulation des exportations et des prix, la mise en place de comptoirs de vente, de pénalités et d'un système de compensation et de partage des marchés. Pour l'aluminium et les lampes, le cartel est encore plus strict que celui de l'acier : la répartition s'opère en fonction des capacités pour l'aluminium, en fonction de quotas de vente pour les lampes.

Certains cartels peuvent être agressifs (ou offensifs), en pratiquant par exemple des politiques de dumping[10], d'autres sont plutôt conclus sur un mode défensif. C'est le cas du cartel du sucre, car dans ce secteur, la surproduction est une menace constante. À l'opposé, dans le cas de l'aluminium, un secteur sans aucun risque économique, il s'agit d'un cartel agressif destiné à assurer une haute marge de bénéfice. Entre ces deux limites, on rencontre tous les cas de figure et pas vraiment de frontières. Ces ententes ont parfois aussi à l'origine des liens d'interconnexion financière entre les grandes entreprises.

Tableau 1 : Les formes des ententes industrielles internationales dans les années 1930[11]

Nombre total des cartels déclarés	188	
Quotas à l'exportation (exclusif)	10	
Accords sur les prix et quotas à l'exportation (exclusif)	20	
Accords sur les prix (exclusif)	5	
Sous-total	35	18,6 %
Accords sur les prix avec d'autres éléments	28	14,9 %
Sous-total 1+2	63	33,5 %
Partage des marchés (division des marchés, partage du marché mondial, d'un marché particulier)	60	39,2 %
Accords de brevets (*patent agreement*)	34	22,2 %
Participation (*Stocks investments*) et joint company (1)	16	10,5 %
Comptoir de vente (accords de distribution, bureau, agence, organisation de vente, régulation des conditions de ventes)	12	7,8 %
Quotas de production (contrôle, division, régulation, cartel de production)	11	7,2 %
Marchés réservés et protection des marchés nationaux	7	
Prohibition de vente (régulation, restriction sur un territoire ou pour un produit)	6	
Restriction, limitation de la production	3	

---

[10] Exemple, à partir de 1930, Convention internationale de l'azote (CIA), dumping au Japon, in Barjot, D., *op. cit.*, Introduction, p. 20.

[11] En général, situation en 1939. Toutes les statistiques ont été établies à partir de la base de données exhaustive sur les cartels de l'entre-deux-guerres précédemment citée.

Usage exclusif d'un réseau (communications)	2
Accord sur la qualité	2
Spécialisation des produits	2
Échange d'information	1
Comptoir d'achat	1
Sous-total	153

L'analyse systématique des formes des ententes internationales pendant les années 1930 permet la mise en évidence de la complexité évoquée ci-dessus, ainsi que celle de l'abandon relatif des prix comme moteur des ententes : 53 accords sur les prix, en général avec d'autres éléments dans l'accord, soit 28,2 % du total. Dans une période de récession économique généralisée, la priorité est à la protection des marchés : c'est ainsi que 39,2 % des ententes (60) portent sur le partage du marché mondial, auxquelles on peut ajouter les protections sur les marchés nationaux (7) et les quotas de production (11), soit un total de 41,5 % des accords. On constate enfin que les accords de brevets représentent une part non négligeable du total (22,2 %).

Ces éléments confirment donc, numériquement, ce que plusieurs historiens avaient relevé, à savoir ce changement d'objectifs, de structure et de nature des ententes entre années 1920 et années 1930[12]. Dans les années 1920, la structure du cartel est simple, le plus souvent il met en place une limitation du commerce et/ou de la concurrence extérieure, d'où une meilleure efficacité des cartels nationaux sur les marchés intérieurs. Au cours des années 1930, les formes en sont plus variées, avec souvent la mise en place de structures permanentes. Autrement dit, il n'y a plus de « modèle » de cartel. Enfin, un dernier élément sur lequel nous reviendrons est celui de l'entrée assez massive des Américains dans les ententes européennes. Le bilan que l'on peut faire de ces évolutions, en 1939, est plutôt positif : non contents de lutter efficacement contre la chute des prix, ces cartels ont aussi souvent favorisé les avancées technologiques et la concentration économique[13].

B. Une approche par secteurs

On a longtemps affirmé que les cartels internationaux sont, pour une large part, une spécificité des secteurs de base (industries de biens intermédiaires et industries d'équipement). Après avoir donné quelques éléments d'information sur les principaux cartels par grands secteurs de

---

[12] Par exemple Barjot, D. (dir.), *op. cit.*, Introduction, p. 12, au sujet du cartel de la fibre de verre (1939) : échanges de brevets et planification conjointe des investissements ; Barbezat, Daniel, *op. cit.*

[13] Si tant est qu'elle soit considérée comme positive.

l'économie, nous pourrons montrer, statistiquement, que ces affirmations sont à nuancer.

Parmi les grands cartels des matières premières, le cartel du caoutchouc est un des cartels majeurs de l'entre-deux-guerres. Son cas est particulièrement intéressant et nous en présenterons aussi d'autres éléments, au sujet des effets économiques de ces cartels. Formé en réalité de six cartels distincts (caoutchouc naturel, synthétique, chloruré, articles de caoutchouc, élastiques, pneus), il reflète la répartition nationale et spatiale entre les producteurs de matières premières et les transformateurs, dans cette branche. La première entente (*International Rubber Regulation Committee*, 1934 puis 1938) comprend les pays des zones de production (Inde, Ceylan, Indonésie, Indochine, Birmanie, Siam, Malaisie) et se contente de réguler la production. Les deux ententes suivantes (caoutchouc synthétique et chloruré, 1929) ont été conclues entre les États-Unis et l'Allemagne pour une division du marché. Celle des articles en caoutchouc regroupe trois pays d'Europe centrale (Autriche, Hongrie et Tchécoslovaquie). L'entente sur les élastiques (1931 et 1936) regroupe huit pays, dont les États-Unis, l'Allemagne et la France. Elle met en place des quotas et un accord sur les prix à l'exportation. Enfin, le cartel du pneu regroupe les États-Unis, l'Allemagne, la France, la Belgique et la Grande-Bretagne et s'est entendu sur une harmonisation des prix et des conditions de vente[14].

Le cartel du diamant, ou *Central Selling Organisation* (CSO, 1930), est tout à fait symbolique de l'image de secret des ententes. Il regroupe le Congo belge, la Côte de l'or, la Sierra Leone, l'Angola et l'Union sud-africaine. Appelé avec une vénération craintive le « Syndicat », il est le véritable maître des approvisionnements, des flux de vente, des prix et des stocks de diamants dans le monde, contrôlant plus de 95 % de la production et du commerce mondial[15]. Cette entente fondée sur un code d'honneur : « Pas de contrat en vertu d'un arrangement profitable aux deux parties : le CSO ne mettait pas le nez dans leurs affaires ; eux acceptaient sans discuter le contrôle absolu de ce dernier sur le marché. »[16]. Bien entendu, le secret le plus complet entourait vraiment le fonctionnement de cette entente très spéciale.

Dans le secteur de l'azote (Convention internationale de l'Azote (CIA), 1930)[17], encore un des grands cartels des années 1930, le fonc-

---

[14] Hexner, Ervin, *International Cartels*, 1945, p. 280 sqq. ; Stocking, G.W., *Cartels in Action. Case Studies in International Business Diplomacy*, 1947, pp. 56-117.

[15] Hexner, E., *op. cit.*, pp. 251-254.

[16] Roche, Marc, *Le Monde*, 17 juillet 2000.

[17] Schröter, Harm, « Privatwirtschaftliche Marktregulierung und staatliche Interessenpolitik : Das internationale Stickstoffkartell 1929-1939 », in Schröter, H., et Wurm,

tionnement est plus classique. C'est cependant un secteur sensible en raison des besoins de l'agriculture et, de ce fait, c'est un cartel agressif qui pratique des politiques de dumping, en particulier au Japon.

On ne peut bien sûr oublier, comme dernier exemple dans le domaine des matières premières, le cartel du pétrole, un produit qui devient stratégique précisément dans l'entre-deux-guerres. C'est en effet la Première Guerre mondiale qui en a révélé l'intérêt. En 1916 a eu lieu la première découpe de la zone pétrolière en Irak (accords Sykes-Picot, mais on ignorait encore l'extrême importance du pétrole). En 1928 sont conclus les accords de l'Achnacany et ceux dits de la « ligne rouge » : à l'intérieur de cette frontière, l'exploitation est faite en commun. Il faut dire qu'à partir de 1926, on se heurte dans ce secteur à des problèmes de surproduction, d'où une baisse des prix et une guerre entre producteurs pendant deux ans. En 1929, la nouvelle entente met fin à cette guerre entre les sept grandes compagnies (« majors » ou « sisters ») par le moyen d'un gel de la situation et d'un accord sur les prix de vente. Les années 1930 sont marquées par l'entrée des Américains (1932) et par un partage des marchés. Le cartel du pétrole, composé de deux ententes, l'une sur le pétrole brut, l'autre sur les hydrocarbures et produits dérivés, et dominé par les Britanniques, est cité comme le plus puissant et il a même traversé la Seconde Guerre mondiale[18].

Le second domaine d'action des ententes internationales est celui des industries de base, autrement dit des industries de première transformation et de biens intermédiaires. Les deux noyaux principaux en sont la chimie et la métallurgie. C'est un champ privilégié, le plus gros secteur cartellisé, celui dans lequel on trouve la plus grande variété de formes des ententes.

En ce qui concerne l'industrie chimique, un secteur particulièrement complexe qui fait l'objet de plus de cinquante ententes, on note la présence de très grands groupes, tels que IG-Farben et Dupont de Nemours[19]. Parmi ces nombreux cartels, on y retrouve tous ceux du secteur pharmaceutique concernant les produits de base de cette industrie. Par exemple, le groupe Roche, en 1938, est partie prenante de huit

---

C. (Hrsg.), *Politik, Wirtschaft und internationale Beziehungen. Studien zu ihrem Verhaeltnis in der Zeit zwischen den beiden Weltkriegen*, Stuttgart, 1990, pp. 117-138.

[18] Hexner, E., *op. cit.*, pp. 256-262 ; Mirow, Karl Rudolf, and Maurer, Harry, *Webs of Power. International Cartels and the World Economy*, Boston, 1982, pp. 71-73.

[19] Stocking, G.W., *op. cit.*, pp. 363-429 (sur l'ensemble des cartels de la chimie) et Kenley, Smith John, « National Goals, Industry Structure, and Corporate Strategies : Chemical cartels between the Wars », in Kudo, A. and Hara, T. (eds.) *International Cartels in Business History*, Tokyo, 1992, pp. 139-158.

cartels ou conventions de prix dans ce secteur (matières premières, quinine, opiacés, vanilline)[20].

Le Syndicat international de la potasse fut l'un des cartels les plus puissants et les plus durables de la chimie[21]. Il regroupait les producteurs français et allemands, liés depuis 1926, auxquels se sont joints ensuite les producteurs polonais, espagnols et ceux de Palestine. C'était un accord très complet de partage des marchés, de quotas de ventes, avec une agence commune de vente. La potasse est un produit indispensable pour l'industrie (savon, verre) et pour l'agriculture (engrais). C'était un secteur fortement cartellisé à l'échelle nationale, particulièrement en Allemagne où l'on notait une situation de monopole avant la Première Guerre mondiale, avec le *Deutsche Kali Syndikat* (DKS), de nature mixte (privé et public). Avec le retour de l'Alsace à la France en 1919, la société commerciale des potasses d'Alsace (SCPA) mena pendant quatre ans une concurrence acharnée puis conclut un accord de cartel en 1924. C'est donc une des nombreuses ententes à base franco-allemande. Par la suite, on assista même à la fusion des organisations de vente, avec en 1926, la création de l'*International Potash Syndicate* (IPS)[22].

Il semble que grâce à ce cartel, la crise des années 1930 n'eut qu'un effet réduit sur les prix de la potasse, grâce à une forte contraction de la production. Il sut aussi gérer le développement de la concurrence en intégrant progressivement les nouveaux producteurs : Pologne (1931), URSS (1934), Espagne (1935) et Palestine (1936), enfin un *gentlemen's agreement* avec les Américains à la fin de l'année 1935. Le résultat est qu'en 1936, le cartel de la potasse a le contrôle absolu de la production mondiale. Il est l'exemple du cartel « idéal », qui maintient des prix élevés, un véritable modèle pour les autres cartels garantis par la loi (azote, charbon).

L'IPS n'a pas toujours correspondu à ce modèle, mais il fait figure d'institution originale, dans la mesure où la propriété étatique dominait dans ce secteur. Tous les États producteurs acceptèrent d'y participer et en obtinrent ce qu'ils attendaient : des revenus substantiels, une sécurité de l'offre et des prix relativement supportables pour leurs paysans. En France, les mines allemandes privées furent, en grande partie, nationalisées après la Première Guerre mondiale par patriotisme et pour éviter la

---

[20] Sur les produits pharmaceutiques, voir Hexner, E., *op. cit.*, pp. 331-335 et Stocking, G.W., *op. cit.*, pp. 118-170.

[21] Schröter, Harm, « The International Potash Syndicate », in Barjot, D., *op. cit.*, pp. 75-92.

[22] Tchernoff, J., *Ententes économiques et financières (cartels, syndicats, trusts, holdings, devant les lois civiles, pénales, internationales)*, Paris, 1933, pp. 653-656 ; Hexner, E., *op. cit.*, pp. 267-270.

mainmise des producteurs de phosphate sur le marché des engrais. En Allemagne et en Pologne, l'État a défendu les intérêt de l'industrie en laissant au secteur privé le soin de faire fonctionner le cartel, l'intervention publique se limitant à décider des prix de vente sur le marché intérieur. Mais en Allemagne, les quotas, qui étaient fixés en fonction de la capacité de production, ont eu l'effet pervers d'inciter à des investissements non productifs, seules les exploitations les plus rentables produisant effectivement.

On connaît aussi, dans le secteur chimique, la grande alliance entre soude et explosifs, avec le cartel de l'alcali (1920) qui comprend à l'origine les Britanniques, les Belges et les Tchèques qui ont opéré un partage du marché. Les Américains les rejoignent en 1930 (mais ils avaient déjà conclu un accord de partage des marchés entre l'Europe et le reste du monde avec les Britanniques et les Belges, dès 1923) et cette entente est régulièrement renouvelée et étendue (accord avec l'Autriche, la Roumanie et la Yougoslavie en 1933) jusqu'en 1941[23].

Mais c'est le cartel des matières colorantes qui a plus souvent retenu l'attention. Dans ce domaine, la France est alors très en retard derrière l'Allemagne, d'où un déséquilibre[24]. Pourtant se met en place en 1927 un cartel franco-allemand entre tous les producteurs français (11,5 %) et IG-Farben, signé pour 40 ans. Élargi à la Suisse en 1929 (Ciba, Sandoz et Geigy, avec 17,4 % du total), puis à la Grande-Bretagne (Imperial Chemical Industries, ICI), au Japon, à l'Italie et au Canada en 1932. Ce cartel est avantageux pour la France car il procède à l'élimination de la concurrence sur le marché national et permet de plus un surcroît d'exportation. Dans les années 1930, ce cartel contrôle environ les deux tiers du commerce mondial des produits colorants, il a mis en place des accords de brevets, des accords de stocks, des quotas pour les marchés d'outre-mer, des quotas de production pour de nombreuses matières premières, des accords de prix et enfin un échange d'information technique[25]. Parallèlement existe aussi une entente réduite au partage du marché chinois entre l'Allemagne, les États-Unis, la Grande-Bretagne et la Suisse.

---

[23] Hexner, E., *op. cit.*, pp. 301-304 ; Stocking, G.W., *op. cit.*, pp. 430-438 ; Kudo, A., and Hara, T., *op. cit.*, Introduction, pp. 15-16.

[24] Margairaz, Michel, « Les entreprises françaises des matières colorantes et l'entente européenne pendant la Seconde Guerre mondiale : la double dependance. », in Barjot, D., *op. cit.*, pp. 93-104.

[25] Hexner, E., *op. cit.*, pp. 310-312 ; Stocking, G.W., *op. cit.*, p. 452 sqq.

La métallurgie est le second domaine des cartels des industries de base. Le cartel de l'acier, très célèbre, est l'un des mieux connus[26]. Sur la base d'une entente franco-allemande est fondée en 1926 l'Entente internationale de l'acier (EIA), puis l'*International Steel Cartel* (ISC) qui en prend le relais en 1933. On constate une grande vitalité des ententes dans le secteur sidérurgique (regroupées au sein de l'ISC) durant l'entre-deux-guerres, qui furent parfois un prélude à la concentration, mais surtout un moyen efficace de lutter contre la chute des prix. La crise aux États-Unis conduisit aussi les entreprises américaines à se rapprocher de l'ISC. Elles prenaient déjà part à trois cartels de produits spécifiques : fer-blanc, tubes (1924) et rails (1926). En 1929, le marché américain se réorganise avec la création de la *Steel Export Association* (SEA), une manière pour les firmes US Steel et Bethleem de dominer les exportations nationales. Mais avec la crise se développent aussi les outsiders. La réaction est assez lente puisque ce n'est qu'en 1936 qu'ont lieu les premiers pourparlers avec l'ISC[27], suivis d'un accord sur les produits plats, puis en 1937 sur l'ensemble des produits sidérurgiques. Il ne devient cependant effectif qu'en mai 1939... un peu tard pour un cartel dont l'existence s'achève avec l'entrée en guerre.

Les politiques d'ententes concertées entre les principaux pays producteurs européens et les bénéfices qui en ont été tirés ont permis le maintien dans le secteur de l'acier, en France, en Allemagne ou en Belgique, d'un très haut niveau d'autofinancement. Ces politiques prenaient naturellement le relais d'un haut niveau des prix favorisé d'abord par les politiques protectionnistes des gouvernements jusqu'à la Première Guerre mondiale[28].

Les métaux non-ferreux jouent aussi un rôle important dans le commerce mondial, à tel point que le véritable secteur pionnier pour les cartels n'était pas en réalité celui de la sidérurgie, mais celui du zinc dont les premières ententes remontaient à la fin des années 1840. Il avait été constitué sur la base de l'entente entre les producteurs belges, allemands et français. Ce prototype du cartel de matières premières, prolongé en 1928, intégrant également la Grande-Bretagne et l'Autriche, connut un fonctionnement difficile au cours de l'entre-deux-guerres car il eut du mal à s'adapter à l'arrivée sur le marché de nouveaux producteurs européens (Espagne, Italie, Pays-Bas, Norvège, Pologne, Tchécoslovaquie) tout comme de producteurs extra-européens (Australie,

---

[26] Cf. Barbezat, Daniel, Bussière, Éric, Gillingham, John, Hexner, Erwin, Mioche, Philippe, et moi-même.

[27] Qui comprend alors tous les grands producteurs européens, URSS non incluse.

[28] Étude d'Éric Bussière, *op. cit.*, (Hara-Kudo).

Canada, Mexique, Rhodésie). Il les intégra cependant progressivement dans cette entente de régulation de la production en 1931, 1934 et 1938. La généralisation de nouvelles techniques venues d'Amérique du Nord contribua également aux difficultés de ce cartel européen. Deux accords plus tardifs mirent en place des ententes sur le zinc raffiné et sur les plaques de zinc. La première comprenait une série d'ententes bilatérales des États-Unis avec la Belgique (1934, renouvelée en 1936 et 1938), avec l'Allemagne (1935) et enfin avec l'Italie (1937), pour un partage des marchés. La seconde (1938) regroupait huit pays européens, dont la France et l'Allemagne, autour d'un partage des exportations[29].

La production d'aluminium fit aussi très tôt l'objet d'une entente internationale, avec la formation de l'*Aluminium Association* dès 1901, reconduite en 1908, en 1912 puis en 1923 et 1926. Lui succéda l'*Alliance Aluminium Company* pour la période de 1931 à 1940. Son objectif était de faire face à une demande et une production très variables. Ce cartel permit à ses membres de contrôler efficacement l'ensemble de la production mondiale car ceux-ci avaient le monopole du savoir-faire et de la recherche technologique dans un secteur où ils étaient déterminants[30]. Il avait mis en place un système de quotas et de contrôle de la production. La France, la Suisse et la Grande-Bretagne en étaient les fondateurs et ces pays développèrent un comptoir de vente qui comprenait toutes les sociétés françaises, suisses, avec des capitaux majoritairement allemands (Aluminium Ind. AG) et britanniques.

D'autres producteurs (Allemagne, Norvège et États-Unis) y adhérèrent progressivement, mais la firme américaine Alcoa s'en retira assez vite en raison de la législation antitrust. Cependant, à partir de 1931, sa filiale canadienne fut membre du conseil de l'entente et leurs rapports restèrent étroits. C'était une façon assez fréquente pour les Américains de rester ainsi liés aux cartels qui leur étaient interdits. Le bilan en 1939 démontre la réussite de cette entente : elle était parvenue à un contrôle total du marché mondial, sans freiner le progrès technique et même en le permettant par la sécurisation du risque financier dans un secteur qui demandait des investissements lourds, et dans une période au cours de laquelle la demande s'accrut énormément par l'augmentation des usages de l'aluminium, désormais indispensable tant dans le bâtiment que dans la construction automobile ou aéronautique.

---

[29]   Hexner, E., *op. cit.*, pp. 249-251 ; Cartel data base.

[30]   Hachez, Florence, « Le cartel international de l'aluminium de point de vue des sociétés françaises 1901-1940 », in Barjot, D. (dir.), *International cartels revisited (1880-1990)*, Caen, 1993, pp. 153-162 ; Hexner, E., *op. cit.*, pp. 216-221 ; Stocking, G.W., *op. cit.*, pp. 216-273.

Le troisième secteur d'action des cartels était celui des industries de transformation ou de biens d'équipement. On y trouvait aussi de puissants cartels internationaux, notamment dans l'industrie électrotechnique. Mais contrairement aux autres secteurs économiques précédemment évoqués, dans ce secteur, les ententes reposaient sur des bases plutôt fragiles et changeantes.

On peut prendre ici l'exemple de l'électricité dans lequel avait été constitué un cartel, l'*International General Electric Company* (IGEC), créée en 1919 par General Electric (GE)[31]. L'alliance de cette société américaine avec quelques concurrents européens (Philips, CGE et Thomson) lui permit de mettre en pièce le *joint-venture* Osram (1919) entre AEG, Siemens, Auergesellschaft et Philips. Par la suite, se dernier se reforma plus ou moins sous le nom de Phœbus, mais il coopérait désormais avec l'IGEC. S'ajouta une prise de participation dans Philips (1919) et plus tard dans AEG (1929-1930). La formation de l'IGEC visait évidemment à protéger le marché de General Electric, mais il s'agissait aussi de faire face à une transformation profonde du marché mondial et de ses clients, avec les besoins croissants de l'industrie, de l'électrification des campagnes et ceux des chemins de fer qui s'ajoutaient aux besoins des villes. Le développement nécessaire des activités de recherche nécessitait des moyens supplémentaires, une réorganisation des marchés et l'entente accompagnée d'une concentration industrielle avait semblé la meilleure solution. Les ententes développées par GE n'étaient donc pas motivées par le contrôle des prix et de ce fait, elles ne garantirent pas la stabilité du marché, bousculant la hiérarchie des producteurs et favorisant le changement.

Dans l'industrie électrotechnique, la recherche avait un peu plus d'avance au milieu des années 1920. La cartellisation résultait pour une large part du fait que la technologie y était devenue stable et surtout au fait que seul un petit nombre de grandes entreprises avaient développé la capacité nécessaire pour la construction des grands réseaux[32]. À ce propos, on peut utiliser la notion de niche technologique, avec une forte domination du marché par les très grandes entreprises détenant les brevets : les six premières sociétés du secteur contrôlent 81 % des exportations en 1926. Dans cet exemple, ce sont ces aspects technologiques qui vont avoir des effets sur la formation du cartel. L'offensive en Europe de GE, présente aussi sur ce secteur, avait abouti en 1931 à la constitution d'un cartel international, l'*International Notification and Compen-*

---

[31] Lanthier, P., *op. cit.*

[32] Renato, Gianetti, « Cartels and Innovation Capabilities : a Case from Italian Electrotechnical Industry (1925-1935) », in Barjot, D. (dir.), *op. cit.*, pp. 177-186.

sation Agreement (INCA) qui associait huit firmes : AEG et Siemens, GE et Westinghouse et quatre sociétés britanniques. S'y ajoutèrent les sociétés ASEA (Suède) en 1932, puis Brown Boveri (Suisse) en 1933. La politique de régulation du marché s'accompagna aussi d'accords portant sur les marchés nationaux (par exemple en Italie), mais cette entente ne comportait en revanche aucune clause portant sur les brevets et les licences.

On pourrait encore évoquer, dans le même secteur, le cas passionnant de la production de lampe électrique à incandescence, un produit prototype[33]. Mais nous aborderons ici deux derniers exemples, dans le quatrième secteur cartellisé, très différent des précédents, qui a parfois été lui même appelé industrie de prototype, les exemples de la construction navale et des travaux publics. Il faut ici plutôt parler de tentatives d'entente, car dans les deux cas, les résultats ne furent pas totalement une réussite.

Dans le secteur de la construction navale[34], un secteur clé tant pour l'économie que pour les armées, on peut constater un degré remarquable de cartellisation pendant plus d'un siècle, avec des accords d'une durabilité exceptionnelle auxquelles les autorités publiques ont laissé une très large latitude. Depuis la fin du XIXe siècle, tous les gouvernements ont été largement réceptifs aux arguments de compétition destructive en ce qui concernait l'industrie navale. C'est ainsi que le *Shipping Act* américain (1916) lui accorde une immunité conditionnelle, les autres nations se rangeant entre approbation, aide ouverte ou encouragement. Après la Première Guerre mondiale, les États-Unis exigèrent que toutes les ententes soient ouvertes de manière à ce que quiconque qui veuille s'y joindre n'en soit pas exclu. Un peu plus tard, il y eut obligation de déposer des copies des accords, avec une agence gouvernementale chargée d'une surveillance générale de cette industrie.

Au cours des années 1930, avec la crise, on tente une réorganisation du secteur et surtout des accords pour éviter la concurrence effrénée. C'est ainsi que quelques entreprises de la construction navale italienne cherchèrent, en 1936, à se rapprocher de leurs concurrents allemands, britanniques, néerlandais et scandinaves. En mai 1937 est créé l'*International Shipbuilding Conference*, un cartel d'inspiration anglo-hollandaise qui regroupait quelques 130 chantiers d'Europe et dont l'objectif était de s'opposer aux grandes sociétés pétrolières qui cherchaient à profiter de la concurrence avivée depuis 1929-1930 pour faire baisser les

---

[33] Voir le développement fait sur ce cartel par Stocking, G.W., *Cartels in Action. Case Studies in International Business Diplomacy*, New York, 1947, pp. 304-362.

[34] Sicotte, Richard, « International shipping cartel », EH-net Encyclopedia, 2001.

prix des tankers. Avec la dégradation de la situation politique en Europe – et il est intéressant de le noter car ce ne fut pas le cas dans d'autres secteurs, par exemple celui de l'acier – l'opposition des deux groupes de pression entraîna une dégradation rapide des relations et en 1938, le cartel italien (Conave) n'avait plus que l'Allemagne pour partenaire.

Les ententes s'avèrent encore plus fragiles dans le secteur du bâtiment et des travaux publics. En raison du caractère peu capitaliste du secteur et des formes de dévolution des marchés publics (adjudication au moins offrant), c'est un secteur qui est peu cartellisé, même à l'échelle nationale, au début des années 1920. C'est dans l'entre-deux-guerres que les ententes de ce secteur vont prendre un caractère multinational. Préparées dans une large mesure par le système des prestations en nature (plan Dawes de 1924) pour les réparations dues par Allemagne, elles prirent en particulier la forme de grands travaux effectués en commun par firmes françaises et allemandes de premier plan. En particulier, Schneider et Fougerolles développèrent à cette occasion des liens durables avec Holzmann. On avait affaire ici à des ententes essentiellement bilatérales et l'on peut parler d'accords sur des projets : la question reste posée de savoir si ce sont de vrais cartels, même s'il y a vraiment eu une tentative de les mettre en place. On tenta même un essai plus vaste, avec le consortium des quatre (1924) qui eut peu de succès (un an). Par contre, le Syndicat européen d'entreprises (françaises, allemandes et britanniques) perdura jusqu'à l'entrée en guerre. Ces résultats limités semblent ici s'expliquer par les rivalités économiques, politiques et stratégiques des grandes puissances.

Le tableau statistique, détaillé par secteur et par branche, et illustré par le graphique ci-dessous, permet de dresser un bilan chiffré de ces ententes internationales à la fin des années 1930. Le secteur des industries de base domine largement avec plus de 60 % des ententes, les branches de la chimie et de la pharmacie tout comme celle de la métallurgie étant les plus impliquées dans ces accords sectoriels. Viennent ensuite les ententes dans la production de matières premières, les métaux et les hydrocarbures se taillant la part du lion. C'est ensuite le secteur des industries de transformation qui occupe le troisième rang, les industries textile et électrique étant les deux branches les plus concernées. Donc, contrairement à l'image que l'on en a souvent donnée, les cartels de l'entre-deux-guerres sont bien plus le fait de l'industrie de base que de celle de l'industrie extractive. Dans l'industrie de transformation, la trop grande variété des produits empêche la conclusion de véritables accords de cartels, sauf pour quelques fabrications particulière, telle la lampe à incandescence, ce qui n'empêchait évidemment pas des interventions sur le marché ou des interconnections financières, mais c'est une autre histoire.

Tableau 2 : Ententes industrielles internationales : bilan des années 1930[35]

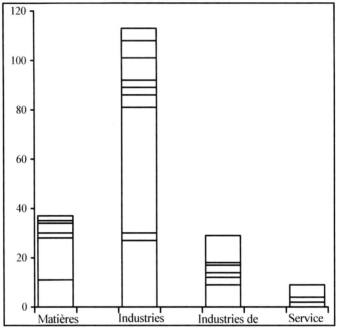

Tableau 3 : Ententes internationales industrielles des années 1930 (situation en 1939)

Nombre total des cartels (officiels)	188
Type de produits par secteur économique :	
Matières premières	19,7 %
Huiles et produits huileux (*dont pétrole*)	11
Métaux non ferreux et minéraux	17
Mines (charbon, coke)	2
Pierres et métaux précieux	4
Caoutchouc naturel	1
Bois	2
37	
Industries de base	60,1 %
fer et acier	27

---

[35] Dans le tableau 2, l'ordre de bas en haut correspond à celui du tableau 3, de haut en bas.

Métaux non ferreux (aluminium, feuille de zinc, boutons)	3
Produits chimiques et pharmaceutiques	51
Engrais	5
Munitions et explosifs	3
Produits de construction (*ciment, pierre, linoléum*)	3
Produits du bois	9
Verre et céramique	7
Industries du caoutchouc	5
113	
Industries de transformation	15,4 %
Industries électriques	9
Industrie du cuir	3
Industries mécaniques (engins agricoles, machines à écrire)	2
Instruments de précision	3
Industries téléphoniques et télégraphiques	1
Industrie textile	11
29	
Services	4,8 %
Communications	2
Transports maritimes (*shipping, tankers*)	2
Transport terrestres et équipements	5
9	

II. Quelques réponses au questionnement général

Ce tour d'horizon des ententes internationales nous conduit à revenir sur certaines questions classiques et à résumer l'avancée de la recherche dans ces domaines. En tout premier lieu, il convient de présenter la position des États face aux ententes, mais aussi celle de la SDN. L'appui de ces États fut-il une condition de l'efficacité de ces ententes ? Finalement, quel bilan peut-on tirer, à la fin des années 1930, des motivations, des objectifs, de l'organisation et des réalisations de ces cartels ? Ont-ils eu véritablement le rôle régulateur qu'on leur a attribué ? Dans l'affirmative, pourquoi a-t-on choisi une voie totalement opposée après la Seconde Guerre mondiale ? Les travaux les plus récents apportent des éléments majeurs de réponse et l'analyse statistique y ajoute un éclairage complémentaire.

A. Les États face aux ententes dans les années 1930

1. La Conférence économique internationale de Genève de 1927

Le point de départ de la réflexion étatique sur les cartels se situe dans les années 1930, plus précisément à partir de la Conférence économique internationale de Genève de 1927, à l'initiative de la SDN. Cette réunion est l'occasion de procéder à un premier bilan de la théorie[36] et de la réalité des faits. Les cartels internationaux sont généralement conçus, dans les années 1920, comme les outils d'une stabilisation de l'économie mondiale, et c'est en grande partie dans cette optique que l'on examina la situation. Le rapport final de cette conférence distingue bons et mauvais cartels, selon le critère de l'intérêt général, il en énumère les avantages (organisation de la production, réduction des prix de revient, atténuation des fluctuations économiques, stabilité de l'emploi) et les inconvénients (freinage du progrès technique, hausse artificielle des prix, restriction des approvisionnements, cristallisation de l'état présent de la production). Il fait aussi le point sur les législations nationales tantôt défavorables (États-Unis, Grande-Bretagne), tantôt favorables (Japon, Allemagne).

La place de l'État est au cœur de la discussion et les réunions du comité préparatoire donnèrent lieu à de vifs débats entre partisans des ententes industrielles sans contrôle de l'État (Louis Loucheur), tenants des ententes internationales sous contrôle public (Allemagne) et adversaires de toutes formes d'ententes (Grande-Bretagne, pays scandinaves). Ces discussions renvoient aux nombreux projets de législation, tant dans les années 1930 qu'après la Seconde Guerre mondiale, particulièrement en France. Du point de vue des échanges, les ententes étaient paradoxalement conçues comme un moyen de revenir progressivement à un libre-échange contrôlé, après les errances de la crise. En fait, dès 1928 et jusqu'en 1931, la question du rôle des cartels donna lieu à d'intenses débats, en particulier entre les experts du Comité économique de la SDN qui aboutirent, en 1931, à la conclusion que les ententes industrielles pouvaient stabiliser la protection, mais qu'il ne fallait pas en faire une méthode de réduction tarifaire, autrement dit c'était un accord tacite aux ententes[37].

En Europe, on y a vu un autre avantage, celui de permettre une association plus étroite des économies françaises et allemandes qui permettrait de faire face au défi américain sur le marché mondial[38] : c'est ainsi que Louis Loucheur voyait ces cartels[39] et c'est aussi ce que concrètement certains secteurs économiques avaient mis en place dès le milieu des années 1920, comme par exemple dans le secteur de l'acier.

---

[36] Barjot, D. (dir.), *op. cit.*, p. 23.

[37] Bussière, Éric, « La SDN, les cartels et l'organisation économique de l'Europe entre les deux guerres », in Barjot, D. (dir.), *op. cit.*, pp. 273-283.

[38] Encore que pour les Allemands, ce n'est pas forcément exactement la même optique, car ils sont bien plus impliqués dans les relations avec les Américains et donc bien moins sur la défensive.

[39] Bussière, É., *op. cit.*

L'arrière-pensée de ces projets était d'aboutir, par étapes, à une union douanière européenne.

2. La position des principaux États

D'une manière générale et logique, les États autoritaires (Allemagne, Japon, Italie) sont favorables aux ententes et pas les États libéraux (législation anti-cartel aux États-Unis et en Grande-Bretagne), la France a une position intermédiaire. Parmi les grands États européens, la politique industrielle de la Grande-Bretagne a toujours été caractérisée par le libéralisme économique et même si le rôle industriel de l'État s'est accru dans l'entre-deux-guerres, il est resté basé sur les préceptes de dépenses minimales et d'autorégulation[40]. Ceci n'empêche par les entreprises britanniques d'être membres de près de 47 % des ententes internationales dans les années 1930, de même que les firmes américaines adhèrent à 42 % de ces ententes.

De leur côté, les Français proclament avoir inventé depuis longtemps la notion de politique industrielle (colbertisme), ils développent l'idée que la capacité de production peut être augmentée grâce à l'aide de l'État[41]. La France recherche un consensus pour une nouvelle législation dans ce domaine (celle en vigueur dans les années 1930 est en théorie l'interdiction pure et simple)[42]. Les organisations professionnelles souhaitent voir officialiser les ententes et font donc pression en ce sens sur les milieux politiques.

Dans l'entre-deux-guerres, les ententes sont trois fois à l'ordre du jour au Parlement français, en 1922 (projet Millerand qui défend l'action contre la hausse des prix), en 1932 (projet Reynaud-Rollin qui vise à protéger les bonnes ententes dans lesquelles on voit un instrument de régulation de la production et de son écoulement et l'on souhaite la création d'un organisme officiel d'enquêtes) et en 1935 (projet Flandin-Marchandeau qui prévoyait, d'ailleurs à l'instar de ce qui venait de se

---

[40] Foreman-Peck, James, et Federico, Giovanni, *European industrial policy : the Twentieth-Century Experience*, 1999.

[41] Pour le cas français, voir Hirsch, A., et Sauvy, A., « Cartels et ententes », in Alfred Sauvy, *Histoire économique de la France entre les deux guerres*, Paris, 1984, pp. 97-121.

[42] Les coalitions sont en France toujours interdites, selon une loi de 1791, même si la législation est loin d'être appliquée puisque des ententes existent de fait, en particulier dans la métallurgie. La guerre accélère les changements puisque dès 1916, le Comité des forges obtient le monopole de l'achat des matières premières pour la métallurgie française et de leur répartition, par l'intermédiaire du Comptoir de Longwy. En 1919, le rapport Clémentel insiste sur l'impérieuse nécessité de transposer la concurrence du terrain national au terrain international et admet ainsi de fait la nécessité des ententes nationales.

faire en Allemagne, l'intervention possible de l'État qui pourrait rendre obligatoires certaines ententes, si elles avaient été conclues par une majorité des professionnels du secteur), mais aucun des projets ne fut adopté[43]. Lors des discussions sur ce dernier projet, le patronat français fait connaître sa position, favorable aux ententes, mais défavorable au projet. La décision finale serait en effet du ressort du gouvernement et l'on réclame bien entendu une initiative privée, avec la possibilité de contraindre les dissidents selon une décision prise par un Comité d'arbitrage qui pourrait déclarer une entente obligatoire pour l'ensemble d'une profession, mais seulement dans des secteurs particulièrement atteints par la crise[44].

L'Allemagne dit de son côté avoir inventé l'interventionnisme, depuis la fin du XIXe siècle, avec pour principaux instruments de cette politique les tarifs douaniers et les subventions. Ses performances ont montré que l'intervention forte de l'État n'était pas du tout incompatible, bien au contraire, avec une croissance économique positive. Les cartels y inspiraient la tolérance, voire une certaine sympathie. Les Italiens ont aussi une longue tradition d'interventionnisme public, avec des méthodes très variées et jusqu'à la mise en place d'entreprises d'État, mais avec des résultats bien moins performants. Les petits États (par exemple, la Suède, les Pays-Bas, la Belgique et l'Irlande), ont tous essayé d'une manière ou d'une autre d'influencer la croissance industrielle, en utilisant des outils sélectifs mais parfois extrêmes : protectionnisme, subventions, nationalisations. L'Espagne, le Portugal et la Grèce, arrivés plus tardivement dans le processus d'industrialisation ont donné, à des degrés divers, un rôle clé de l'État dans la promotion du développement économique, mais dans l'ensemble ces politiques n'eurent pas beaucoup de réussite[45].

L'attitude des États pouvait aussi dépendre du type de cartel ou du secteur concerné. Elle dépendait assurément du contexte extérieur et aussi d'autres facteurs du soutien des gouvernements, tel par exemple la plus ou moins grande sensibilité du secteur dans le domaine de l'emploi, un sujet très sensible dans les années 1930. La crise a eu pour effets des

---

[43] On reste donc toujours sous le coup des articles 419 et 420 du code pénal qui évoquent le « délit de coalition » et les groupements existants ont donc toujours une existence plus ou moins illicite. Pasqualaggi, Gilles, « Les ententes en France », *Revue économique*, janvier 1952, pp. 63-82.

[44] *Bulletin quotidien*, Supplément « Assemblée générale de la CGPF », 29 mars 1935, p. 8. Les industriels protestent aussi contre le fait que la reconnaissance du caractère obligatoire de l'entente peut être subordonnée à l'acceptation par la profession de certaines mesures d'ordre social, ce que l'on considère comme une véritable « rançon ».

[45] Foreman-Peck, J., et Federico, G., *op. cit.*

changements d'objectifs et de méthodes et une autre approche de la part des pouvoirs publics, plus sensibles à la reconquête ou à la protection des marchés nationaux.

Pris entre le risque d'empêcher la réorganisation d'un secteur et celui d'éliminer la concurrence, les responsables politiques ont cherché des critères et des modalités d'intervention qui éliminaient au maximum les possibilités d'erreur et ils ont défini des principes de contrôle. Trois conceptions cohabitaient : celle du maintien d'une concurrence effective, celle de la protection des agents économiques et enfin celle de la stabilité des structures de production et de l'environnement social. Des actions indirectes étaient aussi possibles, par l'intermédiaire de la législation financière, fiscale, etc. Dans leur grande majorité, les facteurs institutionnels contribuèrent à limiter l'action des cartels, mais ils eurent du mal à imposer leurs vues quand ils se heurtèrent à des firmes ou à des gouvernements à la stratégie d'indépendance nationale très affirmée (cas japonais).

Cette dimension politique des cartels internationaux a été bien mise en évidence par Clemens Wurm[46]. Constatant qu'entre les deux guerres, 30 à 50 % du commerce mondial était contrôlé par les cartels, il a souligné le fait que ces cartels naquirent et opérèrent dans une situation politique particulière. Ils devinrent un instrument politique, chargés d'assurer la paix et correspondant aussi sans doute au souci de puissance des grandes nations.

L'évolution des conceptions s'opère surtout après la Seconde Guerre mondiale, pour cause de modernisation et aussi pour d'autres raisons plus politiques (cas de l'Allemagne). Pendant longtemps, les gouvernements européens ont favorisé des ententes qui maintenaient des structures de production parfois désuètes[47], mais assuraient une certaine stabilité aux économies nationales. En période de crise, elles pouvaient être obligatoires car elles permettaient à l'autorité publique des canaux de transmission efficaces pour ses interventions.

Les politiques de réarmement qui se généralisent au milieu des années 1930 changent-elles les politiques publiques (nouvelles législations, mainmise de l'État sur certains secteurs) ? Pour la France au moins, la réponse est positive : on constate la mise en place d'un contrôle sur le secteur des transports (SNCF, 1937) et la nationalisation de la production d'armement (Schneider, chantiers du Havre, 1937-1938). Mais parfois, la prise de contrôle est indirecte.

---

[46] Wurm, Clemens, *Internationale Kartelle und Aussenpolitik*, Stuttgart, 1989.

[47] « Garantir une rente aux mauvais patrons », selon Ludwig Ehrard ou Jacques Rueff.

B. Pourquoi se décide-t-on à adhérer à un cartel ?

Le profit est bien sûr le moteur principal de la création d'un cartel, mais souvent des facteurs nombreux et variés expliquent aussi son élaboration. Nous présenterons ici deux exemples, l'un portant sur le facteur technologique, l'autre sur un cas national, celui des Britanniques face au cartel de l'acier.

Le progrès technique peut en effet tenir un rôle fondamental dans la genèse et le développement des cartels internationaux. On peut prendre l'exemple du pool IG-Farben-Standard Oil (1929-1930) qui met en place un contrôle technologique et permet la diffusion du savoir-faire et des brevets pour l'industrie pétrolière, pétro- et carbochimique aux entreprises qui en sont partie-prenante. Cette monopolisation de l'information technique est aussi conçue par le pool pour imposer ses conditions à de nouveaux venus, ici les Italiens.

La possession de capacités autonomes de recherche-développement (RD) constitue le préalable fondamental du progrès technologique. Les cartels ont-ils joué un rôle dans ce processus ? On peut noter à ce sujet les affirmations de John Cantwell et Pilar Barrera[48] : selon eux, les accords coopératifs n'ont pas contribué significativement à l'accroissement des niveaux de dépôts de brevets entre les deux guerres. Ce sont les autres facteurs (investissements, veille technologique, etc.) qui sont responsables d'une telle croissance de la RD, dans le cas européen, en accroissant la propension à breveter aux États-Unis. Mais la coopération technologique semble avoir renforcé la concentration de la spécialisation technique des firmes cartellisées.

Un second exemple, très différent qui illustre les raisons de l'adhésion à un cartel déjà formé est celui du cas des Britanniques face au Cartel de l'acier. En 1926, les Britanniques ne souhaitent pas l'adhésion à l'EIA car leur sidérurgie n'est pas assez concentrée. En particulier, il y a une crainte des secteurs d'aval qu'une participation au cartel continental renchérisse le prix de l'acier national et donc desserve les industries exportatrices de produits finis (rails, fer-blanc). Par la suite, la Grande-Bretagne est d'abord submergée par l'acier du cartel, mais la situation est modifiée en 1931 par une double décision politique : la dévaluation de la livre Sterling et la mise en place d'un tarif extérieur prohibitif. Ces mesures entraînent évidemment l'effondrement des importations européennes et un essor considérable de la sidérurgie nationale, jusqu'en 1940.

---

[48] Cantwell, John, et Barrera, Pilar, *The influence of International Cartels on Technological Development in Large Firms*, in Barjot, D. (dir.), *op. cit.*, pp. 301-324.

Comment expliquer, dans ce nouveau contexte, l'accord d'avril et de juillet 1935 entre l'EIA et la *British Iron and Steel Federation* ? Plusieurs éléments entrent en compte dans cette décision, hormis la pression des continentaux sur l'accord existant sur les rails (IRMA) et sur les produits plats. On fait ainsi le choix d'une coopération constructive plutôt que d'une concurrence destructive car l'accord avec l'EIA permettait d'accroître les prix à l'exportation, donc d'assurer de meilleures marges. D'autre part, le bloc impérial n'avait pas vraiment rencontré le succès escompté, car l'Australie, le Canada et l'Inde maintenaient des tarifs hautement protecteurs au détriment de l'industrie britannique. Cette adhésion devait aussi favoriser la formation d'un cartel national[49]. Enfin, pour une raison politique : le gouvernement britannique y voyait un instrument de sa politique d'*appeasement*.

C. *Effets et efficacité des ententes dans les années 1930*

Le changement d'échelle opéré s'avère un multiplicateur de puissance pour les entreprises : leur spécialisation devient plus facile, la clientèle plus vaste d'où la possibilité de dégager plus de profit. Sous l'angle du consommateur, on peut estimer qu'il n'y trouve pas toujours son avantage car on aboutit souvent à la domination pure et simple d'un marché par un groupe d'entreprises ou de pays. Ceci ouvre la porte à des entorses plus ou moins grandes aux règles du jeu libéral : élimination de la concurrence, fixation arbitraire des prix, limitation de la gamme de produits ou possibilité de favoriser certains clients. Mais, d'une manière générale, il est assez difficile de séparer « bonne » et « mauvaise » entente, c'est-à-dire de prouver que son mobile est la rationalisation de la production par la coopération ou bien au contraire la volonté d'élimination de la concurrence. Le problème qui s'est donc largement débattu à l'époque et qui donne encore aujourd'hui matière à discussion est celui de savoir dans quelle mesure l'entente est une pratique utile ou nuisible.

La réponse globale est bien sûr impossible et la seule façon de tenter d'y répondre passe par un examen de cas particuliers, par un bilan précis des avantages et des inconvénients, de tous les points de vue, dans un secteur donné de la production et à un moment donné de son évolution. Ce type d'examen a été mené de longue date, c'est le rôle de la politique économique, celui de faire si possible la lumière sur les motivations des cartels afin de définir les critères d'intervention qui doivent permettre aux pouvoirs publics de contrôler les ententes au mieux de l'intérêt du corps social.

---

[49] Remarque : en général, c'est dans l'autre sens que cela fonctionne. L'absence de cartels internationaux dans certaines industries s'explique par l'échec de la formation préalable de cartels nationaux, Patrick Fridenson l'a montré pour l'automobile.

1. *L'évolution des prix et l'évaluation*
de l'efficacité d'une entente

L'analyse de l'évolution des prix de 1929 à 1939 n'est pas toujours simple à interpréter. Partant d'un prix qui en général est à son maximum entre 1927 et 1929, on peut chercher à évaluer l'efficacité du cartel dans ce domaine : plus le prix rejoint vite (parfois dès 1935, parfois un peu plus tard, parfois pas du tout) le niveau de 1929, plus le cartel peut sembler efficace ou inefficace dans le cas contraire. Mais ceci est la théorie. Si l'on prend des exemples concrets, on s'aperçoit qu'il faut reculer beaucoup plus dans le temps pour saisir la tendance (*trend*), au minimum sur l'entre-deux-guerres, et même depuis le début du siècle.

L'exemple des chiffres cités par Stocking pour le caoutchouc illustre parfaitement ce problème des prix[50]. Ainsi, on constate que les prix du caoutchouc sont fortement à la hausse de 1920 à 1925 (quatre fois le niveau de 1920, 72 cents la livre) ; or les prix décroissent ensuite régulièrement et fortement jusqu'à la crise (20 cents en 1929). Comme attendu, les prix s'effondrent alors et le plus bas niveau se situe en 1932 (3,4 cents). Ils remontent ensuite jusqu'à 19 cents en 1937, puis fluctuent à nouveau (dès 1934, ils étaient remonté à 13 cents). Comment faire la part entre les effets du cartel, qui ne semblent pas suffisants pour récupérer le niveau d'avant la crise, et la baisse sur le long terme qui aurait probablement continué à se produire même s'il n'y avait pas eu la crise ? La réponse est bien sûr presque impossible à donner, d'autant plus que le *trend* à la baisse n'était pas régulier sur la durée. Il faut tenter d'évaluer la tendance lourde, qui reflète l'évolution technologique, la hausse de la productivité, la production de substitution, etc. L'idéal serait de pouvoir en tenir compte pour tous les produits industriels[51].

Les problèmes de discipline freinent aussi l'efficacité des ententes : il se produit toujours un jeu d'équilibre dangereux dès que les décisions de restrictions font remonter les prix, car peu de temps après, l'attractivité de ces prix élevés tend à pousser la production à la hausse. C'est ce qui se produit pour le caoutchouc en 1925.

Les effets inattendus des accords de cartels

L'analyse sur le long terme permet la mise en évidence de certains effets inattendus des accords de cartels. Un effet positif à court terme peut entraîner une mauvaise dérive à long terme. C'est le cas des enten-

---

[50] Stocking, G.W., *op. cit.*, pp. 56-117.

[51] Explications de la baisse des prix dans le cas du caoutchouc : après 1925, comme les prix sont très haut, les Hollandais développent de nouvelles plantations avec de nouvelles technologies, la fabrication de caoutchouc synthétique se développe et l'usage du caoutchouc recyclé est de plus en plus fréquent.

tes qui entraînent des effets pervers en raison de prix trop élevés, comme dans le secteur du sucre[52]. Les mesures qui y avaient été prises pour passer les difficultés dues à la crise n'étaient pas de bonnes mesures pour le long terme. Pour restaurer la santé du secteur, il aurait fallu réduire la production et le nombre d'unités de production, mais on avait joué la protection des prix. Or les producteurs à hauts coûts de revient étaient en général les betteraviers qui, s'ils n'avaient pas reçu des subventions, auraient dû se reconvertir vers d'autres produits. L'effet positif attendu à court terme a donc entraîné une mauvaise dérive à long terme. Le cartel a eu un effet pervers sur tout un secteur de production, on peut donc ici parler de « mauvais » cartel, en termes de raison et de logique économique.

Les cartels de l'entre-deux-guerres ont-ils maintenu les positions acquises tout en permettant aux entreprises les plus dynamiques de se développer ? Ont-ils fixé les positions jusqu'à l'arrivée de nouveaux éléments extérieurs ? Ou bien y a-t-il eu, comme dans le secteur de l'aluminium, réinvestissement des rentes de monopolisation au profit d'une diversification vers d'autres produits cartellisés ? Dans le cas du verre, il semble bien que le cartel n'ait pu empêcher la concurrence de produits de substitution, mais seulement la régulariser. Dans l'industrie électrotechnique, les ententes ont eu un certain nombre d'effets positifs. Elles stabilisèrent les prix à un niveau tel que la rente oligopolistique permit à des entreprises moyennes (comme Ansaldo) d'être bénéficiaires et par la suite de financer la recherche-développement. Mais d'une manière générale, on peut être sceptique devant les effets positifs de ce type de cartels : l'entente Phœbus aboutit à réduire la qualité et la durée de vie des ampoules électriques.

D'une façon plus générale, la voie de la cartellisation ne s'est pas toujours révélée être la meilleure pour se doter d'une bonne capacité technique. Cependant, il conviendrait ici encore de distinguer entre les cartels *stricto sensu*, visant à fixer les prix ou à partager les marchés et les organisations ayant pour but la coopération technologique ou l'exploitation d'économies d'échelles et permettant, comme dans les travaux publics, des transferts effectifs de technologie. Les conséquences négatives que l'on peut parfois constater ont un effet déstabilisateur sur l'équilibre économique. Certaines ententes ont abouti à créer, à étendre ou à prolonger des monopoles en étouffant l'apparition de technologies concurrentes. Tout en favorisant la standardisation, elles ne furent qu'une étape dans une évolution conduisant à une restructuration autour des systèmes techniques des entreprises multinationales, au détriment d'autres possibles.

---

[52] Pour des détails sur ce cartel, voir Stocking, G.W., *op. cit.*, pp. 14-55.

2. Le rôle régulateur des cartels ?

Celui-ci est pour une large part conditionné par les rapports existants entre grands et petits producteurs. Dans les secteurs du charbon et de l'acier, ces rapports furent toujours ceux auxquels se référaient les tenants et les adversaires des cartels. Il est possible d'opposer deux conceptions théoriques de la régulation : celle, concurrentielle, prônée par les États-Unis, et celle fondée sur l'entente de l'Europe continentale. La première l'emporta à l'issue de la Seconde Guerre mondiale, par suite de la défaite de l'Allemagne, mais la vague américaine ne fit que recouvrir le substrat culturel européen. Plus largement il convient de distinguer la rhétorique américaine officielle et la pratique réelle des entreprises. On a vu que les firmes américaines étaient à la tête de nombreux cartels internationaux.

D. Une certaine périodisation

Avec 105 cartels formés après 1929 (56 %), contre 83 formés avant cette date, on peut continuer à dire que, certes les années 1930 restent un âge d'or, mais il convient cependant de relativiser certaines affirmations qui tendaient à en faire une exception. On reste bien plus dans la continuité d'une stratégie déjà largement expérimentée avant la crise et à laquelle on revient dès que possible[53]. Autre révision partielle à opérer, celle d'un quasi arrêt de la formation de nouveaux cartels dans la seconde moitié des années 1930. Si l'on constate bien un petit phénomène de « rattrapage » en 1930 et plus ou moins jusqu'en 1932, en dehors du très net recul de l'année 1937 et celui bien évident de l'année 1939 (qui se réduit à une demie année en réalité, donc il faut là aussi relativiser), il faut bien admettre que l'on ne peut discerner la tendance à la baisse souvent avancée.

Le graphique présenté ici permet en effet de mettre en avant trois temps dans la création des ententes internationales au cours des années 1930. Les difficultés de la crise (1930-1933) permettent cependant la mise en place ou la reconstitution de certains cartels, puis vient une nouvelle vague en 1935-1936, au moment où les Américains s'engagent dans de nombreux cartels, enfin une dernière série d'accords sont mis en place très peu de temps avant la guerre (1938-1939), parfois dans les tout derniers mois.

---

[53] Comme l'a montré par exemple mon étude sur le cartel de l'acier ; Berger, F., « La France, l'Allemagne et l'acier (1932-1952). De la stratégie des cartels à l'élaboration de la CECA », Thèse de l'Université de Paris I (dir. R. Girault et R. Frank), 2000, 1270 p. (chap. 1 et 2).

**Tableau 4 : Chronologie de la formation
des cartels internationaux dans les années 1930**[54]

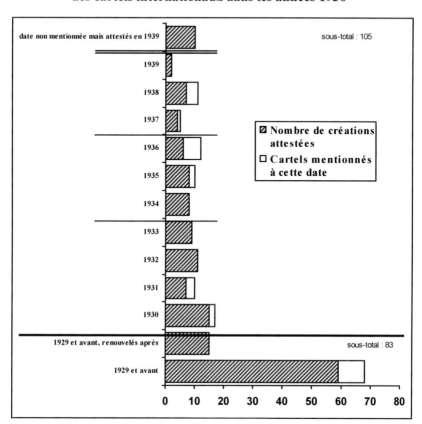

On peut ainsi effectuer quatre regroupements chronologiques[55] : les cartels datant des années 1920 ou avant (ce qui dénote une résistance à la crise), au nombre de 83 ; les cartels datant d'avant 1934 (1930-1933 inclus), révélant une création ou une reconstitution après la crise (47) ; ceux datant du milieu des années 1930 (1934-1936), avec l'entrée des Américains dans les ententes (30) ; enfin les cartels plus tardifs (1937-1939) qui sont au nombre de 18[56]. Si la durabilité des ententes est extrê-

---

[54] Synthèse faite à partir de la liste complète des ententes industrielles et de la bibliographie annexe, pour ceux dont les dates n'étaient pas mentionnées. Dans le cas de plusieurs dates successives, c'est la première qui a été prise en compte.

[55] Non datés : 10.

[56] Mais seulement sur 2 ans et demi.

mement variable et en partie contrariée par la crise, on remarque une exceptionnelle durée pour trois cartels : ceux des batteries électriques (depuis 1891), du verre (depuis 1904) et du chrome (depuis 1908).

III. Les études de cas permettent une autre approche à une autre échelle

Qu'il s'agisse d'une étude d'entreprise, à l'échelle macroéconomique, même s'il s'agit ici pour l'essentiel de très grandes entreprises plus ou moins multinationales, ou d'une étude nationale, à l'échelle microéconomique, l'intérêt d'observer les cartels en opérant un changement d'échelle permet la mise en évidence d'éléments qui n'apparaissent pas autrement vus.

Quand on désigne les cartels en désignant les pays qui en sont membres, dans la réalité, il est assez rare qu'il y ait une adhésion nationale totale (cartel national), même si cela existe dans certains cas comme celui de l'EIA. Dans les faits, la réalité relève plutôt du schéma du type IG-Farben, avec des liens dans le cadre du cartel pour les entreprises qui en sont membres, dans le cadre d'accords interentreprises (par exemple brevet, ou projet commun limité) et dans celui de prises de participations (majoritaires ou pas). Ainsi, il ne s'agit pas seulement de cartels, mais aussi d'accords de nature différente ou ponctuels, très nombreux, donc difficiles à étudier à l'échelle globale. Des études de cas semblent donc encore nécessaires.

A. Exemple d'IG-Farben

Ci-dessous, le schéma[57] des partenariats du Konzern allemand de la chimie, IG-Farben, témoigne des deux formes majoritaires d'ententes avec des entreprises, tant américaines, européennes que japonaises, ou avec des cartels structurés (azote, produits colorants et explosifs), une minorité de ces firmes étant liées entre elles par des participations croisées. Les pointillés montrent les accords de brevets, de procédés techniques, ou de division du marché. Les tirets indiquent des accords de marchés. Les flèches pleines désignent les participations financières, IG-Farben possédant trois participations majoritaires dans des firmes avec lesquelles elle a signé des ententes, sur un total de vingt-quatre entreprises et une participation minoritaire, tandis que deux firmes possèdent elles-mêmes des participations minoritaires dans le Konzern allemand.

---

[57] Extrait de Stocking, G.W., *op. cit.*, p. 468.

Tableau 5 : Schéma d'IG- Farben

I. G. FARBEN'S MAJOR INTERNATIONAL CARTEL CONNECTIONS, 1934-1939

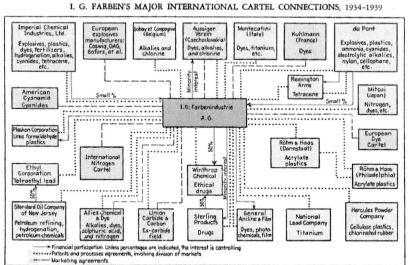

Cet exemple révèle toute la complexité du tissu économique des années 1930 et invite donc à replacer l'étude des ententes internationales structurées dans une étude plus vaste des liens plus ou moins formels entre les grandes entreprises dominant les marchés nationaux et internationaux, et ceci, dans tous les secteurs. L'ambition est évidemment quelque peu démesurée, mais l'exemple présenté ici montre l'intérêt d'études sectorielles et même sociétales pour faire avancer encore les connaissances sur l'organisation internationale de l'économie dans l'entre-deux-guerres.

Sont aussi très éclairantes les études de stratégies d'entreprises face aux ententes internationales. Ainsi, si l'on évoque le cas de la firme Saint-Gobain (chimie), on constate, pour cette période de l'entre-deux-guerres, de nettes évolutions stratégiques. Cette société est partie prenante de plusieurs ententes internationales, en particulier celles de la rayonne (1928) et de la potasse. Mais c'est dans le secteur du verre qu'elle a joué un rôle moteur pour l'organisation des marchés, dès la fin du XIXe siècle. Pourquoi cette mise en avant pour ce produit ? Elle découle d'une analyse réaliste du marché : le verre plat est un produit cher et encore de faible consommation à cette époque, et aussi de la volonté de limiter les risques par une large internationalisation. La Convention internationale des glaceries, qui regroupe toutes les usines européennes du verre plat, a été mise en place dans ce secteur en 1904 et elle survit jusqu'en 1939. Avant la Première Guerre mondiale, il y a rapprochement avec les Britanniques (1912). Dans les années 1930 est signé un accord avec deux géants de l'industrie américaine (1929-1934 et surtout 1939) qui porte sur la fibre de verre. Il s'agit là d'une coopération d'un nouveau type reposant sur des échanges de brevets et une planification conjointe des investissements.

Si l'on prend en considération les deux exemples rapidement présentés, on peut voir l'intérêt qu'il y aurait pour la recherche en histoire des relations économiques internationales à mener une étude comparative entre ces deux grands groupes – ou d'autres de cette envergure –, en s'appuyant sur les très beaux travaux déjà existants sur chacune de ces entreprises, même si elles n'opèrent pas exactement dans le même secteur.

B. L'Allemagne, l'Europe et les ententes internationales

Si l'on effectue un bilan à la fin des années 1930, bilan résumé dans le tableau suivant, de très nettes caractéristiques nationales se dessinent au sujet de ces ententes industrielles internationales.

Tableau 6 : Principaux membres et partenaires d'ententes internationales

Rôle des pays européens		
Cartels exclusivement européens	80	42,5 %
Cartels comprenant l'Allemagne	141	75 %
Cartels comprenant la France	88	46,8 %
Cartels comprenant la Grande-Bretagne	88	46,8 %
Cartels comprenant la Belgique	56	29,8 %
Cartels comprenant l'Italie	33	17,5 %
Partenariat privilégié		
Cartels avec le couple franco-allemand	74	39,4 %
Cartels comprenant les États-Unis	79	42 %
plus accords spéciaux ou participation indirecte	14	(49,5 %)
Cartels exclusifs Allemagne/États-Unis	12	6,4 %
Cartels exclusifs États-Unis et un seul autre pays 2 avec les Pays-Bas (ampoule non électrique, équipement radio) 1 avec France (charbon actif) 1 avec Grande-Bretagne (Benzyl cellulose)	4	
Nombre total des cartels (officiels)	188	

On constate tout d'abord le rôle dominant de l'Allemagne qui est, dans ce domaine, le pays-phare, omniprésent à la fin des années 1930. La liste ne permet de dénombrer que les sociétés allemandes, mais il faudrait pouvoir compter aussi certaines sociétés étrangères, en particulier suisses, qui peuvent être à capitaux allemands majoritaires. Ceci appelle évidemment une remarque sur la soi-disant tendance autarcique du Troisième Reich. S'il est bien connu que dans certains secteurs considérés comme prioritaires, le gouvernement tend à restreindre les autorisations d'exportation, l'analyse de ces résultats en termes de cartels tend à prouver la très grande continuité de la politique industrielle privée et finalement son accord avec les objectifs du gouvernement nazi en termes de puissance.

Par ailleurs, et ce n'est guère étonnant quand on connaît les initiatives bilatérales prises de manière précoce après la Première Guerre mondiale, les résultats mettent largement en évidence le rôle toujours moteur du couple franco-allemand à la fin des années 1930. En dehors de l'EIA, bien connue, à la fin des années 1920, plusieurs grands cartels se sont construits autour d'une participation majoritaire franco-allemande : potasse, aniline et aluminium[58], et le décompte montre une participation conjointe dans presque 40 % des cartels des années 1930. On voit aussi se dessiner une stratégie allemande envers les États-Unis, qui passe par des alliances sur les marchés internationaux et renforce les ententes comprenant les deux pays, dont 12 cartels uniquement bilatéraux[59].

Enfin, pour l'Europe dans son ensemble, il semble souhaitable de faire la distinction, dans l'approche européenne, entre cartels continentaux et ceux qui comprennent la Grande-Bretagne, dont le cas est à étudier à part. Ces cartels continentaux ont sans doute favorisé l'intégration européenne, peut-être parce qu'ils puisaient au « plus profond de la culture continentales » des milieux d'affaires. C'est la conclusion du colloque de Caen[60] et aussi celle de ma thèse.

Conclusion

Les années 1930 constituent bien l'âge d'or des ententes internationales dans lequel on a nettement distingué trois temps forts. Une très grande partie des ventes sur les marchés nationaux et internationaux est alors cartellisée, de 30 à 50 % du total selon les estimations des différents auteurs. On ne trouve pas de différence notable selon les régimes politiques et l'on constate la très forte participation des États-Unis, malgré leur législation nationale. La forte domination allemande, tant au sein de l'Europe que dans l'espace mondial explique très vraisembla-

---

[58] Respondek, E., *Wirtschaftliche Zusammenarbeit zwischen Deutschland und Frankreich*, Berlin, 1929.

[59] Harm Schröter cite le cas de l'industrie électrotechnique.

[60] *Op. cit.*

blement, autant que sa vieille tradition antitrust, l'attitude américaine après la Seconde Guerre mondiale : il s'agissait bien avant tout de casser une possible reconstitution de la puissance mondiale qui aurait pu s'opérer par cette voie extérieure, malgré le contrôle serré de l'économie intérieure du fait de l'occupation alliée[61].

En effet, le cartel « typique » des années 1930, c'est un cartel international comprenant l'Allemagne, des pays européens dont le plus souvent la France, et des pays extra-européens. Il est créé dans les années 1920 et survit à la crise. C'est un cartel de l'industrie de base. Il est créé pour la protection première des intérêts des producteurs et organisé autour d'un partage des marchés et d'un accord sur les prix. Cette description correspond assez bien à l'icône habituelle du cartel, mais ce cartel typique est en même temps très caricatural car la réalité en relève d'une extrême variété.

Les premiers grands accords de cartels se sont pour la plupart mis en place entre 1926 et 1929. À l'époque, ils ont permis de faire cesser une lutte à outrance qui mettait en péril certains secteurs. Ils n'ont pas pu prendre leur essor en raison de la violence de la Grande Crise. Cependant, en mettant en comparaison l'évolution générale des économies des pays européens et celle spécifiques des secteurs préalablement organisés sous formes d'ententes, on peut constater que, d'une façon générale, cet antécédent n'a pas été inutile car il a permis à ces secteurs de se réorganiser plus rapidement et donc de réduire, dans le temps, les effets désastreux de la crise. Dans l'ensemble, ces secteurs précédemment cartellisés purent efficacement sortir de la crise dès 1933, alors que les effets de la crise se prolongeaient bien au-delà dans les autres secteurs[62]. C'est aussi pourquoi les années 1930 purent être l'âge d'or des ententes, car elles bénéficiaient de l'expérience acquise dans les années 1920 et des leçons tirées de la crise.

Dans les années 1920 en Europe, on assiste à un certain nombre de tentatives de regroupements de firmes autour des groupes français, allemand et belgo-luxembourgeois, en particulier face à la concurrence anglaise et américaine, or toutes sont des échecs. D'où, à défaut de constitution de pôles transnationaux, la mise en place d'ententes qui auraient été une solution de pis-aller. Les pays européens favorables aux cartels auraient donc eu une visée plus ambitieuse[63]. Qu'apporte la perspective européenne à cette question des ententes internationales ? Elle relève

---

[61] C'est aussi ce qui ressort de la position de Stocking, G.W., *op. cit.*

[62] C'est ce que j'avais pu constater dans l'étude approfondie du secteur sidérurgique européen, c'est aussi ce qu'il ressort de cette synthèse plus générale.

[63] Bussière, Éric, *La France, la Belgique et l'organisation économique de l'Europe, 1918-1935*, Paris, 1992, pp. 287-316.

d'une approche un peu différente, qui vise à une coopération plus rapprochée, à la formation ultérieure de groupes plus puissants et multinationaux et elle peut être vue comme concourrant aux idées de l'époque en faveur de la création d'une union douanière européenne, avec évidemment les restrictions dues à la grande variété des cas et à une approche sans doute spécifique et plus hégémonique des très grands groupes européens, tel IG-Farben.

Sources

Base de données avec statistiques et références sur les cartels de l'entre-deux-guerres : Cartel data base. Adresse du site : http://www.let.leidenuniv.nl/history/rtg/cartels/

Bibliographie utilisée

Barjot, Dominique (dir.) *International cartels revisited. Vues nouvelles sur les cartels internationaux (1880-1990)*, Caen, éditions du Lys, 1994, 384 p.

Hara, Terushi, Kudo, Akira (ed.), *International Cartels in Business History*, Tokyo, University of Tokyo Press, 1992, 246 p.

Hexner, Ervin, *International Cartels*, Chapel Hill, USA, 1945, 555 p.

Kypriotis, M., « Les cartels internationaux », Thèse de droit, Paris, 1936, 327 p.

Liefmann, Robert, *Cartels, concerns, trusts*, London, 1932, 435 p.

Mason, Edward S., *Controlling world trade. Cartels and commodity agreements*, New-York/Londres, 1946, 289 p.

Mirow, Karl Rudolf, and Maurer, Harry, *Webs of Power. International Cartels and the World Economy*, Boston, 1982, 324 p.

Razous, Paul, *Cartels et trusts, et diverses ententes de producteurs, création, fonctionnement, contrôle*, Paris, 1935, 163 p.

Stocking, George W., *Cartels in Action. Case Studies in International Business Diplomacy*, New York, 1947, 533 p.

Stocking, George W., and Watkins, Myron M., *Monopoly and Free Enterprise*, New York, 1951, 596 p.

Tchernoff, J., *Ententes économiques et financières (cartels, syndicats, trusts, holdings, devant les lois civiles, pénales, internationales)*, Paris, 1933, 819 p.

Wurm, C.A. (Hrg.), *Internationale Kartelle und Aussenpolitik. Beiträge zur Zwischenkriegszeit*, Stuttgart, 1989.

Pour une recherche sur un produit déterminé, consulter les références bibliographiques par produits de la base de données précédemment citée.

Les industriels lombards et les nouvelles règles du Marché commun dans les années 1950

Risques et opportunités

Paolo TEDESCHI

Université de Brescia

L'objet de cette contribution est de montrer l'attitude du milieu industriel lombard face aux nouvelles règles du Marché commun. En effet, dans les années 1950, la Lombardie était déjà non seulement la région la plus peuplée et industrialisée d'Italie (elle réalisait plus d'un cinquième du produit national)[1], mais elle se caractérisait aussi par la présence

---

[1] En 1958, la population de la Lombardie dépassait 7 050 000 habitants (14 % du total national) et, en 1959, les actifs étaient 3 082 000 (dont 928 000 femmes) et représentaient donc plus de 15 % du total national. Ils produisaient 22 % des revenus italiens, presque 10,90 % de ceux de l'agriculture, 22,80 % du bâtiment, plus de 27,15 % de l'industrie, du commerce, du crédit, des assurances et des transports, 19,55 % des professions libérales et 10,25 % de l'administration publique. En outre les dépôts et les placements des entreprises lombardes représentaient 28,15 % du total national, les 98 545 véhicules industriels qu'elles possédaient équivalaient à 18 % du total national, tandis que les salaires globalement payés en Lombardie dans les secteurs de l'industrie, du commerce, du crédit, des assurances, des transports et dans les autres activités plus petites représentaient 30 %. De plus, par rapport au total national, les citoyens et les entreprises lombards contribuaient à 30 % des revenus de la « Ricchezza Mobile B e C1 » (impôts directs) et presque 25 % du produit de l'IGE pour abonnement (impôts indirects). On doit aussi noter que selon le recensement de 1951 non seulement les 112 009 firmes industrielles lombardes représentaient 17,50 % du total national et occupaient 35 % des travailleurs, mais 28 % de leurs subordonnés se trouvaient en réalité dans des implantations situées au dehors de la Lombardie et ce pourcentage était beaucoup plus élevé pour les entreprises chimiques (56 %), textiles (44 %), celles qui transformaient les minéraux non métallifères (41 %) et sidérurgiques (39 %). Enfin, on doit souligner que, selon les recensements de 1951 à 1961, la Lombardie était le siège de près de 40 % des plus grandes entreprises italiennes selon le capital réparties au sein de chacun des principaux secteurs (sidérurgie, mécanique, chimie, alimentation, fabricants de meubles, bâtiment, câbles et produits en caoutchouc, etc.) : à cela s'ajoutaient les entreprises de moyennes et petites dimensions,

d'entreprises de toutes dimensions appartenant pour la plupart à des secteurs productifs et pour lesquelles le capital public représentait un faible pourcentage global[2]. Étudier le cas lombard permet de relever la diversité d'opinions d'un milieu industriel très composite face à une étape fondamentale du processus d'intégration européenne qui changea l'économie et la société italiennes[3].

---

celles de la mécaniques fine, des instruments électrotechniques et électroniques et des appareils électroménagers situées à Milan et dans tous les départements subalpins, celles du mobilier de la Brianza, des textiles (chaussettes et bas dans la plaine entre Brescia et Mantova, coton et soie dans tous les départements subalpins) et des chaussures (Vigevano). Sur l'importance de la Lombardie pour l'économie italienne cf. De Vita, A., *L'evoluzione economica della Lombardia dalla prima guerra mondiale ad oggi*, Milan, Stucchi, 1959, pp. 13-23 ; Colli, A., « Cent'anni di "grandi imprese" lombarde », in Bigazzi, D., e Neriggi, M. (eds.), *Storia d'Italia. Le regioni dall'Unità a oggi. La Lombardia*, Turin, Einaudi, 2001, pp. 484 et 514-519.

[2] Pour ce qui concerne la division par secteur des firmes industrielles lombardes, on peut noter que, selon le recensement de 1951, il en existait 661 dans le secteur des industries extractives (11,3 % du total national), 6 438 dans le secteur alimentaire (9,4 %), 9 611 dans le secteur textile (26,7 %), 1 754 dans celui des peaux et cuir (27,6 %), 34 276 dans celui de l'habillement et de l'ameublement (16 %), 17 848 dans celui du bois (16,2 %), 613 dans celui du papier (34,6 %), 1 824 dans celui des industries polygraphiques (26,6 %), 370 dans celui des industries métallurgiques (54,2 %), 25 091 dans le secteur de la mécanique (20,4 %), 2 092 dans la transformation des minéraux non métallifères (13,5 %), 1 599 dans le secteur de la chimie (30,4 %), 396 dans celui du caoutchouc (24,6), 6 750 dans celui du bâtiment (21,5 %), 417 dans la distribution de l'électricité, du gaz et de l'eau (13 %) (De Vita, A., *L'evoluzione economica della Lombardia dalla prima guerra mondiale ad oggi*, Milan, Stucchi, 1959, p. 19)

[3] Pour une meilleure compréhension de la période analysée cf. Bottiglieri, B., *La politica economica dell'Italia centrista (1948-1958)*, Milan, Comunità, 1984 ; Costa Bona, E., « L'Italia e l'integrazione europea : aspetti storici e diplomatici (1947-1957) », in *Il Politico*, Milan, 1988, pp. 467-482 ; Decleva, E., « Integrazione europea e "iniziativa privata". Gli ambienti economici milanesi e la nascita del MEC (1955-1957) », in *Archivio storico lombardo*, 1987, n° 2, pp. 279-324 ; Ranieri, R., « L'integrazione europea e gli ambienti economici italiani », in Rainero, R.H. (ed.), *Storia dell'integrazione europea*, vol. 1, *L'integrazione europea dalle origini alla nascita della CEE*, Milan, Marzorati, 1996, pp. 285-314 ; *id.*, « La Ricostruzione e la crescita dell'industria italiana nell'ambito dell'integrazione europea (1945-1955) », in Di Nolfo, E., Rainero, R.H., et Vigezzi, B. (eds.), *L'Italia e la politica di potenza in Europa (1950-1960)*, Milan, Marzorati, 1992, pp. 423-437 ; Varsori, A., *L'Italia nelle relazioni internazionali dal 1943 al 1992*, Rome-Bari, Laterza, 1998, pp. 120-131 ; Graziani, A., *Lo sviluppo dell'economia italiana. Dalla ricostruzione alla moneta europea*, 1998 ; Lombardo, G., *L'Istituto Mobiliare Italiano*, vol. II, *Centralità per la ricostruzione (1945-1954)*, Bologne, Il Mulino, 2000, pp. 350-363 ; Olivi, B., *L'Europa difficile. Storia politica dell'integrazione europea*, Bologne, Il Mulino, 2001, pp. 32-40 et 47-57 ; Tedeschi, P., « Le AFL Falck, gli industriali milanesi e il "problema europeo" », in les Actes du colloque *Europeismo e federalismo in Lombardia dal Risorgimento all'Unione europea*, Milan, mai 2003.

Seront dès lors exposées les attentes, mais également les préoccupations des dirigeants des entreprises lombardes, dans la perspective d'une intégration européenne qui, si elle développait les marchés, favorisait aussi la concurrence étrangère. Les positions des organisations qui réunissaient les principales entreprises lombardes (c'est-à-dire Assolombarda et les autres plus petites associations provinciales)[4] ainsi que les idées des industriels des divers secteurs productifs seront étudiées, ce qui permettra non seulement de vérifier comment, dans le cadre d'une position généralement non contraire à l'intégration des marchés, les diverses stratégies du marché et une compétitivité différente engendraient une variation du niveau de préoccupation et d'intérêt envers l'intégration européenne, mais aussi de signaler comment les industriels lombards, tandis qu'ils demandaient l'application de certaines conditions fiscales qui leur permettraient de se préparer à une concurrence beaucoup plus forte, organisaient des cours pour former des techniciens, des cadres et des dirigeants plus capables et efficaces pour faire face à une restructuration. De plus, la croissance des productions, qui se vérifia dans tous les secteurs industriels lombards dans les années suivant l'entrée en vigueur des Traités de Rome, sera brièvement analysée, ce qui démontrera que l'intégration n'eut absolument pas les effets négatifs craints par les entrepreneurs plus opposés au Marché commun ; enfin seront expliquées quelques unes des raisons de ce succès qui, par ses dimensions, surprit les industriels eux-mêmes.

I. Les entreprises lombardes et l'Europe : la garantie d'une entrée graduelle et l'exigence d'une meilleure organisation de la production pour ne pas avoir à redouter l'intégration

A. *Attentes et craintes face à un Marché commun devenant une réalité*

Aux yeux des entrepreneurs lombards, les effets de la création du Marché commun apparaissaient ambivalents : c'était l'occasion de saisir de grandes opportunités pour trouver de nouveaux clients et donc

---

[4] L'Associazione Industriale Lombarda (Assolombarda) consiste en l'organisation territoriale des industriels milanais, liée aux treize autres syndicats territoriaux patronaux lombards c'est-à-dire ceux de Bergamo, Brescia, Como, Cremona, Lecco, Legnano, Mantova, Monza, Pavia, Sondrio, Varese, Vigevano et Oltrepò. Sur l'histoire de Assolombarda cf. Ferrari, D. (ed.), *Quasi un secolo fa. Dall'archivio di Assolombarda*, Milan, Assoservizi, 1988 ; id., *Gli anni da non dimenticare. Dalla liberazione all'autunno caldo*, Milan, Assoservizi, 1992.

d'augmenter la production en ayant la chance de mieux utiliser les économies d'échelles, mais, en même temps, c'était risquer de voir le nombre de faillites augmenter puisqu'à cause de la forte réduction des barrières douanières, il faudrait commercer sans les protections qui avaient toujours aidé les entreprises italiennes lesquelles, moins compétitives au niveau international, devraient maintenant se confronter, aussi sur le marché intérieur, à la concurrence des producteurs allemands, français et ceux du Benelux.

En toute bonne logique, les industriels qui avaient pleinement conscience de leur force productive et de leur bonne performance sur les marchés internationaux notaient surtout les opportunités, tandis que les entreprises moins efficaces craignaient pour leur survie au sein d'un marché qui serait pour elles trop compétitif, toutefois, on ne relève pas de division claire au sein du milieu industriel lombard entre les « européistes » et les « protectionnistes ». En effet, la présence en Lombardie de nombreuses entreprises de dimensions diverses au sein des différents secteurs variaient les exigences des entrepreneurs et donc leurs opinions sur les effets que les nouvelles règles douanières engendreraient sur leurs marchés d'approvisionnement et de vente. Étant donné que les « indifférents » indiquaient que le Marché commun ne leur créerait pas de problèmes et qu'une partie des opposés étaient disposés à modifier leur position s'ils obtenaient une forte gradualité dans l'application de tarifs plus bas et une harmonisation entre les pays au niveau fiscal et du coût du crédit, une large majorité se disait favorable à l'ouverture des douanes, mais seulement à certaines conditions, clairement exposées dans tous les documents et les journaux que l'Assolombarda et les associations des industriels de chaque secteur productif publièrent dans la période où le Marché commun devint une réalité[5].

---

[5]   En particulier, *L'Industria Lombarda*, le journal de l'Assolombarda, illustra les différentes opinions des industriels lombards face au Marché commun, celles des grands et celles des petits (la reconstitution après la chute du fascisme ne prévoyait aucune distinction entre les entreprises de dimensions différentes), leurs enthousiasmes et leurs perplexités, leurs conseils et leurs critiques aux autorité publiques. En plus d'autres importantes opinions venant du milieu économique lombard (en particulier de Milan), étaient publiées au sein de journaux économiques tels *24 Ore*, *Il Sole*, *Congiuntura Economica*, *Mondo Economico* (la revue la plus européiste et donc la plus critique envers les entrepreneurs qui discutaient de l'entrée dans le Marché commun), ou dans des journaux comme *Corriere della Sera* et *Il Giorno*. Enfin, des articles sur l'Europe furent publiés au sein des revues spécialisées imprimées à Milan telles *Il Mondo tessile* et *Rivista dell'industria tessile cotoniera* (industriels textiles) *La metallurgia italiana* et *Il carbone e l'acciaio* (sidérurgie) *L'industria del legno* et *Il mobile* (fabricants de bois), *Industria italiana elettrotecnica* (électrotechniques), *La chimica e l'industria* et *Materie plastiche* (chimie), *Rivista Pirelli* (produits en caoutchouc).

Les attentes et les préoccupations révélées par ces documents ne s'éloignent pas beaucoup de celles déclarées par la Confindustria, l'association réunissant, au niveau national, la plupart des industriels italiens[6]. Cela n'est pas étonnant si l'on pense que les entrepreneurs lombards étaient bien représentés au sein de cette association déjà avec son président, Alighiero De Micheli, issu de l'Assolombarda. Il faut aussi noter qu'au sein des organismes directifs de la Confindustria, les industriels lombards constituaient près d'un tiers des membres et cela influençait bien évidemment la ligne « politique » suivie par les entrepreneurs au niveau national[7]. Les Lombards représentaient, par rapport au groupe piémontais lié à la Fiat et aux industriels du centre-sud, la partie la plus ouverte (ou simplement la moins « effrayée ») par l'intégration européenne et ils n'étaient pas seulement engagés pour obtenir du gouvernement de meilleures conditions d'accès au Marché commun, mais ils s'organisaient également pour restructurer leurs entreprises et développer les connaissances techniques et administratives de leur personnel.

En général, les attentes positives liées au projet d'intégration des marchés entre les six pays déjà adhérents à la CECA peuvent être résumés dans la hausse des profits causée par la possibilité d'avoir à disposition un nombre de consommateurs potentiels beaucoup plus important,

---

[6]   Sur les attitudes des industriels représentés par Confindustria face au Marché commun cf. Confederazione Generale dell'Industria Italiana, *Annuario 1958*, Failli, Rome, 1958, pp. 498-513 ; *id.*, *Annuario 1959*, pp. 493-502 ; *id.*, *Annuario 1960*, pp. 467-473 ; Fauri, F., « La costruzione del MEC negli anni'50 : atteggiamento e posizioni della Confindustria », in *Rivista di Politica Economica*, 1996, n° 2, pp. 89-134 ; *id.*, « Free but Protected ? Italy and the Liberalization of Foreign Trade in the 1950s », in *Explorations in OEEC History*, 1997, pp. 139-148 ; *id.*, « Italy and the EEC Negotiations : an Economic Perspective », in Griffiths, R.T. (ed.), *The Economic Development of the EEC*, London, Elgar Publishing, 1997, pp. 227-252 ; Petrini, F., « Gli industriali italiani e l'Europa : tra interdipendenza e integrazione (1950-1957) », in *Passato e Presente*, 2003, n° 59, pp. 63-87 ; Ranieri, R., « L'integrazione europea » *op. cit.*, pp. 314-329. Sur les relations entre Confindustria et le gouvernement cf. aussi Mattina, L., *Gli industriali e la democrazia. La Confindustria nella formazione dell'Italia repubblicana*, Bologne, Il Mulino, 1991 ; Battilossi, S., *L'Italia nel sistema economico internazionale. Il management dell'integrazione, Finanza, industria e istituzioni (1945-1955)*, Milan, Angeli, 1996.

[7]   Pour devenir président de Confindustria en 1955, Alighiero De Micheli avait abandonné un poste similaire à celui qu'il avait auprès de l'Assolombarda à partir de 1947. On doit aussi noter que dans la période analysée ici dans le Comité de Présidence de Assolombarda, on trouvait des industriels tels Vittorio De Biasi, Giovanni Falck, Ivo Petrelli, et Emilio Zacchi qui étaient aussi membres du Comité de Présidence de Confindustria. En outre, il faut considérer que sur 92 associations d'entrepreneurs liées à Confindustria, 54 avaient leur siège principal à Milan, une à Bergamo et deux à Come. À ce propos cf. les listes des syndicats adhérents publiées dans les annuaires de Confindustria des années 1956-1960 indiqués dans les notes suivantes. Sur les syndicats territoriaux lombards liés à Confindustria (cf. note 4).

de pouvoir se garantir des fournitures en matières premières plus économiques et plus sûres et d'avoir plus de stimulations à continuer le processus de restructuration des implantations qui avait débuté grâce aux aides reçues pendant l'exécution du plan Marshall et, qui même limitées au secteur sidérurgique, continuaient après sa création.

Les préoccupations étaient au contraire liées à la peur, parfois pleinement justifiée, de posséder des entreprises de niveaux technologiques et de productivité qui ne pourraient pas résister à la force de la concurrence transalpine, en particulière allemande : de plus, les plus pessimistes craignaient que le Marché commun n'élargisse le fossé entre les pays riches et les pays pauvres et que l'Italie ne devienne le « Midi de l'Europe » avec ses techniciens spécialisés et ses capitaux qui, comme les régions du sud de l'Italie à la plaine padane, allaient du sud au nord de l'Europe. À cela s'ajoutaient les plaintes relatives au haut niveau des taxes et des charges de sécurité sociale à charge des entreprises qui augmentaient le coût de la main d'œuvre et rendaient moins intéressants les investissements des capitaux étrangers en Italie et qui donc majoraient les prix de produits finis italiens moins compétitifs[8].

Aussi la crainte que le Marché commun n'agrandisse le fossé entre les pays plus riches et les plus pauvres étant donné que, même si la CECA avait donné des résultats globalement positifs, les cartels allemands du charbon et ceux de la sidérurgie française existaient toujours, les fournitures de ferrailles n'étaient toujours pas sécurisées, il existait encore des limitations à la circulation de la main d'œuvre non-spécialisée[9] ; de plus, les entrepreneurs les plus critiques envers le projet d'intégration soulignaient que la CECA n'avait éliminé ni les protections publiques, ni les grandes concentrations industrielles. Ils émettaient des doutes sur la corrélation entre la hausse de la production et de la productivité du secteur sidérurgique, et l'unification ainsi que la crainte que la situation ne change une fois terminée la période de transition[10].

Enfin, on relevait des hésitations quant à l'opportunité d'une adhésion à la « communauté européenne » qui portaient sur le calendrier et sur les modalités d'organisation des organismes qui allaient devoir assurer le fonctionnement du Marché commun. Après avoir dénoncé la hâte du gouvernement à conclure les accords pour le Marché commun sans avoir correctement décidé de l'harmonisation des économies des Six, on

---

[8]   Lanzillo, G., « I difetti che noi temiamo », in *L'industria lombarda*, 23 mars 1957 ; Rocca, M., « L'Europa, il Mezzogiorno e l'Italia », in *L'industria lombarda*, 23 mars 1957.

[9]   Rocca, M., « Incognite europee », in *L'industria lombarda*, 2 mars 1957.

[10]   Rocca, M., « La lezione della CECA », in *L'industria lombarda*, 8 juin 1957 ; *id.*, « I trasporti nel Mercato Comune », in *Politica dei trasporti*, 1957, n° 70, pp. 142-144.

critiqua, en particulier, le passage automatique aux étapes successives du processus d'intégration (trois réductions de tarifs s'échelonnant sur douze ans), c'est-à-dire sans opérer de vérifications après chacune d'elles pour contrôler la nécessité d'éventuelles corrections. Il était évident qu'il faudrait des temps bien définis pour chacune des étapes du processus d'intégration, car seulement par ce moyen les entreprises seraient obligées de se restructurer ; mais on souligna aussi l'utilité d'accélérer quand l'économie était dans une phase d'expansion (cela rend moins difficile l'allocation des facteurs devenus exubérants dans un secteur) et, au contraire, de ralentir lorsque des secteurs avaient plus de difficultés à s'adapter aux nouvelles règles. C'est pourquoi certains industriels demandèrent, en l'obtenant, une « clause de sauvegarde » qui permettrait à l'État de protéger les économies plus faibles dans le cas « d'une grave crise dans la balance des paiements » : une clause introduite pour éviter une intégration aux phases trop automatisées ne prenant pas en compte d'éventuelles situations de crises, mais que la plupart des entrepreneurs lombards considéra comme dangereuse, car elle laissait la possibilité de ne pas respecter les obligations prises. Elle n'a jamais été utilisée par l'Italie, mais, paradoxalement, seulement par ceux qui l'ont contrecarrée lors des discussions sur les traités constitutifs du Marché commun[11].

De plus, les industriels craignaient les risques de « dirigisme » que la création d'une organisation hautement bureaucratique engendrerait nécessairement. Cette question était en effet un problème très vif en Italie où était très forte la polémique sur le rôle et l'utilité des libres entreprises et sur leur rapport avec les industries publiques : paradoxalement beaucoup d'entrepreneurs craignaient plus l'élargissement du rôle de l'État dans l'économie italienne, les discussions sur l'utilité des entreprises privées et les limites que les nouvelles lois posaient aux négociations et accords entre les industries que le Marché commun et la concurrence qui allait augmenter[12].

Quelques critiques étaient fondées, mais elles ne justifiaient pas une attitude absolument négative face à l'intégration des marchés et toutes les associations des secteurs industriels savaient bien qu'il s'agissait

---

[11] Sur les discussions concernant la « clause de sauvegarde » cf. Confederazione Generale dell'Industria Italiana, *Annuario 1956, op. cit.*, pp. 499-450 ; *id., Annuario 1958*, p. 512 ; « Le clausole di salvaguardia nel trattato per il Mercato Comune », in *Mondo Economico*, 20 avril 1957. En relation à son utilisation dans les années suivantes cf. Olivi, B., *L'Europa difficile, op. cit.*, p. 49.

[12] Sur les critique du dirigisme, des limites à la libre initiative contractuelle et sur tout ce qui provoquait des doutes quant à la fonction sociale des entrepreneurs cf. « L'insostituibile funzione della libera intrapresa sarà riaffermata nella "Giornata dell'imprenditore" », in *Il Sole*, 21 avril 1957 ; Ferrari, D., *Gli anni da non dimenticare, op. cit.*, pp. 176-179.

d'une étape aussi nécessaire qu'inévitable pour le développement économique et social de l'Italie : étant donné que le gouvernement avait des motivations politiques et stratégiques prééminentes pour y entrer, il était inutile de s'y opposer (comme faisaient au contraire les organisations des travailleurs liées aux mouvements politiques de gauche)[13] et l'objectif n'était donc pas de la boycotter, mais de trouver le moyen d'arriver à un solde le plus positif possible entre les avantages et les désavantages du Marché commun qui allait de toute façon se former[14].

B. Ouverture graduelle des marchés sans « dirigisme bureaucratique »

Parmi les industriels, certains demeuraient perplexes quant à l'utilité et aux avantages apportés par le processus d'intégration européenne, mais uniquement en suspendant leur jugement et non en formulant de fortes critiques[15]. Les industriels lombards désiraient évidemment par-

---

[13] Il fut aussi organisé un colloque à Turin au début janvier 1959 pour démontrer les dommages que l'entrée dans le Marché commun pouvaient provoquer à l'économie italienne (*Il Mercato Comune europeo. Atti del Convegno per la sospensione del MEC per lo sviluppo dell'economia italiana*, Rome, Editori Riuniti, 1959). Sur la division du syndicalisme italien quant à l'intégration européenne (le syndicat catholique était européiste) cf. aussi Galante, S., *Il Partito Comunista italiano e l'integrazione europea. Il decennio del rifiuto : 1947-1957*, Padoue, Liviana, 1988 ; Lai, M., « I sindacati e la CEE, con particolare riguardo alla CISL », in Di Nolfo, E., Rainero, R.H., et Vigezzi, B. (eds.) *L'Italia e la politica di potenza, op. cit.*, pp. 505-520 ; Maggiorani, M., *L'Europa degli altri. Comunisti italiani e integrazione europea (1957-1969)*, Rome, Carocci, 1998 ; Formigoni, G., *La scelta occidentale della Cisl*, Milan, Angeli, 1991 ; *id.*, *I sindacati italiani e il processo di integrazione europea (1947-1960)*, in Ciampani, A. (ed.), *L'altra via per l'Europa, op. cit.*, pp. 19-52 ; Bianchi, G.P., « "Il Trattato così com'è". La strategia e l'azione della Cisl nel "rilancio europeo"», in *Bollettino dell'Archivio per la storia del movimento sociale cattolico in Italia*, 2003, n° 3.

[14] « La posizione degli industriali nei confronti del Mercato Comune », in *Il Sole*, 20 janvier 1957 ; Sur les opinions sur le Marché commun cf. « Promesse e realtà nel trattato del Mercato Comune », in *Mondo Economico*, 30 mars 1957. Pour avoir plus d'indications sur les opportunités et sur les problèmes liés à l'entrée dans le Marché commun signalés par le milieu économique italien cf. aussi De Vita, A., « L'inchiesta del Comitato di Studi sul Mercato Comune Europeo », in Bergmann, G., *et al.*, *Europa senza dogane. I produttori italiani hanno scelto l'Europa*, Laterza, Bari, 1956, pp. 71-126 ; Caron, G., *Scritti e discorsi sull'unione europea*, Rome, Litostampa, 1958 ; D'Alauro, O., *Il Mercato Comune Europeo e altri saggi di politica economica*, Pavie, Fusi, 1959 ; Unione Italiana delle Camere di Commercio, Industria e Agricoltura, *Comunità Economica Europea*, Milan, Giuffré, 1959 ; Baffi, P., « Problems of European Economic Integration : Italian Problems », in *Banca Nazionale del Lavoro Quarterly Review*, 1960, n° 52, pp. 24-41.

[15] Arpea, M., « Questo il consuntivo politico europeo 1957 », in *L'industria lombarda*, 8 février 1958.

venir à une situation offrant les meilleures perspectives d'expansion à l'étranger pour les entreprises plus efficaces et, dans le même temps, ils tentaient de ralentir le plus possible le processus d'ouverture du marché intérieur pour garantir aux industriels des secteurs plus arriérés le temps de se restructurer et donc d'éviter la fermeture de leurs entreprises. C'est pourquoi ils ne posèrent pas d'objection à l'idée de créer un marché commun (et en perspective de constituer une « maison commune » ne s'occupant pas des seuls aspects économiques) qui permettait d'augmenter les exportations et donc d'élever la production avec d'évidentes économies d'échelles, mais dans le même temps, ils faisaient des fortes pressions sur le gouvernement pour obtenir les meilleures conditions dans les relations avec les autres six partenaires ainsi qu'une plus forte attention aux problèmes des entreprises italiennes surtout en matière de taxes et charges sociales. Toujours contraire aux accords limités à un secteur, ils étaient favorable à une intégration complète au moyen d'une application graduelle des nouvelles règles du Marché commun, et à une réduction des coûts liés à la fiscalité et à la sécurité sociale, qui étaient trop hauts et rendaient moins compétitifs les prix des produits italiens[16].

En ce qui concerne l'utilité de la gradualisation de l'ouverture du marché italien, les représentants de l'Assolombarda rappelaient l'importance de la période de transition que l'Italie avait obtenue pendant les discussions relatives à la CECA (ses entreprises ayant pu attendre cinq ans avant d'arriver à la pleine application du plan Schuman) : l'expérience positive que cette période donnait à l'industrie sidérurgique, les avantages reçus par l'entrée dans le pool du charbon et de l'acier (elle s'était développée à tel point que l'Italie était devenue un pays exportateur net de produits sidérurgiques)[17] rendaient évident le fait que la majo-

---

[16] On doit noter que dans « *L'industria lombarda* », l'annonce de la ratification par le parlement des Traités de Rome fut publiée sans remarques négatives, mais en soulignant la nécessité d'améliorer les conditions des entrepreneurs italiens face à la concurrence étrangère. À ce propos cf. Lanzillo, G., « La Camera approva a larga maggioranza i trattati del Mercato Comune e dell'Euratom », in *L'industria lombarda*, 3 août 1957 ; F.A., « Urgente l'adeguamento del nostro sistema fiscale alle esigenze del Mercato Comune europeo », in *ibid.*, 25 janvier 1958 ; « Osservatorio », in *ibid.*, 1er février 1958. On doit noter que cet aspect était souligné aussi par les plus européistes (Sacerdote, G., « Occorre diminuire gli oneri fiscali e previdenziali per partecipare al MEC », in *ibid.*, 22 mars 1958).

[17] En effet, même si la dépendance des importations (surtout de la ferraille) s'éleva, la production de minerais de fer, de fonte et d'acier doubla, l'augmentation annuelle de la consommation de l'acier fut de 9 % et, dès 1956, l'Italie devint un pays exportateur net de produits sidérurgiques. Sur les opinions des industriels italiens en regard du plan Schuman, sur leurs pressions sur les gouvernements italiens pendant les négociations qui créèrent la CECA et les effets que cette dernière eut sur l'industrie sidérugique italienne cf. Confederazione Generale dell'Industria Italiana, *Annuario 1951*, Rome, Failli, 1951, pp. 378-380 ; *id.*, *Annuario 1952*, pp. 446-447 ; *id.*, *Annua-*

rité des problèmes de concurrence pouvaient être limités par une application graduelle de nouvelles règles du Marché commun, qui permettait aux entreprises de s'adapter à une plus forte concurrence sur le marché italien qui jusque là était absolument « sûr » et parfois réglé selon les accords des principaux industriels de chaque secteur[18].

Face au problème de la pression fiscale qui rendrait les entreprises italiennes moins compétitives dans le nouveau contexte européen sans protection, les industriels lombards critiquaient avant tout l'inertie du gouvernement qui, une fois obtenue l'entrée dans le Marché commun, ne prenait aucune mesure fiscale utile pour rendre les entreprises italiennes plus compétitives[19] : ils soulignaient le poids du fisc sur les sources d'énergie de 22 % plus élevé qu'à l'étranger (où, cependant, le prix total payé était plus élevé)[20] et pour démontrer combien ces affirmations sur l'excès des charges fiscales en Italie étaient fondées (et aussi pour contrôler si les décisions du gouvernement changeraient la situation dans les années suivantes), dès 1957, Assolombarda publia plusieurs années de suite l'analyse comparée des salaires et des coûts du travail en Europe ainsi que des études sur les systèmes tributaires des pays du Marché commun[21].

---

du plan Schuman, sur leurs pressions sur les gouvernements italiens pendant le négociations qui créerent la CECA et sur les effets que cette dernière eut sur l'industrie sidérugique italienne cf. Confederazione Generale dell'Industria Italiana, *Annuario 1951*, Rome, Failli, 1951, pp. 378-380 ; *id.*, *Annuario 1952*, pp. 446-447 ; *id.*, *Annuario 1953*, pp. 406-415 ; *id.*, *Annuario 1954*, pp. 390-393 ; *id.*, *Annuario 1955*, pp. 425-437 ; *id.*, *Annuario 1956*, pp. 435-440 et 536-538 ; *id.*, *Annuario 1957*, pp. 461-471 ; *id.*, *Annuario 1958*, pp. 521-526 ; *id.*, *Annuario 1959*, pp. 516-527 ; *id.*, *Annuario 1960*, pp. 507-517 ; Petrini, F., « Gli industriali privati italiani e l'integrazione europea : la CECA », in *Annali della Fondazione Ugo La Malfa*, 2000, n° 15, pp. 177-232 ; Fauri, F., *L'Italia e l'integrazione economica europea (1947-2000)*, Bologne, Il Mulino, 2001, pp. 91-99 ; Tedeschi, P., « Aux origines de l'intégration européenne : les Afl Falck, les industriels italiens de l'acier et la création de la CECA », in Dumoulin, M. (ed.), *Réseaux économiques et construction européenne*, Bruxelles, PIE-Peter Lang, 2004, pp. 189-206.

18 Giordano, R., « L'influenza della CECA sul mercato siderurgico », in *Mondo economico*, 28 janvier 1956 ; *id.*, « Chiudere le polemiche e collaborare per l'Europa », in *Ibid.*, 10 mars 1956.

19 « Osservatorio », in *L'industria lombarda*, 19 avril 1958.

20 Ravalli, S., « Sostanziale disparità di tassazione delle fondi di energia tra i paesi del MEC », in *L'industria lombarda*, 3 mai 1958.

21 À ce propos cf. Associazione Industriale Lombarda, *Comparazione dei salari e del costo del lavoro in Europa*, 1re éd., [s.n.t.], Milan, 1957. On doit noter que les relations furent publiées chaque année de 1957 à 1960, c'est-à-dire dans la période la plus importante pour obtenir les meilleures conditions du gouvernement, tandis que la cinquième édition sortit au contraire en 1963, alors qu'il était évident que le Marché commun était désormais une réalité sans « possibilité de retour en arrière ». Sur

Les entrepreneurs lombards voulaient compenser les inévitables sacrifices liés à la perspective de devoir améliorer leur implantations ou au moins, dans le cas d'une restructuration déjà bien entamée les années précédentes, leur organisation de marketing : à leurs yeux ces plaintes étaient encore plus justifiées face aux nombreuses concessions faites par le gouvernement italien vis-à-vis des gouvernements étrangers alors que les entreprises italiennes recevaient peu d'aides, surtout celles n'appartenant pas aux groupes publics qui représentaient la grande majorité des entreprises lombardes : à ce propos ils soulignaient la nécessité d'améliorer la productivité des entreprises contrôlées par l'État et de diminuer toutes les aides indirectes qui leur étaient données et qui, financées par des taxes et la dette publique, soustrayaient de précieuses ressources aux industries privées plus efficaces[22].

De plus, ils demandaient l'absence de toute forme de « dirigisme bureaucratique », une harmonisation des économies, et surtout des lois sur la fiscalité et les charges sociales qui éviteraient des traitements différents entre les entreprises des six pays adhérents au Marché commun. Ils désiraient l'accès aux matières premières aux mêmes prix que les entreprises étrangères et l'élimination des diminutions des taxes que certains pays octroyaient aux entreprises pour favoriser leurs exportations. Ils demandaient, en outre, au gouvernement d'élaborer des tarifs communs envers les pays hors Communauté (et de maintenir les aides fiscales pour les ventes dans ces pays) et de créer des droits de priorité pour les produits communautaires[23]. Enfin, ils désiraient l'union de toutes les

---

les coûts du travail en Italie cf. aussi : Associazione Industriale Lombarda, *Contributo allo studio comparativo dei sistemi tributari dei paesi della Comunità Economica Europea*, Milan, De Silvestri, 1959 ; Vannutelli, C., « Labour Cost in Italy », in *Banca Nazionale del Lavoro Quarterly Review*, 1962, n° 63, pp. 355-381 ; Vannutelli, C., « Labour Cost in Italy and the EEC Countries », in *ibid.*, 1964, n° 71, pp. 339-366.

[22] Sur les discussions relatives au manque d'efficacité des entreprises contrôlées par l'État cf. Confederazione Generale dell'Industria Italiana, *Annuario 1958*, Failli, Rome 1958, p. 513 et les articles de « L'industria lombarda » indiqués dans les note 23, 24 et 38. On doit aussi noter qu'en 1954, les entreprises publiques occupaient seulement 5 % du total des travailleurs lombards (A. Colli, « Cent'anni di "grandi imprese"», *op. cit.*, p. 514) : elles restèrent dans l'Assolombarda jusqu'à mi-1958 quand les entreprises publiques (20 firmes pour un total de 25 108 travailleurs) passèrent à l'Intersind, la nouvelle association que le gouvernement avait créée pour réunir ses entreprises (Ferrari, D., *Gli anni da non dimenticare, op. cit.*, pp. 182-183).

[23] Longo, G.A., « I presupposti per l'attuazione del Mercato Comune Europeo », in *L'industria lombarda*, 13 avril 1957 ; *id.*, « In primo piano i problemi imposti alla economia italiana dal nuovo corso europeo », in *ibid.*, 27 avril 1957. Sur la différente pression du fisc sur les revenus des entreprises qui existait entre les six pays du Marché commun cf. *Atti del convegno degli esperti fiscali dei paesi del MEC*, Milan, Giuffré, 1959 (à Milan en mai 1959) ; Stammati, G., *Sistemi fiscali e Mercato Co-*

associations des entrepreneurs afin qu'elles réaffirment le rôle des entreprises privées et l'initiative des industriels particuliers face aux choix publics, considérés comme « dirigistes, ruineux et irréparables »[24].

C. Les raisons d'être favorables au Marché commun et les initiatives de l'Assolombarda pour préparer les entreprises lombardes à une concurrence plus forte

Il faut pourtant relever qu'existaient de nombreuses raisons « logiques » pour tranquilliser les industriels les plus préoccupés par l'intégration. Avant tout, il était évident que l'Europe ne pouvait exister qu'en apportant de meilleures conditions de vie et que le nouveau marché libre fonctionnerait tant que les pays participants en tireraient des avantages : si l'intégration présentait des coûts économiques et sociaux trop élevés et si le « dirigisme » limitait trop la liberté des entreprises tout en ne favorisant que de manière relative la circulation des marchandises, au lieu de se contenter de la planifier, alors les difficultés des entreprises pour survivre dans le Marché commun et les problèmes consécutifs pour l'emploi des travailleurs deviendraient un obstacle formidable à la formation même de l'Europe. Les règles du Marché commun pouvaient donc renforcer la concurrence et éliminer quelques entreprises peu compétitives, mais ne pourraient jamais apporter de grands dommages à tout un secteur productif : l'État, ou à défaut les organismes communautaires eux-mêmes interviendraient avant même que cela ne se vérifie. Pour les mêmes raisons, il était en outre clair que si les pressions des industriels sur le gouvernement ne pouvaient éviter la suppression des protections les plus évidentes, comme les tarifs et les contingents, elles garantissaient néanmoins l'octroi d'aides plus spécialisées comme les financements à taux réduits ou les réductions de certaines taxes : étaient déjà

---

mune, Rome, Studium, 1959 ; Dosi, F., *Unione doganale e politica tributaria del mercato comune*, Milan, Giuffré, 1957 ; Bertrand, R., « The Common Market : Prices, Competition and "Harmonisation"», in *Banca Nazionale del Lavoro Quarterly Review*, 1957, n° 43, pp. 397-415 ; Caron, G., *L'armonizzazione fiscale dei sei paesi della CEE*, Rome, Castaldi, 1961.

[24] Pendant la « Journée de l'entrepreneur » à la Foire de Milan, tandis que le président du conseil confirmait l'importance de la collaboration des industriels privés pour la réalisation d'un vrai et efficace Marché commun, le président de la Confindustrie De Micheli souligna comment le Marché commun obligeait le gouvernement à réduire la pression fiscale sur la production et sur la consommation des biens, à faciliter l'accès des entreprises à un marché du crédit à des taux inférieurs ; de plus les autres intervenants indiquèrent que le Marché commun établissait la loi de la libre concurrence et l'impossibilité de maintenir, pour intérêts politiques, des entreprises obsolètes ou celles publiques inefficaces. À ce propos cf. « I compiti fondamentali della libera impresa nella realizzazione del Mercato comune europeo », in *L'industria lombarda*, 4 mai 1957.

prévus des fonds européens qui cherchaient à réaliser entre les Six une division égalitaire des coûts liés à l'intégration, et il était donc certain que, dans le cas d'une crise forte, les entreprises et leurs travailleurs ne seraient pas abandonnés[25].

De plus, les industriels lombards avaient pleine conscience que, même si cela ne les empêchait pas de demander toujours des aides fiscales à l'État, la plupart de leurs produits présentaient des prix et une qualité très compétitifs et pouvaient être largement distribués dans le Benelux, la France et l'Allemagne : donc, même si l'intégration européenne présentait quelques risques pour les entreprises moins compétitives, elle était considérée comme une occasion d'élargir les parts de marché français, allemand et du Benelux que les accords signés dans le cadre de l'OECE avaient déjà partiellement ouverts les années précédentes. En particulier, ils étaient favorables à l'entrée des industriels des secteurs qui avaient plus de clients dans les pays du Marché commun (par exemple ceux des secteurs de la mécanique et du textile), mais en général de tous ceux qui comprenaient que la perspective d'un marché plus vaste permettait des investissements non rentables pour les seuls clients italiens[26]. En outre, si le Marché commun pouvait permettre la libre circulation de la main d'œuvre non spécialisée (un objectif non encore atteint par la CECA) le chômage diminuerait, ainsi que les charges de sécurité sociale payées par les entreprises italiennes et donc les prix de vente de

---

[25] « L'industria non teme il MEC », in *24 Ore*, 2 janvier 1957 ; Quintieri, Q., « L'industria italiana nel Mercato Comune », in *Mondo Economico*, 6 avril 1957 ; Comessatti, G., « Ottimismo e scetticismo intorno al Mercato Comune », in *ibid.*, 31 août 1957. Pour une analyse des suggestions données aux entrepreneurs et aux citoyens pour faire face aux effets du Marché commun cf. aussi L. Madia, « Le modalità meno onerose e più eque del processo di integrazione europeo », in Bergmann, G., *et al.*, *Europa senza dogane*, *op. cit.*, pp. 163-195 ; *id.*, *Che cosa è il Mercato comune, quel che il cittadino deve sapere, quel che il produttore deve fare*, Milan, Aeiou, 1960.

[26] On doit noter qu'en 1955, les pays qui allaient constituer le Marché commun achetaient un cinquième des exportations italiennes relatives aux produits industriels (un quart des produits métallurgiques) ; de plus presque la moitié des importations des produits mécaniques et chimiques et un quart des matières premières (charbon et ferraille) étaient importés par les pays du futur Marché commun. Sur l'économie italienne au moment de l'entrée dans le Marché commun et sur ses relation commerciales avec les pays étrangers cf. Saraceno, P., *La situazione economica italiana all'atto dell'entrata in vigore del Trattato di Roma (rapporto preparato per la Commissione della Comunita Economica Europea ai fini dell'art. 245 del Trattato di Roma)*, Rome, Ist. Poligrafico dello Stato, 1959 ; Fauri, F., *L'Italia e l'integrazione*, *op. cit.*, pp. 112-119. Sur les conditions de l'économie lombarde cf. *L'economia della regione lombarda*, Cariplo, Milan, 1954 ; De Vita, A., *L'evoluzione economica*, *op. cit.*, (livre publié par Assolombarda pour montrer le progrès de l'industrie lombarde dans les années 1950).

leurs produits : à ce propos, pour l'Italie, la meilleure solution ne consistait pas en une communauté limitée aux échanges des marchandises, mais aux échanges de tous les facteurs productifs, en particulier les capitaux et les travailleurs[27]. Pour éviter que les différences existantes ne s'élargissent, il fallait être certain que les organismes qui préparaient les règles du Marché commun avaient comme premier objectif le développement équilibré de toutes les régions de la nouvelle communauté et qu'il était donc prévu pour les plus arriérées des avantages temporaires (qui amélioreraient aussi les conditions des autres régions plus riches intéressées par de nouveaux marchés pour leurs produits). Le Marché commun devait régler tous les secteurs et ne pas se baser seulement sur l'élimination des contingents et des droits de douane, mais sur la création d'une politique économique commune avec des accords entre les Six pour harmoniser les politiques fiscales et monétaires, utilisant tous les facteurs productifs et réduisant les différences entre les rentes des habitants de chaque pays[28].

Il faut aussi rappeler que l'appartenance au Marché commun augmentait le poids dans le contrat relatif aux accords bilatéraux avec les pays « non communautaires » : il était évident que les six pays unis avaient plus de force que l'Italie toute seule, et donc pouvaient obtenir des conditions plus favorables pour l'exportation des produits italiens. Les industriels lombards savaient que disposer d'une protection commune envers les autres pays leur garantirait une concurrence plus faible de l'Asie et en général des pays qui, comme l'Italie, pouvaient compter sur un très bon rapport entre les prix de vente et les coûts de production (en particulier ceux du travail)[29]. De plus, c'était aussi l'occasion d'avoir de meilleures conditions avec les pays occidentaux qui n'était pas entrés

---

[27] Sur la possibilité que le Marché commun donnait une libre circulation de la main d'œuvre en réduisant le million de chômeurs et de sous-occupés existants en Italie en particulier dans les régions du sud cf. Molinari, A., « Manpower and the Common Market », in *Banca Nazionale del Lavoro Quarterly Review*, 1958, n° 47, pp. 484-510 ; Barbieri, B., « La circolazione delle persone nell'economia europea », in *Operare*, 1958, n° 4. Sur les politiques italiennes relatives à l'emigration cf. Dumoulin, M. (dir.), *Mouvements et politiques migratoires en Europe depuis 1945 : le cas italien*, Bruxelles, Ciaco, 1989 ; Romero, F., *Emigrazione ed integrazione europea 1945-1973*, Rome, Edizioni lavoro, 1991.

[28] À ce propos cf. aussi Di Nardi, G., *Integrazione e sviluppo economico della comunità europea*, in Bergmann, G., *et al.*, *Europa senza dogane, op. cit.*, pp. 199-232 ; Vito, F., « L'esperienza della CECA e l'alternativa fra integrazione per settori e integrazione simultanea », in *Rivista internazionale di Scienze Sociali*, 1957, n° 5-6, pp. 201-210.

[29] Les industriels italiens demandèrent une forte protection par rapport aux pays au dehors du Marché commun, mais ils obtinrent des droits inférieurs à leurs attentes (Fauri, F., *L'Italia e l'integrazione, op. cit.*, pp. 121-123)

dans le Marché commun et qui constituaient la « zone de libre-échange » : était critiquée la possibilité pour les autres pays d'avoir leurs tarifs vers les pays tiers et de maintenir libre leur politique de douane. En outre, on demanda l'élimination des droits et des contingents, qui ne regardaient pas tous les produits, et des critères simples pour l'identification des produits de la zone, et pour éviter que, par elle, des pays tiers se soustraient aux tarifs du Marché commun[30]. À ce propos nombreux étaient ceux (surtout les industriels de la chimie, du textile, de la mécanique fine, les producteurs de machines textiles et de machines outils) qui désiraient élargir le marché aux autres pays déjà appartenant à l'OECE (mais aussi à ceux de l'est européen)[31].

Enfin, il ne faut pas oublier que, même si tout naturellement il existait des différences liées aux caractéristiques personnelles de chaque industriel, à sa perception du risque et à sa capacité à se remettre en cause, le milieu industriel lombard n'était pas composé uniquement d'industriels « classiques » (protectionnistes à l'intérieur de leur pays et favorables à l'élimination des tarifs et contingents sur les marchés étrangers), mais également d'un nombre en constante augmentation d'entrepreneurs qui, après une période de transition plus ou moins longue selon le secteur, étaient prêts à se confronter à une forte concurrence sur des marchés plus grands : beaucoup d'entreprises avaient déjà dû agir sur des marchés où se rencontraient tant les oligopoles des principaux groupes industriels italiens que ceux aux dimensions petites ou moyennes, et devaient ainsi toujours se confronter à un haut niveau de concurrence. Tout naturellement, certains pensaient encore à la possibilité de conclure des accords avec les industriels des autres pays pour reconstituer la posi-

---

[30] Sur les critiques relatives à la « zone de libre-échange » (puis définitivement refusé par la France et donc non réalisée) cf. Ferrante, M., « Possibili molte distorsioni di traffici con la creazione della Zona di libero scambio », *L'industria lombarda*, 18 janvier 1958 ; Lenti, L., « Speranze e timori per la "Zona"», in *Congiuntura economica*, 28 décembre 1957 ; *id.*, « Comincia il MEC », in *ibid.*, 28 février 1958 ; *id.*, « Mercato Comune Europeo e Zona di Libero Scambio », in *ibid.*, 29 novembre 1958 ; Banti, A., *Mercato Europeo Comune e piccola zona di libero scambio : posizione dell'economia italiana*, Arezzo, Giovacchini, 1960 ; Confederazione Generale dell'Industria Italiana, *Annuario 1958*, *op. cit.*, pp. 517-521 ; *id.*, *Annuario 1959*, pp. 490-492 ; Fauri, F., « Italy and the Free Trade Area Negotiations 1956-1958 », in *Journal of European Integration History*, 1998, n° 2, pp. 47-66.

[31] Le souhait d'élargissement du Marché commun aux autres pays (en particulier l'Angleterre, l'Autriche, la Suisse, l'Espagne, le Portugal, la Grèce et la Turquie) se révélait évident dans les résultats de l'enquête nationale du Comité d'études sur le Marché commun créé par le sénateur Giulio Bergmann à la Chambre de Commerce de Milan : il était demandé aux associations des entrepreneurs industriels et agricoles leurs opinions sur les effets de l'entrée de l'Italie dans le Marché commun et sur l'opportunité de l'élargir à d'autres pays (De Vita, A., « L'inchiesta », *op. cit.*, pp. 73-74).

tion première de privilèges, mais la plupart étaient convaincus qu'avec des règles garanties et égales pour tous (donc sans privilèges pour les entreprises publiques ou pour celles réunies en un cartel), il était vraiment possible de permettre aux meilleures industries d'émerger et de garantir le développement économique et social en Europe : l'entrée dans le Marché commun ne représentait absolument pas un danger pour les entreprises et tous les problèmes qui se poseraient pourraient être résolus avec l'intelligence et la bonne volonté du milieu des entrepreneurs lombards qui se préparait à opérer face à l'intégration totale et non limitée à quelques secteurs, c'est-à-dire exactement dans la situation que le même milieu avait requis quelques années auparavant alors que le projet de la CECA était présenté et que donc maintenant il ne pouvait plus refuser[32].

Selon les entrepreneurs plus européistes, l'intégration donnerait à l'Italie une grande opportunité car les entreprises seraient forcées de se hisser au niveau de leurs concurrents étrangers. La hausse de la productivité qui devait se réaliser permettrait d'élever le niveau de vie des Italiens[33]. Les entrepreneurs critiquaient donc l'ignorance des Italiens face aux objectifs et au fonctionnement du Marché commun, et soulignaient l'importance du soutien à apporter à l'idée d'Europe[34].

Face aux représentants des secteurs plus préoccupés par l'arrivée du Marché commun, se trouvaient donc ceux qui critiquaient la clause de sauvegarde et les temps très longs pour la pleine réalisation du Marché commun, qui pouvaient limiter le développement des entreprises plus dynamiques et dotées de créativité. Il s'agissait surtout des dirigeants des entreprises de petite et moyenne dimensions constituant la majorité des entreprises lombardes, plus flexibles et capables de s'adapter à la nouvelle situation imposant une modernisation de l'organisation d'entreprise, une meilleure spécialisation de la main d'œuvre et, comme signalé par Assolombarda, une grande coordination des associations pour amé-

---

[32] Sur les risques que les entrepreneurs ne contournent les nouvelles règles par des « gentlemen's agreements » avec la concurrence qui limitent la réduction des prix et rendent donc inutile pour les consommateurs l'élimination des tarifs cf. Magnani, L., « L'Italia di fronte » *op. cit.*, p. 748. Sur l'idée qu'au contraire le Marché commun n'était pas dangereux et que le progrès technique égalerait les coûts de production et permettrait aux meilleurs entrepreners italiens de faire face à la concurrence étrangère comme cela était arrivé pour la sidérurgie au sein de la CECA cf. Lenti, L., « Verso il Mercato Comune », in *Congiuntura Economica*, 2 mars 1957 ; Marjolin, R., « Prospettive per il Mercato Comune Europeo », in *Mondo Economico*, 9 novembre 1957.

[33] Sacerdote, G., « La posizione dell'Italia nel Mercato comune europeo », in *L'industria lombarda*, 22 février 1958.

[34] Sacerdote, G., « Molti ignorano completamente scopi e funzionamento del Mercato comune europeo », in *L'industria lombarda*, 19 avril 1958.

liorer les informations sur les nouveaux marchés et développer l'efficacité globale du système productif[35].

Ces industriels étaient conscients de la difficulté à réaliser un projet d'« harmonisation » des horaires du travail, des salaires et, en général, du niveau de vie déjà même au sein d'un seul pays ; de plus, ils savaient qu'on ne pouvait penser que l'intégration changerait tout de suite les conditions favorables à la concurrence étrangère et qu'il était nécessaire d'accepter le fait qu'il n'était plus possible de maintenir en vie des entreprises obsolètes. Il était donc évident qu'il fallait demander aux gouvernements de prendre des décisions favorisant ce projet (en particulier une politique monétaire et fiscale commune entre les six pays), mais qu'il n'était pas possible de renvoyer l'application des règles du Marché commun pour en attendre la pleine réalisation. Ils soulignaient alors l'urgence pour les entreprises de se restructurer sans plus attendre et de changer non seulement leurs produits et leur marketing, mais, dans certains cas, leur secteur même d'activité. Étant donné que pour les clients qui trouveraient un prix beaucoup plus bas à l'étranger, il deviendrait plus avantageux d'acheter ailleurs, les entreprises lombardes devaient se spécialiser dans les produits qui, caractérisés par des prix plus bas ou par le recours à l'inimitable style italien, garantissaient un marché au sein de l'espace européen[36].

Étant donné que les entreprises lombardes payaient plus cher les matières premières que la concurrence et qu'elles disposaient d'un accès plus difficile au crédit (très important pour leur « réadaptation »), deux possibilités se présentaient à elles : chercher à maintenir les précédents droits de douane pour protéger les entreprises de la concurrence, ou s'ouvrir au Marché commun en acceptant le coût de la restructuration, mais aussi les avantages d'un marché plus grand qui favorisait la production en série avec une plus haute spécialisation des entreprises, des dirigeants et de la main d'œuvre, et une meilleure distribution des rentes et des biens[37]. Les entrepreneurs lombards choisirent la deuxième solution et, dans les rapports des assemblées générales de l'Assolombarda de 1957 et 1958, le président Furio Cicogna et les autres intervenants sou-

---

[35] Lombardo, I.M., « Mercato Comune e piccola industria », in *Produttività*, 1957, n° 8, pp. 727-728 ; « Riunite a convegno le aziende minori per l'esame dei problemi fiscali in rapporto all'attuazione del Mercato Comune Europeo », in *L'industria lombarda*, 21 juin 1958. Sur la « clause de sauvegarde » cf. note 12.

[36] Magri, F., « Aspetti sociali del Mercato comune », in *L'industria lombarda*, 30 novembre 1957.

[37] Sur l'idée que même disposant de capitaux moindres, les entreprises pouvaient utiliser leurs ressources humaines, lesquelles devaient encore plus se spécialiser cf. Lenti, L., « Luci ed ombre del Mercato Comune », in *Congiuntura economica*, 6 avril 1957.

lignèrent surtout ce que les entrepreneurs lombards devaient faire en laissant moins d'espace aux récriminations dues au comportement du gouvernement : pour les entreprises qui voulaient exploiter les avantages du Marché commun, il était nécessaire d'aligner les coûts sur ceux des étrangers, de mieux utiliser les techniques de la production de masse et de s'orienter vers une production de haute qualité ; de plus, même s'il était indiqué que l'entrée dans les nouvelles règles devait être effectuée dans une conjoncture socio-économique non trop favorable avec des coûts d'approvisionnement plus élevés que la concurrence (liés à l'absence de matières premières), aux transports plus difficiles et coûteux (liés à l'orographie et aux conditions des voies de transport), au taux plus élevé des financements et aux charges plus importantes de sécurité sociale, il était laissé plus d'espace à la défense positive du rôle des entreprises privées, tenues comme essentielles et beaucoup plus utiles à la collectivité que les publiques qui se montraient dans 80 % des cas inefficaces et dépensant une grande partie des ressources économiques de l'État[38].

Face à la perspective d'une concurrence beaucoup plus forte que par le passé, le milieu industriel lombard ne se limitait donc pas à faire des pressions sur les autorités publiques pour obtenir des améliorations en matière fiscale, mais il soulignait aussi l'importance d'améliorer la qualification professionnelle des travailleurs italiens pour en favoriser le placement dans les entreprises européennes et combien il était aussi indispensable de renouveler l'organisation des entreprises liées aux modèles anciens, absolument peu compétitifs dans la nouvelle réalité du Marché commun[39].

Selon le typique pragmatisme lombard, ces idées se transformèrent non seulement dans la demande de financements pour les entreprises qui se restructuraient et pour les travailleurs qui, ayant perdu leur travail, fréquentaient des cours de requalification professionnelle, mais aussi dans des projets concrets dirigés par Assolombarda. Pour améliorer l'efficacité des entreprises, on créa un centre devant observer les écoles lombardes et leur programmes, et organiser des cours de spécialisation pour la main d'œuvre, les cadres et les dirigeants[40] ; de plus, pour donner

[38] « Ampia visione della situazione presente e del futuro sviluppo economico del paese », in *L'industria lombarda*, 6 avril 1957 ; « Lavoro e capitale resterebbero inerti senza gli imprenditori », in *ibid.*, 29 mars 1958.

[39] Lanzillo, G., « La strada della speranza : il Mercato Comune Europeo », in *L'industria lombarda*, 30 mars 1957.

[40] L'Assolombarda créa le Centre lombard d'instruction professionelle qui organisait des cours pour 1 600 employés et techniciens, attribuait d'importants financement à 49 autres cours pour 1 100 apprentis ouvriers (« L'istruzione », in *L'industria lombarda*, 6 avril 1957 ; « Importanza del problema dell'istruzione professionale »,

plus de visibilité à leurs productions et les faire connaître au niveau international, on développa les foires, en particulier celle de Milan qui devint une des plus importantes en Europe[41] ; enfin, pour étudier l'évolution des marchés de différents produits et du crédit par rapport à l'intégration européenne et donc pour pouvoir saisir les opportunités qui se créeraient (et en même temps pour signaler les éventuelles « dis-économies » se présentant), les revues spécialisées publièrent des informations sur les marchés étrangers en illustrant les caractéristiques principales (typologie des produits les plus demandés et tendances des ventes)[42].

II. L'arrivée du Marché commun selon les différents secteurs productifs et l'attitude face à la compétition internationale

Tant les préoccupations que l'attente des opportunités offertes par le Marché commun se révélaient diverses selon le secteur : il est évident que le « taux d'européisme » était plus prégnant quand les industriels italiens avaient moins de concurrence, tandis que les « doutes » augmentaient de la confrontation avec les entreprises allemandes considérées comme les plus avancées au niveau technologique ; il est vrai aussi que dans le marché allemand, les produits italiens rencontraient pas mal de succès et, qu'en tout cas, la perspective d'entrer sur les marchés de la

---

in *ibid.*, 29 mars 1958 ; Ferrari, D., *Gli anni da dimenticare, op. cit.*, p. 173). Les résultats des études sur la formation dans les écoles lombardes furent publiés in Associazione Industriale Lombarda, *Studi e realizzazioni dell'Associazione industriale lombarda in tema di istruzione professionale : aggiornamenti*, Milan, De Silvestri, 1958 et *id.*, *Indagine statistica sulla formazione professionale dei dipendenti dell'industria*, Milan, De Silvestri, 1959. Sur le manque de techniciens cf. aussi Buscemi, S., « Prepariamoci in tempo », *24 Ore*, 19 février 1957.

[41] À la foire de Milan, les expositions spécialisées, concernant tous les secteurs industriels lombards, passèrent de 3 en 1955-59 à 14 en 1960-64 : on exposait de la micro-électronique, des machines outils, du textile, des articles ménagers, de la chimie, de la filmographie, des jouets, des machines pour emballage, des machines pour l'œnologie, de la bonneterie, des meubles et de la décoration, de la mode et haute couture, des articles en peau et maroquinerie, des plastiques et caoutchoucs, du chauffage et bain, des articles de sport et camping, des produits de bureau et de l'informatique. Sur le rôle de la foire de Milan pour le développement de l'économie lombarde et sur l'augmentation de son importance dans les années suivant immédiatement l'ouverture du Marché commun, pendant lesquelles la superficie des stands dépassa 220 000 mètres carrés et le nombre des exposants 14 000 (dont plus de 3 600 étrangers) et les visiteurs arrivèrent à 4 300 000 cf Colombo, E., Mocarelli, L., et Stanca, L., *Il ruolo della Fiera di Milano nell'economia italiana*, Milan, Angeli 2003, pp. 13-69.

[42] À ce propos cf. les revues spécialisées indiquées dans la note 5 pour les années 1957-1959.

France et du Benelux rendait acceptable le risque de supporter sur le marché italien des protections qui se réduiraient graduellement jusqu'à disparaître.

A. Les entrepreneurs de la mécanique : l'espoir d'élargir la clientèle et la peur d'une concurrence ruineuse

Face à l'arrivée du Marché commun, le milieu lombard de la mécanique était divisé : les partenaires de la Fiat, entreprise détenant le quasi monopole du marché automobile italien, les producteurs de motocycles et camions ainsi que ceux du matériel roulant pour les chemins de fer et les tramways, demandaient de maintenir les contingents existants, ou au moins de ralentir le plus possible l'élimination des droits ; la baisse des tarifs était au contraire attendue par les tenants de la mécanique « fine » (machines-outils, machine textiles, équipements et outillage pour les bureaux et les maisons) qui pouvaient se libérer des limites aux exportations de leurs produits de haute qualité[43]. Les entrepreneurs moins préoccupés (par exemple ceux des machines-outils) soulignaient que seule une petite partie de la production des biens d'équipements était vendue dans les pays communautaires, car les principaux marchés étaient ceux des pays sous-développés : de nombreuses ventes renvoyaient aux machines-outils, moteurs électriques, véhicules, motrices et tracteurs dont les producteurs étaient déjà habitués à une forte concurrence étrangère ; de plus la possibilité d'élargir les ventes à la France et au Benelux (et donc d'augmenter la production en employant mieux le potentiel productif jusqu'alors utilisé à 70-80 %) compensait le risque d'une invasion des produits allemands qui, au contraire, étaient en particulier craints des industriels soulignant combien ils étaient désirés par les mêmes entreprises italiennes. La concurrence allemande était en effet considérée comme la plus dangereuse pour les producteurs des machines graphiques, à cuir et pour les bureaux (à écrire et à calculer) qui exportaient déjà 40 % de leurs produits dans les pays de la CECA : cela favorisa un

---

[43] Sur les attitudes des industriels de la mécanique, secteur comptant 300 000 travailleurs, cf. Pero, G., « Le macchine per ufficio nel Mercato Comune », in *Mondo Economico*, 25 mai 1957 ; « La meccanica varia nel Mercato Comune », in *Mondo Economico*, 31 août 1957 ; De Vita, A., *L'evoluzione economica, op. cit.*, p. 87 ; Doria, M., « Note sull'industria meccanica nella ricostruzione », in *Rivista di storia economica*, 1987, n° 1, pp. 35-75. Pour ce qui concerne en particulier le producteurs des véhicules cf. Biscaretti, R., « Situation and Prospects of the Italian Motor Industry », in *Review of the Economic Conditions in Italy*, 1959, n° 3, pp. 271-279 ; Feroldi, F., « Effetti del Mercato comune nell'industria automobilistica », in *Rivista internazionale di Scienze Economiche e Commerciali* ; 1958, n° 5, pp. 452-453 ; Fauri, F., « The Role of Fiat in the Development of Italy's Car Industry in the 1950's », in *Business History Review*, 1996, n° 70, pp. 167-206.

« front commun » des mécaniciens qui demandèrent l'élimination des facilités fiscales garanties aux entreprises exportatrices étrangères par leur gouvernement et surtout la diminution des taxes italiennes, mais cela n'empêcha pas les plus optimistes de penser que les matières premières et les frais de transports diminueraient, et que la hausse globale des ventes rendue possible par l'ouverture des douanes permettrait le développement des entreprises produisant des biens d'équipement et des biens de consommation tels les appareils électroménagers[44].

Il faut en outre souligner qu'au sein de la même catégorie se rencontraient des positions différentes, tributaires aussi de la localisation des entreprises et de leurs dimensions qui évidemment déterminaient une partie de leur efficacité et leur flexibilité devant les règles qui changeaient. Par exemple, parmi les producteurs de véhicules qui craignaient les importations de l'Allemagne, la position d'Innocenti prévoyant de grands avantages pour la vente de ses scooters de haute qualité, coûtant beaucoup moins, constituait une exception[45]. Perspective heureuse que partageaient les producteurs des machines à tisser qui soulignaient la haute qualité de leurs produits et ne craignaient aucune concurrence[46]. Positives étaient en outre les attentes des producteurs des vélos conscients d'une très bonne qualité et des entreprises de moyenne dimension de la mécanique et de l'électro-mécanique des départements de Brescia et Bergamo qui s'étaient restructurés grâce aux aides du plan ERP et qui étaient habitués à une forte compétition avec les grands groupes italiens[47]. Enfin de très grandes possibilités d'expansion étaient aussi prévues par les entreprises produisant des machines à tisser du département de Pavie avec la Necchi qui, grâce à la qualité de ses produits et à la création d'un efficace service d'assistance (entretien et réparation), avait

---

[44] Dans le recensement industriel de 1951, les unités opératives locales mécaniques lombardes étaient 25 893 (20,2 % du total national) avec 317 829 travailleurs (35,9 %) : 67 avaient plus de 500 ouvriers, tandis que 22 535 ne dépassaient pas les 10 (De Vita, A., *L'evoluzione economica, op. cit.*, p. 92).

[45] Sur les positions des industriels de la mécanique cf. aussi De Vita, A., « L'inchiesta, *op. cit.* », pp. 97-110 ; Solari, L., « La Comunità Economica Europea », *Civiltà delle macchine*, 1957, n° 2, pp. 15-24.

[46] Sur les attitudes des producteurs de machine à tisser cf. Riso, R., « Le macchine tessili alla XXV Fiera Campionaria di Milano », in *Rivista dell'industria tessile cotoniera*, 1957, n° 8, pp. 591-597 ; Migliarese, D., « Qualificate affermazioni del macchinario tessile », in *Il mondo tessile*, 1957, n° 9-10, pp. 199-208.

[47] Sur les entreprises du département de Brescia et Bergamo fâce à l'ouverture du Marché commun cf. Camera di commercio, industria e agricoltura di Brescia, *Quadro economico della provincia di Brescia*, Brescia, Apollonio, 1960 ; Camera di commercio, industria e agricoltura di Brescia, *Quadro economico della provincia di Bergamo*, Milan, Giuffré, 1960.

déjà rencontré de grands succès sur le marché italien et surtout améri-cain[48].

Une dernière indication relative aux entreprises qui si elles ne font pas partie de la mécanique, lui sont liées : les industriels du secteur élec-trotechnique et ceux de certains produits optiques qui devaient affronter les entreprises allemandes étaient préoccupés, car ils subissaient une double taxation (sur les matières premières et sur les produits finis) les rendant moins compétitifs[49] ; au contraire ils sont confiants dans les perspectives de la Pirelli qui produisait des objets en caoutchouc (cein-tures et tubes hydrauliques, câbles, chambres à air, revêtements, articles sanitaires) et surtout des pneus pour un marché automobile en pleine expansion[50].

B. Les entrepreneurs textiles et ceux de l'habillement : des perspectives favorables, mais la conscience de devoir se restructurer pour rester compétitifs

Le milieu textile et surtout les industriels de l'habillement, plus habi-tués aux marchés internationaux, appréciaient la possibilité d'avoir des échanges plus rapides et moins coûteux avec l'étranger et en particulier avec les marchés de la France et du Benelux qui allaient s'ouvrir. Tous soulignaient la nécessité d'éliminer les droits de douane avec une har-monisation fiscale qui éliminerait les raisons de leurs applications (diffé-rences des taxes, du coût du travail, des intérêts sur les financements, des charges sociales), mais tous reconnaissaient qu'il était impossible de renvoyer l'ouverture au jour où ces différences n'existeraient plus, car il resterait toujours les causes « naturelles » (climat, présence de matières premières, morphologie du territoire et voies de communication, pres-sion démographique et caractère de la population, etc.) ; ils étaient cons-

---

[48] Sur le développement des entreprises qui produisaient des machines à tisser dans le département de Pavie cf. Galea, P., « Pavia nel secondo dopoguerra », in Cova, A., Mezzanotte, A., et Rumi, G. (eds.), *Pavia e il suo territorio*, Milan, Cariplo, 2000, pp. 434-437.

[49] Anfossi, P., « Prospettive dell'industria elettrotecnica italiana », in *Industria italiana elettrotecnica*, 1957, n° 2, pp. 41-42 ; « I riflessi del mercato comune sull'industria elettrotecnica italiana », in *Il Sole*, 24 février 1957 ; « L'industria elettrotecnica nel Mercato Comune », in *Mondo Economico*, 6 juillet 1957 ; « Meccanica fine ed ottica di fronte al mercato comune », in *24 Ore*, 27 janvier 1957.

[50] Pirelli, A., « L'industria dei cavi e della gomma nella Comunità Economica Euro-pea », in *Pirelli. Rivista d'informazioni e di tecnica*, decembre 1958, pp. 26-27. Pour ce qui concerne les marchés des pneus, on doit noter que de 1951 à 1958, la circula-tion des véhicules à moteur en Lombardie passa de 276 513 à 1 007 014, se divisant en 630 589 motocycles, 286 752 voitures et 78 887 camions (Vita, A. De, *L'evolu-zione economica, op. cit.*, p. 106)

cients du temps nécessaire pour harmoniser les impôts directs et indirects, les salaires et les systèmes de sécurité sociale et dès lors les entreprises textiles, sans oublier de faire pression sur le gouvernement afin d'éliminer d'éventuels avantages laissés à la concurrence, devaient se restructurer et améliorer la qualité de leurs produits en faisant aussi beaucoup de publicité lors des événements internationaux qui, à l'instar de la foire de Milan, réunissaient les plus importants représentants du milieu textile mondial[51].

Les entreprises mécaniques aussi bien que celles du textile présentaient des différences de dimension et des structures productives qui conduisaient à des attitudes diverses face à la question du Marché commun[52]. Particulièrement optimistes étaient les industriels de la laine qui soulignaient combien les entreprises italiennes s'étaient bien restructurées et, en utilisant les fibres artificielles et la laine régénérée, produisaient des fils et des tissus de haute qualité : même en présence d'une forte concurrence étrangère, dans les années précédentes, ils avaient obtenu un solde positif avec les cinq pays de la CECA (avec la France seule, le solde était négatif pour les fils, mais positif pour les tissus et les couvertures) et la perspective, avec la baisse des droits et de certaines taxes en Italie, s'avérait donc très bonne[53].

Les cotonniers, au contraire, émettaient quelques réserves, mais plus qu'aux effets de l'intégration européenne, ces dernières étaient liées à la conjoncture négative rencontrée par leur secteur qui enregistrait la perte des marchés extra-européens et une forte sous-utilisation des implantations (celles de la filature était à 38 % et celles du tissage à 27 %) : ils soulignaient que l'ouverture des marchés favorisait l'entrée des fils et des tissus étrangers (en particulier français) et que les produits italiens étaient pénalisés à cause de la taxation globale (comprenant des impôts de fabrication sur les fils et sur la distribution des produits finis) et des

---

51 Sur les attitudes des industriels du textile cf., outre les résultats des enquêtes réalisées par la Chambre de Commerce, De Vita A., « L'inchiesta », *op. cit.*, pp. 86-97 ; [gg.], « Il mercato comune : l'armonizzazione », in *Rivista dell'industria tessile cotoniera*, 1957, n° 9, pp. 657-660 ; Migliarese, D., « L'alta qualificazione tessile alla "Campionaria"», in *Il mondo tessile*, 1957, n° 3-4, pp. 50-71 et les articles indiqués dans les notes suivantes.

52 Selon le recensement industriel de 1951, les unités opératives locales textiles lombardes étaient 10 317 (27,1 %) avec 310 770 travailleurs (48,2 %) : 122 avaient plus de 500 ouvriers, tandis que 8 027 ne dépassaient pas les dix (Vita, A. De, *L'evoluzione economica, op. cit.*, p. 60)

53 Sur les perspectives des indutriels lainiers cf. « L'industria della lana nel Mercato Comune », in *Mondo Economico*, 29 juin 1957 ; Dodi, R., « Progress and Prospects of the Italian Wool Textile Industry », in *Review of the Economic Conditions in Italy*, 1959, n° 6, pp. 634-647 ; De Vita, A., *L'evoluzione economica, op. cit.*, p. 65.

charges de sécurité sociale globalement plus élevées (42 % contre moins de 25 % pour la France) et surtout des droits (comme celui sur le coton importé) qui n'existaient pas à l'étranger et qui en Italie devaient protéger la petite production locale. Des côtés positifs existaient : le Marché commun permettrait une meilleure vente des produits finis qui dans les marchés étrangers étaient beaucoup plus taxés que les semi-finis. La France perdrait ses droits et contingents. De plus, étant donné que les nouveaux tarifs moyens appliqués pendant la première période d'application étaient supérieurs à ceux existants en Italie, les entreprises disposeraient pendant quatre ans d'une protection égale à la précédente. Enfin la hausse de la concurrence sur le marché italien pouvait être compensée par une protection commune et plus forte contre les importations des pays tiers (en particulier les cotonnades écrues de l'Asie)[54]. Les cotonniers étaient donc préoccupés, mais pas opposés au Marché commun s'il y avait une gradualisation, et si on défendait les protections indirectes comme celles garanties aux entreprises françaises. Les plus européistes soulignaient aussi que la meilleure qualité des produits finis italiens permettrait la conquête des marchés européens, et que le Marché commun éliminerait les entreprises marginales (un quart des métiers à tisser étaient inutilisés, ce qui signifiait que de nombreuses entreprises allaient devoir fermer suite à la disparition des douanes) en favorisant les plus efficaces, ce qui réduirait les prix en avantageant les consommateurs. On soulignait aussi que pour arriver à ce résultat, il fallait résoudre les problèmes liés à la petite dimension des entreprises qui présentaient une gamme de produits trop large pour être compatible avec les besoins de réduction des coûts unitaires : il fallait donc restructurer les implantations (en utilisant les financements européens) en ayant pour objectif prioritaire la diminution des coûts et non le développement de la produc-

---

[54] Les entreprises cotonnières lombardes étaient les plus importantes du secteur par leur nombre et leurs travailleurs : par rapport au total national, elles possédaient plus de 50 % des fuseaux et plus de 70 % des métiers à tisser et produisaient presque 49 %. Cependant elles subissaient les effets de la crise internationale du coton : de 1951 à 1958, le nombre des fuseaux chuta de 3 693 306 à 3 192 150, celui des métiers à tisser passa de 100 377 à 77 416 : dans la même période, la production des fils passa de 120 353 à 97 394 tonnes, mais la tendance des dernières années était positive, car en 1955 la production avait atteint le minimum de 87 195 tonnes (De Vita, A., *L'evoluzione economica, op. cit.*, pp. 61-64) Sur les attitudes des industriels cotonniers cf. [es], « Integrazione del mercato europeo e problemi cotonieri », in *Rivista dell'industria tessile cotoniera*, 1956, n° 12, pp. 889-895 ; sur le problème de la concurrence des entreprises cotonnières des pays extra-européens qui avaient un surplus de production à distribuer en Europe à des prix très compétitifs et en particulier la règlementation des importations de l'Asie cf. aussi « Il problema dell'unificazione del mercato cotoniero europeo », in *ibid.*, 1956, n° 11, pp. 815-820 ; « La situazione cotoniera mondiale », in *ibid.*, 1957, n° 6, pp. 391-400 ; « Congresso mondiale del cotone », in *ibid.*, 1957, n° 10, pp. 740-744.

tion, car, désormais, les marchés offraient de l'espace seulement pour les produits de haute qualité, tandis que pour le reste les possibilités de croissance seraient très limitées. Dans le même temps, la nécessité d'éliminer les tarifs sur les importations des matières premières et donc de garantir des fournitures au même prix que ceux payés par la concurrence était mise en évidence (ils grèvaient de 50 % les prix des fils et de presque 35 % ceux des tissus). Il fallait donc améliorer la production intérieure du coton cultivé dans les régions du sud qui devait devenir lucrative quand les protections se réduiraient et que la demande de cotons très longues fibres augmenterait[55].

Pour les cotonniers plus enclins à l'Europe, les aspects négatifs étaient plus que compensés par les avantages : le Marché commun allait finalement changer la tendance de la première partie du XXe siècle qui avait vu une augmentation de la production industrielle de 70 % contre une hausse de seulement 2 % des échanges entre les pays européens, et se transformait en une sous-utilisation des implantations ; de plus, même si la hausse des salaires (qui en tout cas restaient les plus bas) avait été supérieure à celle de la productivité, il était évident que pour obtenir une productivité de la main d'œuvre et des coûts au niveau des autres pays, il suffisait de restructurer les implantations et de baisser l'incidence des frais à charge de l'entreprise (55 % sur le salaire des ouvriers). En outre, il faut reconnaître que pour les fils, les entreprises italiennes présentaient des coûts de production plus élevés. Mais il faut aussi rappeler qu'elles se trouvaient dans les meilleures conditions en ce qui concerne les fibres artificielles (rayon et viscose) dont la production était plus que suffisante par rapport aux besoins du marché intérieur et représentait déjà plus d'un huitième de la production globale des tissus de coton italiens. Enfin, il faut considérer qu'il était difficile de craindre pour au moins quatre ans une hausse de la concurrence étrangère sur le marché italien, tandis qu'il était probable que l'ouverture des douanes améliorerait les rentes des citoyens en augmentant la demande de tissus et favoriserait tant les exportations : (elles représentaient d'ailleurs déjà presque 6 %

---

[55] Sur ces propositions, outre les articles indiqués dans la précédente note, cf. « L'industria del cotone nel Mercato Comune », in *Mondo Economico*, 29 juin 1957 ; [es], « L'industria cotoniera europea di fronte al problema del mercato comune », in *Rivista dell'industria tessile cotoniera*, 1957, n° 2, pp. 75-78 ; Ferrario, A., « Posizione dell'industria cotoniera italiana nei confronti del mercato comune europeo », in *ibid.*, 1957, n° 7, pp. 487-489 ; « Il futuro dell'industria cotoniera europea », in *ibid.*, 1957, n° 9, pp. 657-660. Sur les problèmes liés à l'élimination des tarifs sur l'importation de coton qui protégeaient la production locale et sur la croissance de la demande de cotons très longues fibres cf. aussi « Note in margine al convegno sulla cotonicoltura nazionale », in *ibid.*, 1956, n° 10, pp. 725-730 ; « Mercato dei cotoni a fibra lunghissima », in *ibid.*, 1957, n° 7, pp. 485-486.

de la production des fils et des tissus qui étaient distribués dans les pays de la CECA (plus l'Angleterre) pour un tiers (des premiers) et pour 14 % (des deuxième auxquels on devait ajouter presque 21 % de fibres artificielles) que les attentes, même si pour les fils, la tendance était à l'autosuffisance pour chaque pays, s'avéraient plus que positives pour les tissus dont les exportations augmentaient en Allemagne et dans le Benelux et diminuaient en France. En faveur du Marché commun intervenait aussi l'absence d'alternatives meilleures : aux industriels qui, fortement préoccupés de l'arrivée des produits étrangers, soulignaient qu'en réalité le solde import-export des produits textiles pouvait devenir négatif à cause des importations françaises et allemandes, il était répondu que la naissance du Marché commun évitait la formation de nombreux petits marchés nationaux sans possibilités de développement et que les nouvelles règles, étant donné qu'elles comportaient l'élimination des impôts de fabrication en Italie, des mesures limitant les importations en France ainsi que des aides étrangères aux exportations, amélioreraient les possibilités de succès pour les entrepreneurs plus efficaces et rendraient moins coûteux ses produits finis[56].

Positives étaient les attentes des industriels de la soie et des producteurs de fibres artificielles. Ils soulignaient la nécessité d'améliorer la qualité des productions, mais aussi les avantages qui découleraient de l'ouverture des marchés protégés en France et dans le Benelux : de plus ils pensaient que les nouvelles règles sur les prix des matières premières (qu'ils achetaient en Italie) et des produits finis pouvaient engendrer une meilleure spécialisation des productions et une limitation de la concurrence des producteurs des pays hors Marché commun[57].

Aussi les producteurs de biens d'habillement attendaient la disparition des douanes qui pourrait finalement leur permettre de s'affirmer sur les marchés européens avec leur production de grande qualité à prix très compétitifs : en effet le Marché commun rendrait le prix des matières premières et des instruments de production plus bas en élargissant la clientèle étrangère et, en outre, avec la hausse des rentes des citoyens

---

[56] Pour le contexte complet de la situation du secteur cotonnier dans le Marché commun (plus l'Angleterre) cf. Ufficio studi dell'ICI, « L'industria cotoniera nella comunità economica europea », in *Rivista dell'industria tessile cotoniera*, 1957, n° 7, pp. 473-484, n° 8, pp. 547-556, n° 9, pp. 645-656 et n° 10, pp. 752-763 ; Tremelloni, R., « Costi e mercato comune europeo », in *Rivista dell'industria tessile cotoniera*, 1957, n° 11, pp. 822-829.

[57] La production des fibres artificielles et synthétiques qui arriva à 82 247 tonnes en 1957 (5 % du total national) enregistrait en effet un bon succès. Sur les perspectives des producteurs de soie et de fibres artificielles cf. De Vita, A., *L'evoluzione economica*, *op. cit.*, pp. 65-67 ; « Cotone e fibre artificiali nel Mercato Comune », in *Mondo Economico*, 25 mai 1957.

augmenterait la demande globale. En particulier, les producteurs de chapeaux soulignaient combien leurs produits qui n'avaient pas de concurrence sur le marché italien (déjà complètement ouvert) se préparaient à s'étendre dans les cinq autres pays où leur succès était jusqu'alors limité seulement par l'existence des droits de douanes. Les producteurs de haute couture, boutons de luxe, linge, chemises, vestons, jupes, pantalons, manteaux, vêtements en coton imperméable, chaussettes, chaussures en cuir et caoutchouc du Milanais, des départements subalpins et de la plaine orientale, ainsi que les centaines de petites entreprises artisanales du district de Vigevano spécialisées dans la fabrication des chaussures (et puis des machines pour les chaussures) ne montraient pas d'appréhension puisque les 50 % de la production étaient destinés à l'exportation. Enfin aucun problème n'était prévu par les autres industriels utilisant les produits textiles pour créer couvertures et autres tapis, certains de pouvoir profiter d'un marché plus vaste[58].

C. Les fabricants de meubles : artisanat ou industrie pour faire face au Marché commun ?

Les fabricants de meubles partagent une attitude spécifique, en particulier ceux de la Brianza qui, liés encore à une production plus artisanale que de série, ne devaient pas seulement chercher à rendre leurs produits encore plus riches en qualité et plus modernes, mais aussi transformer leur laboratoires en vraies entreprises capables de se confronter au Marché commun. En effet, se posait le problème de la coexistence entre les entreprises artisanales (qui employaient une ou deux personnes) et industrielles (qui, en moyenne, disposaient de dix travailleurs) : la proposition des experts du secteur était de laisser aux premières la production des chefs d'œuvre à haute valeur artistique, tandis qu'aux secondes, qui grâce à la rationalisation des implantations et à la standardisation des productions pouvaient diminuer les coûts, il serait laissé les productions en série de qualité élevée ; tout cela signifiait transformer beaucoup de laboratoires artisanaux en petites industries ou en auxiliaires de plus

---

[58] Selon le recensement industriel de 1951, les unités opératives locales qui travaillaient les peaux et le cuir étaient 1 791 (27,3 % du total national) avec 12 791 travailleurs (33,4 %) ; celles qui produisaient des vêtements étaient 34 521 (15,8 %) avec 91 966 travailleurs (22,4 %). Sur les attentes de succès de nombreuses entreprises qui en Lombardie travaillaient dans le secteur de l'habillement et sur les exemples indiqués cf. « Nuovi orientamenti del commercio al dettaglio », in *L'abbigliamento italiano*, n° 7, décembre 1959 et De Vita, A., *L'evoluzione economica*, *op. cit.*, pp. 67-73 ; Besana, C., « La ricostruzione e il miracolo economico », in Cova, A., Mezzanotte, A., et Rumi, G. (eds.), *Bergamo e il suo territorio*, Milan, Cariplo, 1997, pp. 401-402 ; Camera di commercio, industria e agricoltura di Brescia, *Quadro economico*, *op. cit.* ; Galea P., « Pavia nel secondo dopoguerra » *op. cit.*, pp. 437-439.

grandes structures productives, prévoir l'inévitable fermeture de petits entrepreneurs produisant des meubles de mauvaise qualité et qui avaient résisté jusqu'alors grâce à l'éviction des charges de sécurité sociale et, dans le même temps, organiser des cours de formation professionnelle pour améliorer le niveau des produits finis[59].

Avec beaucoup de pragmatisme, les fabricants de meubles et tous les entrepreneurs de la chaîne productive ne s'opposèrent pas au Marché commun et se préparèrent à changer l'organisation de leurs entreprises pour être plus compétitifs : il fallait avant tout éviter de sous-évaluer la concurrence étrangère qui produisait des ligne moins originales et belles, mais sobres, rationnelles et économiques qui rencontraient le goût du public transalpin et d'Italiens plus attentifs aux prix ; en outre, il fallait observer les activités (études, formation professionnelle, publicité, contrôle de la qualité) que les associations des entrepreneurs étrangers faisaient pour devenir plus compétitifs et chercher à les imiter. Chaque entreprise devait restructurer non seulement les implantations en prenant en compte que le coût de la main d'œuvre augmentait plus que ses services, mais se spécialiser dans peu de productions, c'est-à-dire celles qui, selon l'expérience, avaient donné les plus grands avantages, car cela permettait aux producteurs d'éviter de perdre des ressources sur des produits non rentables : dès lors les meilleurs artisans de la Brianza, pour profiter des avantages du Marché commun, devraient se spécialiser dans les meubles de style et éviter de concurrencer les productions en série ; pour les autres qui devaient passer à ces dernières, il était au contraire nécessaire de réduire les coûts de la main d'œuvre, d'améliorer les implantations pour réduire les déchets de fabrication (encore 40 %), et d'avoir une meilleure coordination entre les producteurs par les services fournis des associations des entrepreneurs. Enfin, pour répondre aux nouvelles exigences du bâtiment moderne, il fallait augmenter la collaboration entre les producteurs, les techniciens, les dessinateurs et aussi les architectes (toujours exclus des productions artisanales)[60].

---

[59] Sur les attitudes des fabricants de meubles cf. Armellini, T., « Il presente e il futuro della nostra industria mobiliera », in *L'industria del legno*, 1957, n° 7, pp. 2-4 ; Marchi, N., « Artigianato e industria del mobile », in *ibid.*, 1957, n° 9, p. 7-9.

[60] Outre aux articles indiqués dans la précédente note cf. Manente, D., « La situazione dell'industria dei mobili in Italia », in *L'industria del legno*, 1957, n° 9, pp. 5-6 ; Marcolli, M., « Il Mercato Comune Europeo e i suoi riflessi sulle imprese industriali e artigiane del mobile », in *ibid.*, 1957, n° 9, pp. 10-11. On doit aussi noter que le problème du choix entre productions artisanales et en série se posait dans d'autres secteurs, par exemple celui de la céramique, particulièrement développée dans le Milanais, qui dans le Marché commun disposait de favorables perspectives, mais qui devait trouver le juste équilibre entre les deux différents types de produits (« L'in-

La restructuration apportée au secteur des fabricants de meubles par le Marché commun était donc forte et changeait le rapport entre prix et qualité, car les meubles de qualité eux aussi devaient avoir des prix accessibles pour une plus grande part de clientèle ; de plus pour éviter d'avoir des types de produits en excès et d'autres en rupture de stocks, il fallait améliorer l'organisation des entreprises et coordonner les productions entre les entreprises, mais aussi les productions en série et celles des artisans[61]. C'est pourquoi la Fédération italienne des industriels du bois créa un Comité d'études chargé de créer les conditions pour insérer les meubles italiens sur les marchés internationaux et de défendre la production locale de la concurrence étrangère sur le marché italien : il fallait donc procéder à des analyses de marchés et faire de la publicité sur les journaux et pendant les foires (en développant aussi l'exposition permanente de Cantù), donner des avis aux producteurs relatifs aux produits, établir les conditions pour avoir la « marque de qualité », créer des cours pour « techniciens et ingénieurs du bois », favoriser l'achat en commun des matières premières pour en réduire les coûts[62].

Naturellement, les nouveautés étaient différentes selon l'activité effectuée et les conditions des marchés respectifs : il y avait, par exemple, des différences entre les meubles pour la cuisine et la chambre qui rencontraient des difficultés aussi sur le marché italien et les meubles rembourrés (sièges et fauteuils) qui semblaient plus modernes et avaient plus de succès dans toute l'Europe ; en outre si, en général, les droits vers les pays tiers étaient restés presque égaux à ceux qui existaient auparavant, ne posant pas de problèmes, pour le placage et les parquets, il y eut une forte réduction de 17 % à 10 % pouvant créer plus de difficultés sur le marché intérieur. Pour permettre aux entrepreneurs de préparer de meilleures stratégies pour faire face au Marché commun, des prévisions à propos des activités étaient formulées : pour la production du bois, ni problème ni concurrence pour les scieries locales ; pour les contre-plaqués, la concurrence de l'Allemagne serait compensée par l'ouverture des marchés français et du Benelux (mais il fallait restructu-

---

dustria della ceramica italiana di fronte ai problemi del Mercato Comune », in *Il Sole*, 15 avril 1957).

[61] « Si organizzano gli industriali mobilieri per affrontare il Mercato comune europeo », in *Il Sole*, 16/17 décembre 1957, C.S., « Anche i mobilieri devono prepararsi al MEC », in *Il mobile*, 10 février 1958 ; « Nuovi orientamenti. I problemi della Brianza e le nuove esigenze del mercato mobiliero », in *ibid.*, 10 août 1958 ; Montanari, G.B., « Politica di bassi prezzi per affrontare il MEC », in *ibid.*, 25 décembre 1958.

[62] Sur le Comité d'études créé pendant les travaux du Congrès national des industriels des meubles organisé en octobre 1957 par la Fédération italienne des industriels du bois cf. Armellini, T., « Costruttive le conclusioni del Congresso nazionale industriali mobilieri », in *L'industria del legno*, 1957, n° 10, pp. 3-8.

rer les implantations pour améliorer la qualité) ; pour les panneaux fibre-ligneux, pas de crainte grâce à l'expansion de la demande et à la constatation que la concurrence plus forte ne venait pas des autres pays du Marché commun ; pour les bois des placages, la concurrence française augmenterait, mais les coûts d'achat des bois exotiques d'outremer français diminueraient ; pour les parquets, la hausse de la forte concurrence allemande imposerait une restructuration pour réduire les coûts ; enfin, en se référant aux meubles, les perspectives étaient formidables pour les productions de haute qualité qui n'auraient plus d'obstacles pour conquérir les marchés des autres pays du Marché commun, tandis que des préoccupation existaient pour les produits plus économiques qui souffriraient de la concurrence des produits allemands moins beaux au niveau esthétique, mais moins coûteux et donc compétitifs aussi en Italie[63].

D. Les entrepreneurs de la chimie : la crainte d'une Europe trop compétitive

Dans l'industrie chimique, les mêmes attentes et préoccupations se présentent : tous se déclarent favorables à la réalisation de l'harmonisation des normes fiscale et de la sécurité sociale, des prix de transports et de la circulation des capitaux et de la main d'œuvre. En réalité, la peur de la concurrence étrangère était forte, car les productions étaient de faible qualité et des problèmes se posaient pour les engrais aux prix très compétitifs, mais dont la demande diminuait : c'est pourquoi, devant un Marché commun qui arriverait en tout cas, on chercha à obtenir au moins de plus hauts droits envers les pays tiers et une réduction des coûts liés à la main d'œuvre (par une diminution des taxes et des charges de sécurité sociale). En général, les critiques les plus fortes venaient de la chimie pharmaceutique dont les entrepreneurs craignaient la concurrence allemande et demandaient surtout des lois claires pour défendre leurs brevets d'invention, tandis que les producteurs de matières très nouvelles, comme les plastiques, semblaient plus européistes et n'envisageaient que les opportunités garanties par les plus riches marchés transalpins[64].

---

[63] Sur les perspectives de chaque activité cf. Albanese, T., « Le industrie del legno nella comunità europea », in *L'industria del legno*, 1957, n° 8, pp. 26-29.

[64] Selon le recensement industriel de 1951, les unités opératives locales de la chimie lombarde étaient 1 753 (27,9 du total national) avec 61 786 travailleurs (33,1 %) : 22 avaient plus de 500 ouvriers, tandis que 1 178 ne dépassaient les 10 (A. De Vita, *L'evoluzione economica, op. cit.*, p. 100) Sur les attitudes des industriels de la chimie cf. « L'industria chimica italiana di fronte al mercato comune », in *24 Ore*, 25 janvier 1957 ; « I problemi del mercato comune esaminati dagli industriali chimici », in *Il Sole*, 21 février 1957 ; « Il progresso dell'industria chimica in tutti i campi della produzione », in *ibid.*, 17 avril 1957 ; « La chimica nel Mercato Comune », in *Mondo Economico*, 1er juin 1957 ; Orsoni, B., « L'industria chimica e l'avvenire », in *La*

Les entreprises électro-chimiques constituent un cas particulier. Elles utilisaient certains métaux produits en Italie et voulaient élargir les importations pour réduire les coûts d'approvisionnement de plomb, zinc et aluminium : elles étaient naturellement favorables à la disparition des douanes, mais se confrontaient à l'intérêt opposé des industriels miniers qui travaillaient dans les régions plus pauvres (comme la Sardaigne) et qui demandaient une réduction minime des droits dans les deux premières phases d'intégration en réservant les efforts plus importants à la dernière. Typique accrochage entre des entreprises presque prêtes à se confronter à une concurrence plus forte et celles aux coûts trop rigides qui ne leur permettaient pas de survivre sans les protections des douanes : elles devaient se restructurer complètement en utilisant les aides prévues pour les industries obsolètes dans les régions plus pauvres et consentir aux premières des approvisionnements plus économiques hors Italie[65].

E. La tranquillité des entrepreneurs du bâtiment et du papier

Les industriels du bâtiment avaient moins de problèmes puisqu'ils disposaient d'un marché très vaste et disposant de barrières « naturelles » (les Alpes et les frais élevés de transport) à la concurrence étrangère pour laquelle il était presque impossible d'être compétitifs sur les petites maisons comme sur les grandes infrastructures. En effet les coûts de la main d'œuvre et des constructions étant les plus bas, des avantages pour les exportations des machines de constructions, des bétons, des vitres et des fenêtres étaient prévus, mais seulement dans le cadre d'un développement de la spécialisation de la main d'œuvre, et si l'État oc-

---

chimica e l'industria, 1957, n° 10, pp. 841-848 ; *id.*, « Prospect Situation and Prospects of the Italian Chemical Industry », in *Review of the Economic Conditions in Italy*, 1958, n° 3, pp. 235-245 ; « E'necessario che l'industria chimica sia in grado di affrontare il MEC », in *L'industria lombarda*, 24 mai 1958. Sur le problème des brevets des entreprises qui produisaient des médicaments cf. aussi *La brevettabilità nel settore farmaceutico : aspetti in relazione al MEC*, Sallustiana, Rome, 1961. Sur les attitudes des producteurs de matières plastiques cf. Da Catra, F., « Le materie plastiche ed il loro sviluppo in Italia », in *Materie plastiche*, 1957, n° 6, pp. 580-585 ; Moretti, G., « Le materie plastiche nel 1956 », in *ibid.*, 1957, n° 12, pp. 951-963. Pour mieux comprendre le milieu lombard de la chimie qui comprenait deux grandes entreprises, la Montecatini et la Edison cf. Fauri, F., « The "Economic Miracle" and Italy's Chemical Industry, 1950-1965 : a Missed Opportunity », in *Enterprise and Society*, 2000, n° 22, pp. 279-314.

[65] Sur les différentes attitudes envers le Marché commun des producteurs et de consommateurs des métaux indiqués cf. Cianci, E., « L'industria italiana del piombo e dello zinco nel Mercato Comune », in *L'industria mineraria*, 1957, n° 7, pp. 445-456 ; *id.*, « Situation and Prospects of the Italian Mining Industry », in *Review of the Economic Conditions in Italy*, 1957, n° 3, pp. 503-519.

troyait les financements et les aides fiscales. Avec une tendance très positive qui avait vu, à partir des années 1950, le nombre de maisons édifiées augmenter, l'unique crainte, limitée à une petite partie des industriels, était paradoxalement que le Marché commun « harmonise » les salaires italiens aux transalpins en augmentant le coût de la main d'œuvre déjà grevé des taxes et des charges de sécurité sociale, tandis que pour les entreprises intéressées par une restructuration, il existait la possibilité de s'adresser à l'AEP (Agence Européenne pour la Productivité) qui avait déjà commencé une œuvre de collaboration et d'échange d'expérience entre les pays de l'OECE. Cette collaboration concernait la mécanisation des chantiers, l'utilisation des préfabriqués, la formation professionnelle de la main d'œuvre et, en général, tout ce qui pouvait augmenter la productivité et la qualité du bâtiment[66].

Encore plus tranquilles étaient les industriels du secteur papier qui attendaient une croissance des ventes liée au développement des transports, garantissant une demande plus forte d'emballages, et à celui des revenus qui rendait probable une augmentation du désir de culture et de livres, et donc plus de commandes pour les imprimeries[67].

F. Deux cas particuliers : les entrepreneurs de la sidérurgie et ceux de l'alimentation

Les entreprises sidérurgiques et alimentaires méritent un coup d'œil particulier. Le monde sidérurgique avait en effet déjà dû s'habituer à l'idée de travailler au sein d'un marché presque libre et était en train de voir la fin de la période de transition donnée à l'Italie pour lui permettre de s'adapter au nouveau marché du charbon et de l'acier ; les industriels produisant des gâteaux, des fruits et des légumes en conserve étaient au contraire liés au secteur agricole, qui dépendait des règles spéciales établies par la PAC, c'est-à-dire le secteur productif le moins intégré[68].

---

[66] Les maisons édifiées (ou rebâties) passèrent de 99 097 en 1951 à 340 839 en 1957 (De Vita, A., *L'evoluzione economica, op. cit.*, p. 97). Sur les attitudes des industriels du bâtiment cf. aussi *id.*, « L'inchiesta », *op. cit.*, pp. 110-111 ; « Edilizia e cemento nel mercato comune », in *Mondo Economico*, 3 août 1957. Sur la peur d'une hausse des coûts de la main d'œuvre cf. Madia, L., « Il Mercato Comune e il mito dell'armonizzazione », in *Mondo Economico*, 13 avril 1957. Sur l'AEP cf. Curtopassi, G., « L'azione dell'Agenzia Europea per la Produttività nel settore dell'edilizia », in *Produttività*, 1957, n° 12, pp. 1140-1144.

[67] « Le industrie grafiche nel Mercato Comune », in *Mondo Economico*, 22 juin 1957.

[68] Sur les problèmes du « pool vert » et de la PAC pour ce qui concerne l'agriculture italienne cf. Lenti, L., « L'agricoltura italiana nel Mercato Comune Europeo », in *Congiuntura economica*, 31 janvier 1958 ; Laschi, G., « L'agriculture italienne et l'identité économique et sociale de l'Europe », in Bussière, É., et Dumoulin, M. (eds.), *Milieux économiques et intégration européenne en Europe occidentale au*

La sidérurgie lombarde, un des secteurs les plus importants par son nombre d'entreprises et ses travailleurs (presque 60 000)[69], demandait naturellement que les douanes soient supprimées également pour les autres secteurs ainsi que le renouvellement de certaines règles de la CECA créant des discriminations entre produits similaires. Les entreprises sidérurgiques lombardes, après avoir reçu une partie importante des aides ERP versées en Italie, avaient poursuivi la restructuration de leurs implantations pendant la « période de transition » et la hausse de leurs productions démontrait combien l'intégration des marchés pouvait apporter de grands avantages aux secteurs industriels[70].

Les entreprises alimentaires soulignaient les avantages directs de l'ouverture (plus de marchés disponibles) et indirects (des coûts inférieurs pour des biens comme les tracteurs et les engrais chimiques) qui permettaient de conjuguer meilleure utilisation des implantations et réduction des coûts des matières premières achetées. Ils ajoutaient qu'on pouvait attendre encore plus d'avantages, si on établissait l'obligation d'acheter prioritairement les produits communautaires et si l'augmenta-

---

XXe siècle, Arras, Artois Presses Universitaires, 1998, pp. 409-421 ; *id.*, « Le radici di un paradosso : l'integrazione agricola europea e la partecipazione italiana », in *Studi storici*, 1996, n° 1, pp. 227-272 et les bibliographies indiquées.

[69] Selon le recensement industriel de 1951, les unités opératives locales métallurgiques lombardes étaient 430 (49,3 % du total national) avec 54 908 travailleurs (38,9 %), de toutes dimensions : 23 avaient plus de 500 ouvriers, tandis que 171 ne dépassaient les 10 (De Vita, A., *L'evoluzione economica, op. cit.*, pp. 87 et 89).

[70] De 1951 à 1958, on enregistra une hausse des produits finis avec la production lombarde de fonte qui passa de 161 374 à 162 541, tandis que celle d'acier augmentait de 1 178 061 à 1 767 569 tonnes, celle de laminés à chaud de 932 177 à 1 374 408 tonnes, celle des laminés de fer et des autres produits sidérurgiques de 74 658 à 90 560 tonnes (De Vita, A., *L'evoluzione economica, op. cit.*, p. 94). Sur les attitudes des industriels de la sidérurgie et sur les résultats atteints dans la période de transition en Italie, cf., outre les articles indiqués dans la note 17, Archive Falck, « Relazione del Consiglio di Amministrazione », Milan, 27 avril 1957, in AfI Falck, « Verbali assemblee dal 25 aprile 1953 al 29 aprile 1960 » (manuscript), pp. 107-109 ; « Relazione del Consiglio di Amministrazione », Milan, 26 avril 1958, in *ibid.*, pp. 130-134 ; « Relazione del Consiglio di Amministrazione », Milan, 25 avril 1959, in *ibid.*, pp. 163-167 ; Pella, G., *La Comunità Europea del Carbone e dell'Acciaio. Risultati e prospettive*, Rome, Cinque Lune, 1957 ; Dotti, A., « La siderurgia italiana nel quadro del primo Mercato Comune Europeo », in *L'ingegnere*, 1957, n° 10, pp. 897-902 ; Cairncross, J., « The Future of Italy's Steel Industry », in *Banca Nazionale del Lavoro. Quarterly Review*, 1957, n° 42, pp. 352-368 ; Manuelli, E., « Situation and Prospects of the Italian Steel Industry », in *Review of the Economic Conditions in Italy*, 1958, n° 6, pp. 567-579 ; Capanna, A., « L'industria siderurgica italiana nella Comunità Europea Carbone e Acciaio », in *Lezioni sul commercio estero. L'economia italiana e la collaborazione economica internazionale*, Cedam, Padoue 1959, pp. 471-495 ; Massi, E., *I fondamenti dell'integrazione europea : il mercato comune del carbone e dell'acciaio*, Milan, Giuffré 1959.

tion de l'activité dans les secteurs industriels libérait les contrats de fermage. En tout cas, ils ne craignaient pas les importations étrangères, considérées de qualité inférieure (et pensaient, au contraire, que certains de leurs gâteaux pourraient rencontrer un grand succès) et étaient plus préoccupés par les taxes élevées de fabrication (sur le sucre et le cacao) qui limitaient les ventes sur le marché intérieur en créant des difficultés à leurs entreprises qui comptaient presque 56 000 travailleurs[71].

III. Les premières années dans le Marché commun : la surprise d'un succès étonnant

Les entrepreneurs lombards étaient donc conscients du fait que le Marché commun ne créerait pas trop de problèmes au système industriel italien et que, même si on attendait la faillite de quelques entreprises, les prévisions des résultats globaux s'avéraient positives. Il convient toute-fois de noter que le 1er janvier 1959 lorsque la chute de droits commença effectivement, nul ne pouvait imaginer le niveau que les entreprises lombardes atteindrait en quelques années.

A. *Le miracle économique lombard*

Grâce aussi à la perspective d'une application graduelle des nouvel-les règles et d'une augmentation des revenus et des consommations dans la communauté, les meilleures entreprises lombardes augmentèrent les ventes de leurs produits au sein du Marché commun. Le succès fut tel qu'il surprit les industriels de presque tous les secteurs productifs, des grandes et petites entreprises, jusqu'aux laboratoires artisanaux[72]. En quelques années, la Lombardie devint une région pleinement intégrée dans l'Europe d'autant plus que sa capitale, Milan, même en ayant perdu l'opportunité de devenir le siège du Marché commun, suite aux luttes

---

[71] Sur les opinions des industriels du secteur alimentaire cf. aussi De Vita, A., « L'inchiesta », *op. cit.*, pp. 116-126. Pour une brève synthèse sur le développement de l'agriculture et de l'élevage en Lombardie dans les années 1950 cf. aussi De Vita A., *L'evoluzione economica, op. cit.*, pp. 43-54.

[72] Enfin sur la taxation du sucre dans le Marché commun cf. « Lo zucchero, il MEC e il mercato italiano », in *24 Ore*, 19 février 1958. On doit en effet noter que la croissance ne fut pas limitée aux seules grandes entreprises : par exemple de 1951 à 1961, dans le département de Brescia (le deuxième par son nombre d'habitants et d'entreprises derrière Milan) les unités opératives locales artisanales de l'industrie manufacturière passèrent de 8 451 à 9 265 et les travailleurs de 13 428 à 25 535, celles du bâtiment et des installations des implantations respectivement du 319 et 870 à 870 et 3 887, celles des transports de 757 et 1 053 à 1 185 et 1 936 (Camera di Commercio Industria e Agricoltura di Brescia, *4° Censimento Generale dell'industria e del commercio. 16 ottobre 1961, principali caratteristiche strutturali delle imprese e delle unità locali della provincia di Brescia*, Apollonio, Brescia 1961, pp. 6-8

intestines entre les municipalités italiennes, obtint quand même le Centre d'Études sur les Communautés Européennes[73].

L'augmentation de la production et des revenus des industries italiennes dans la période 1958-1963 fut tellement grande qu'elle a été appelée « miracle économique » : les résultats atteints par les entreprises lombardes après la naissance du Marché commun furent encore plus étonnants et la Lombardie devint l'une des plus importantes régions économiques européennes.

Au niveau national, de 1959 à 1960, la production augmenta de plus de 10 % grâce au boom du bâtiment et des biens de consommation durables et d'équipement ; les exportations italiennes vers les pays du Marché commun entre 1958 et 1963 rencontrèrent une hausse supérieure aux prévisions les plus optimistes (30 % chaque année) consistant pour plus d'un tiers en produits de la mécanique[74]. Les nouvelles technologies et la croissance de la demande étrangère garantissaient plus de production à des prix très compétitifs : c'était le grand boom du *made in Italy* qui pour les entreprises lombardes signifiait une hausse du nombre des firmes qui passèrent de 198 971 recensées en 1951 à 321 392 en 1961, tandis que les travailleurs augmentèrent de 1 638 779 à 2 387 400[75].

---

[73] Sur les raisons de la candidature de Milan comme siège du Marché commun et sur l'évolution négative de ce projet qui n'apporta à Milan que le Centre international d'études et documentation sur les Communautées Européennes (le Marché commun resta à Bruxelles où il était déjà installé « provisoirement »), cf. « Milano pone la sua candidatura a sede del Mercato comune europeo », in *Il Sole*, 25 avril 1957 ; Decleva, E., « Integrazione europea », *op. cit.*, pp. 319-324.

[74] Sur le développement économique italien cf. Fauri, F., *L'Italia e l'integrazione*, *op. cit.*, pp. 128-129 ; *id.*, « Struttura e orientamento del commercio italiano negli anni'50 : alle origini del boom economico », in *Studi Storici*, 1996, n° 1, pp. 191-225 ; Zamagni, V., « Un'analisi critica del « miracolo economico italiano » : nuovi mercati e tecnologia americana, in Di Nolfo, E., Rainero, R.H., et Vigezzi, B. (eds.), *L'Italia e la politica di potenza*, *op. cit.*, pp. 393-421 ; Mattei, E., « Italian Industry in Five Year Period 1956-1960 », in *Review of the Economic Conditions in Italy*, 1961, n° 6, pp. 479-498 ; Ranieri, R., « L'integrazione europea » *op. cit.*, pp. 303-314 ; Lutz, V.C., « *Some Characteristics of Italian Economic Development (1950-1955)* », in *Banca Nazionale del Lavoro Quarterly Review*, 1956, n° 39, pp. 153-185 ; Falcone F., « Effetti dell'integrazione economica europea sulla struttura delle esportazioni italiane », in *Rassegna Economica*, 1975, n° 5, pp. 1139-1166.

[75] En Lombardie, selon le recensement de 1951, les unités opératives locales de l'industrie étaient 123 921 avec 1 255 451 travailleurs et celles des transports 9 156 avec 76 404. Dix ans après, les unités locales des secteurs industriels étaient 132 148 avec 1 706 215 travailleurs : respectivement 983 avec 11 359 pour les industries extractives, 112 841 avec 1 451 783 pour les industries manufacturières, 16 789 et 217 652 pour celles du bâtiment, 1 535 et 25 421 pour celles du « gaz, électricité, eau ». Les unités opératives locales du commerce étaient au nombre de 176 634 et employaient 454 698 travailleurs, respectivement 16 994 et 95 463 pour le secteur du commerce

En 1959 les ventes des meubles arrivèrent à une valeur de 909 millions de lires (221 en 1955)[76], tandis que les entreprises sidérurgiques et mécaniques, qui vendaient la moitié de leur production à l'étranger (en particulier en France et en Allemagne), se développèrent aussi dans les provinces de la plaine qui, jusqu'alors, étaient surtout agricoles[77]. L'augmentation conséquente des travailleurs émigrants des autres régions et des revenus apportait aussi une forte croissance du bâtiment surtout dans les villes industrielles[78] et à cela s'ajoutait, de 1958 à 1962, une hausse de plus de 13,5 % des permis de commerce, un signe clair du développement des ventes, également sur le marché intérieur, ce qui permettait de mieux utiliser les implantations et donc de réduire les coûts unitaires en devenant encore plus compétitifs sur les marchés étrangers[79].

On assista donc au grand développement des industries s'occupant des biens d'équipement et de celles produisant des biens de consommation : Italcementi (matières premières pour le bâtiment et s infrastructures routières), AFL Falck, Dalmine et les petites aciéries des vallées subalpines, Innocenti (tubes en acier et scooters), Bianchi (vélos), Guzzi et Gilera (motocycles), Alfa Romeo et Autobianchi (voitures), OM (camions et fourgons), Borletti (montres et instruments électrotechniques et électroniques pour les voitures et les véhicules), Ignis et Candy (appareils électroménagers), Necchi (machines à tisser), Motta et Galbani

---

de gros, 122 555 et 250 170 pour le commerce de détail, 5 855 et 21 712 pour les entreprises auxiliaires, 31 230 et 87 353 pour le secteur des hôtels et des établissements publics. À cela s'ajoutaient 39 488 unités opératives locales effectives avec 351 159 travailleurs dans les autres activités comme les transports, les banques, les assurances, etc. (Istat, *Annuario statistico italiano 1961*, Rome, Tip. Elezeviriana, 1961, pp. 161-168).

[76] « Esportazione del mobile italiano verso le maggiori piazze mondiali », in *Il mobile*, 10 octobre 1960

[77] Dans la circonscription de Crema, on produisait par exemple des laminés, bulloni, couvre-lits, machines à écrire, calculateurs, implantations pour raffinerie, etc. comme dans un typique département industriel. À ce propos P. Galea, « Una trasformazione incompiuta (1945-1962) », in Cova, A., Mezzanotte, A., et Rumi, G. (eds.), *Cremona e il suo territorio*, Cariplo, Milan, 1998, pp. 383-385.

[78] En Lombardie, de 1951 à 1961, les maisons augmentèrent de 27,5 % et passèrent de 1 745 082 à 2 226 301 avec une hausse de 40 % dans les villes chefs-lieux du département (de 523 644 à 733 258) (Istat, *Annuario statistico italiano 1961*, Rome, Tip. Elezeviriana, 1961, pp. 224-226).

[79] Les permis de commerce passèrent de 139 435 en 1958 à 147 064 en 1959 et à 158 411 en 1962 (Istat, *Annuario statistico italiano 1958*, Rome, Tip. Elezeviriana, 1959, p. 223 ; id., *Annuario statistico italiano 1960*, p. 227 ; id., *Annuario statistico italiano 1962*, p. 248). Selon le recensement de 1961, dans le commerce, les unités locales opératives étaient 176 634 avec 454 698 travailleurs (id., *Annuario statistico italiano 1962*, p. 164).

(industries alimentaires). Même dans le cadre d'un engagement inférieur aux possibilités réelles de croissance, de bons résultats furent obtenus aussi par Montecatini (produits chimiques) et les entreprises comme Edison travaillant dans un secteur (l'énergie électrique) où chaque pays du Marché commun était autosuffisant et dans lequel l'intégration n'augmentait pas la concurrence et les exportations, et bien même là, de grands avantages indirects liés au développement des secteurs indus- triels et donc de la demande d'énergie sur le marché intérieur furent notables[80].

B. Quelques raisons expliquant un succès qui s'il surprit, le fit uniquement par ses dimensions

Avant tout, il faut souligner que cette hausse de la production ne fut pas uniquement liée au Marché commun et que, si on exclut certains secteurs présentant une crise internationale, depuis plusieurs années déjà, on enregistrait une tendance positive pour les ventes des entreprises lombardes. De plus, il est très difficile de distinguer les effets qu'eurent d'autres choix économiques, par exemple les mesures et les investisse- ments réalisés dans le cadre du Plan Vanoni qui était lié au processus d'intégration et favorisait la productivité des entreprises, l'augmentation des travailleurs, des revenus et donc de la demande sur le marché italien où les entreprises lombardes étaient bien représentées[81]. Cependant le « boom économique » enregistré exactement dans les premières années, celles considérées comme les plus dangereuses à cause de l'imprépara- tion des entreprises, nous permet de souligner combien les craintes d'une crise générale liée à l'entrée dans le Marché commun se révélaient injustifiés : les nombreuses entreprises lombardes (et naturellement du reste du pays) qui avaient mieux restructuré leurs implantations et leur personnel (ouvriers, techniques et dirigeants) pouvaient se confronter à

---

[80]   On doit noter que déjà en 1957 le seul marché lombard pouvait donner de bons revenus aux entreprises électriques : en effet la consommation d'énergie électrique (en excluant celle liée à l'éclairage) en Lombardie atteignait plus de 5 574 300 kwh et représentait 26 % de la nationale. De plus, la tendance de la production d'énergie électriqueglobale était très positive : de 1951 à 1958, elle passa de 6 553 à 8 820 mil- lions de kwh (De Vita, A., *L'evoluzione economica, op. cit.*, pp. 16 et 84-86).

[81]   Sur les liaisons entre le projet du développement économique du gouvernement ita- lien et la réalisation du Marché commun cf. Saraceno, P., « Aumento dell'occu- pazione e riduzione dell'orario di lavoro », in *Mondo Economico*, 24 août 1957 ; *id.*, « Schema di sviluppo e Mercato Comune Europeo », in *ibid.*, 9 novembre 1957. Sur le plan Vanoni qui donna, en dix ans, un travail à 4 millions de personnes surtout dans le Mezzogiorno cf. « Il "piano Vanoni" (schema di sviluppo della occupazione e del reddito in Italia nel decennio 1955-1965) », in *Mondo Economico*, 15 janvier 1955 (supplément) ; Saraceno, P., « The Vanoni Plan Re-examined », in *Banca Nazi- onale del Lavoro Quarterly Review*, 1957, n° 43, pp. 375-396.

la concurrence étrangère et étendre leurs espaces sur les marchés transalpins, car les opportunités offertes par l'intégration européenne dépassaient les risques, moins importants que ce que les industriels s'étaient imaginés.

À ce propos, il semble évident que certaines plaintes et préoccupations étaient purement « stratégiques », employées pour obtenir du gouvernement les conditions les plus favorables à l'entrée dans le Marché commun. Par exemple, on peut signaler les problèmes dus à la pénurie de combustibles liquides et solides devant être achetés à l'étranger, mais le coût inférieur garanti par l'utilisation de l'énergie électrique disponible dans les régions alpines comme la Lombardie était passé sous silence ; l'accent était mis sur les charges importante de sécurité sociale « en oubliant » que la main d'œuvre disponible, surtout celle qui arrivait du Mezzogiorno, recevait des salaires beaucoup plus bas que dans les autres cinq pays de la nouvelle communauté ; en outre, on indiquait que l'Italie avait la plus basse valeur ajoutée par travailleur, quand, en réalité, les aides perçues du plan Marshall et la restructuration des implantations, commencée grâce à la CECA, tendaient à équilibrer la situation, tandis que, dans le même temps, les financements reçus de la Banque Européenne d'Investissement et le Fonds Social Européen amélioraient la préparation professionnelle des travailleurs[82]. Enfin pour les transports, les limites liées aux voies de communications qui, en Italie, étaient beaucoup plus difficiles et coûteuses à réaliser et à maintenir à cause des montagnes (en demandant aussi des tarifs pour le chemin de fer et le camions régressifs selon la distance) étaient élevées, sans penser que ces difficultés devenaient protection naturelle face aux importations étrangères et que l'augmentation du commerce entre les pays du Marché commun favorisait tous les producteurs de véhicules (qui craignaient les concurrences française et allemande et qui au contraire se heurtaient à une hausse des transports par route des marchandises et des personnes) et forcerait l'État à investir dans l'amélioration des voies de communication[83].

---

[82] Même en l'absence d'une libre circulation et sans la priorité donnée aux Italiens devant les travailleurs extra-communautaires, l'intégration européenne permettait une meilleure qualification de la main d'œuvre italienne : en effet la Banque Européenne d'Investissement et le Fonds Social Européen garantissaient des financements pour les régions les plus pauvres et des contributions jusqu'à 50 % des frais pour les cours de réadaptation professionnelle et des subsides réservés aux personnes restées sans travail suite à la reconversion de leurs entreprises (Fauri, F., *L'Italia e l'integrazione*, *op. cit.*, pp. 123-128).

[83] Sur l'évolution et les perspectives des transports dans le Marché commun cf., pour une vision négative, Rocca, M., « I trasporti », *op. cit.*, pp. 144-146 ; pour une vision positive, mais seulement si étaient améliorées les routes pour les transports par ca-

À supposer que le milieu industriel lombard soit conscient de l'absence de danger qu'une entrée graduelle dans le Marché commun ferait courir à la plupart des entreprises, il faut aussi regarder le comportement des principaux entrepreneurs lombards, membres de la Ligue Européenne de Coopération Économique et du Comité Européen pour le Progrès Économique et Social, deux organisations qui, composées par les plus importants industriels, banquiers et financiers de toute l'Europe Occidentale, avaient pour objectif d'accélérer l'intégration économique européenne et de favoriser le progrès social[84]. Dans leurs publications, toutes deux signalèrent l'importance et l'utilité de la création des institutions communautaires pour le développement de l'économie européenne grâce à la diminution du chômage et à l'augmentation de la productivité qui en découleraient : une position qui, même justifiée au niveau politique par les pressions des États-Unis en faveur de l'intégration européenne, était loin de celle, pleine de doutes et de craintes, que les mêmes entrepreneurs avaient affichée lors des négociations des Traités de Rome[85]. De plus, pour ce qui concerne les industriels lombards, on doit

---

mion et pas uniquement ceux par chemin de fer cf. au contraire Giunti, T., « Mercato Comune e trasporti », in *Politica dei trasporti*, 1957, n° 74-75, pp. 399-402 ; Chiericati, C., « Trasporti in Europa », in *Strade e traffico*, 1957, n° 41-42, pp. 19-36. Pour mieux comprendre le rôle attribué aux transport pour la compétition des entreprises italiennes dans le Marché commun cf. aussi Caron, G., *I trasporti nel processo d'integrazione economica e loro importanza in rapporto all'abolizione dei dazi doganali : assemblea convegno della sezione italiana della Camera di commercio internazionale, Roma 30-31 gennaio 1959*, Rome, Sezione italiana della Camera di commercio internazionale, 1959 ; Santoro, G., *Prospettive della politica dei trasporti terrestri nel Mercato comune europeo*, Roma, Pinci, 1959 ; Tempesta, A., *I trasporti nel Mercato comune europeo (marittimi stradali, fluviali ed aerei)*, Città di Castello, Soc. Poligrafica Editoriale, 1959.

[84] La section italienne de la LECE, née en 1948 et dirigée par Enrico Falck, se lia pendant les années 1950 au CEPES (tandis que dans les autres pays ils étaient divisés) et en 1959 au Conseil directif du groupe italien de ce dernier, dont le président était Vittorio Valletta (le chef de la Fiat), on y trouvait Carlo Faina (président de la Montecatini), Piero Anfossi (président de l'Association Nationale des industries electrotechniques), Giovanni Falck (président des AFL Falck), Franco Marinotti (président de la Snia Viscosa), Carlo Pesenti (Directeur General de l'Italcementi) et Giorgio Valerio (administrateur délégué de l'Edison). Sur la LECE et le CEPES et sur leurs sections italiennes cf. Dumoulin, M., et Dutrieue, A.M., *La Ligue Européenne de Coopération Économique (1946-1981). Un groupe d'étude et de pression dans la construction européenne*, Berne, Lang 1993 ; Dutrieue, A.M., « Le CEPES, un movement patronal européen ? (1952-1967) », in Dumoulin, M., Girault, R., et Trausch, G. (eds.), *L'Europe du patronat. De la guerre froide aux années 1960*, pp. 213-230 ; LECE, *La LECE. Dieci anni di attività (1947-1957)*, Milan, Pirola, 1957 ; CEPES, *La Comunità Economica Europea. Basi e problemi*, New York-Milano, Tip. Commerciale, 1959, pp. 90-100).

[85] Sur les positions européistes cf. CEPES, *La Comunità Economica Europea, op. cit.*, pp. 7-30 ; LECE, *Al di là della Comunità Economica Europea*, Milan, Pirola, 1958.

souligner la relation existant entre les adhérents au groupe lombard de
l'UCID (l'Union des entrepreneurs et des dirigeants chrétiens qui, dans
la perspective du Marché commun, organisa de nombreuses conférences
sur l'intégration européenne et finança des cours de qualification pour
les travailleurs) et l'UNIAPAC, l'organisation regroupant tous les entrepreneurs chrétiens d'Europe. Cette dernière avait comme premier objectif la construction d'une Europe où l'intégration économique réaliserait
une croissance économique et sociale avec les États qui ne dirigeaient
pas l'activité des entreprises, mais assuraient une utilisation optimale
des biens et l'élimination des privilèges et des injustices : avec de telles
prémisses, il est difficile de penser que les nombreux entrepreneurs
chrétiens lombards étaient hostiles ou préoccupés face à la création du
Marché commun[86].

On doit aussi observer qu'ayant obtenu la réduction des tarifs partant
des droits légaux (qui en Italie étaient plus hauts que les effectifs),
quand le Marché commun démarra pour de nombreuses entreprises italiennes, les droits ne changèrent pas tout de suite et donc, pour les premières années, l'ouverture des douanes n'eut pas d'effets significatifs
sur le marché intérieur, uniquement des avantages à l'étranger[87]. Les
entreprises lombardes les plus efficaces se trouvèrent avec des droits
inférieurs sur des marchés déjà connus (ils appartenaient tous à la « zone
OECE ») sur lesquels elles étaient habituées à faire face à une concurrence bien protégée. Sur le marché italien, au contraire, les entreprises
étrangères durent faire face à des droits qui restaient presque identiques
et à une concurrence lombarde pouvant profiter de la restructuration de
ses implantations réalisée avec les aides du plan Marshall. Celles-ci
avaient avantagé les entreprises les plus arriérées et avaient déjà permis
une importante croissance de la production à la moitié des années 1950.
En outre beaucoup d'entreprises lombardes étaient de petites et moyen-

---

Sur les liaisons avec le milieu économique et politique américain cf. Committee for
Economic Development *Il Mercato Comune Europeo e il suo significato per gli Stati
Uniti*, in CEPES, *La Comunità Economica Europea, op. cit.*, pp. 31-88.

[86] Le neuvième congrès national de l'UCID, organisé en mai 1959 à Venise, eut par
exemple comme sujet le problème du développement économique et social dans la
communauté européenne. Sur le groupe lombard de l'UCID et l'UNIAPAC face à
l'intégration européenne cf. Archive Group Lombard de l'UCID, cart. 30 et 33 ;
UCID., *La direzione d'imporesa nella Comunità economica europea*, Turin, 1959 ;
Bianchi, G.P., « Gli imprenditori cattolici dell'Uniapac nella prima fase della costruzione europea (1948-1958) », in Ciampani, A. (ed.), *L'altra via per l'Europa, op. cit.*,
pp. 244-257.

[87] Fauri, F., *L'Italia e l'integrazione...*, p. 121. Sur l'évolution des droits de douane
dans le Marché commun cf. aussi Pierucci, C.M., et Ulizzi, A., « Evoluzione delle ta-
riffe doganali italiane dei prodotti manufatti nel quadro dell'integrazione europea »,
in *Contributi alla Ricerca Economica* ; 1973, n° 3, pp. 269-284.

nes dimensions et présentaient assez de flexibilité pour améliorer leur niveau technologique et s'adapter aux nouvelles règles du Marché commun. Elles présentaient moins de coûts d'amortissement, utilisaient une main d'œuvre à des coûts inférieurs et pouvaient donc compter sur des coûts comparatifs, les rendant beaucoup plus compétitives par rapport à la production nationale transalpine[88]. Enfin, les effets des coûts de transport, même grevés des charges fiscales les plus élevées de la communauté, étaient moins lourds pour les entreprises lombardes qui, dans le cadre d'une Italie avec une infrastructure routière insuffisante et insécurisée pour les voitures et les véhicules industriels, disposaient des meilleures voies de communication et qui, pour leurs exportations en France et Allemagne, tiraient parti des distances plus courtes par rapport aux marchés du Mezzogiorno[89].

L'entrée de l'Italie dans le Marché commun, accueillie par le milieu industriel lombard avec préoccupation et confiance, se solda donc par un grand succès, étonnant par ses dimensions : en effet les craintes, qui étaient parfois justifiés, furent utilisées par les entreprises les plus efficaces pour se garantir les conditions les meilleures face aux nouvelles règles du marché ; au contraire, la capacité des entreprises lombardes de restructurer tous leurs facteurs productifs (ressources humaines et implantations) fut sous-évaluée et donc, même s'il existait des attentes positives d'un développement des secteurs industriels grâce à la possibilité d'être compétitifs sur un marché beaucoup plus vaste, le résultat des premières années se révéla vraiment supérieur aux espérances les plus optimistes.

---

[88] Sur les raisons du grand développement des petites entreprises pendant le « boom économique » cf. Colli, A., *I volti di Proteo. Storia della piccola impresa in Italia nel Novecento*, Turin, Bollati Boringhieri, 2002, pp. 223-237.

[89] Lors de l'entrée dans le Marché commun, la Lombardie disposait de grands réseaux routiers et de chemin de fer ainsi que de deux aéroports civils. Presque 300 000 voitures (presque un cinquième du total national) circulaient sur le réseau routier lombard qui s'étendait sur 20 423 km (1 322 de routes nationales, 3 432 de routes départementales et 15 665 de chemins vicinaux) : de plus Milan était lié aux principales villes par des autoroutes et les services de transports par route disposaient de 25 % du total des véhicules italiens. En ce qui concerne le chemin de fer, la Lombardie disposait de 1 532 km de voies nationales et de 559 km en concession (De Vita, A., *L'evoluzione economica, op. cit.*, pp. 102-107).

Milieux patronaux belges et construction européenne autour de 1960

Michel DUMOULIN

Université catholique de Louvain-la-Neuve

Après avoir retracé brièvement l'historique des fédérations patronales en Belgique, nous chercherons à rendre compte de la manière dont la Fédération des Industries Belges (FIB) conçoit la construction européenne entre 1955 et 1962.

I. Les fédérations patronales en Belgique

L'observation selon laquelle « le milieu patronal en tant que tel n'a toujours pas fait l'objet d'une étude approfondie qui [...] s'attacherait simultanément à son rôle social, culturel et politique depuis la fondation de État belge »[1], peut également s'appliquer aux organisations patronales[2].

Ceci étant, tandis que les Chambres de Commerce considérées de plus en plus comme dénuées d'un véritable caractère de représentativité furent supprimées par une loi de 1875, l'option consistant à maintenir des Chambres libres restant ouverte, des associations de patrons constituées sur une base géographique et sectorielle précise se mirent en place dès les années 1830. Tel est le cas de l'association charbonnière du bassin de Charleroi créée en décembre 1831[3]. Elle fut suivie par bien d'autres associations dans les secteurs charbonnier, métallurgique, sidérurgique, verrier, textile, ainsi que de la construction.

---

[1] Kurgan van Hentenryk, G., « Avant-propos », in *Dictionnaire des patrons en Belgique. Les hommes, les entreprises, les réseaux*, Bruxelles, 1996, p. 7.

[2] Vanthemsche, G., « De geschiedenis van de belgische Werkgeversorganisaties. Ankerpunkten en onderzoekshorizonten », in *NEHA-Bulletin*, vol. 9, 1995, n° 1, p. 3. Voir aussi Moden, J., Sloover, J., *Le patronat belge. Discours et idéologie, 1973-1980*, Bruxelles, 1980, pp. 9-16.

[3] *L'association charbonnière et l'industrie houillère des bassins de Charleroi et de la Basse-Sambre*, Couillet, 1931.

Mais dans le même temps, comme l'observe G. Vanthemsche, des groupements d'intérêts généraux se constituèrent aussi sur une base régionale. Ainsi, deux types d'organisations coexistèrent, à savoir, d'une part, celles regroupant les industries par branche et, d'autre part, celles assurant la représentation générale des intérêts des industriels d'une région.

Cette double représentation au plan régional évolua vers le niveau national à la fin du XIXe siècle et au début du suivant. C'est ainsi que furent créées la Fédération des Constructeurs de Belgique (1906), un des ancêtres de Fabrimetal (1946), la Fédération des Associations Charbonnières (1908), le Groupement des Hauts Fourneaux et Aciéries Belges (1921), l'association générale du textile belge (1929) devenue Fédération de l'Industrie Textile Belge, Febeltex (1945), etc.

Par ailleurs, les patrons s'organisaient au plan national et « interprofessionnel ».

À cet égard, la création, en 1895, du Comité Central du Travail Industriel devenu, en 1913, le Comité Central Industriel (CCI), est à marquer d'une pierre blanche. Devenant rapidement un puissant groupe de pression, le CCI regroupe, à l'origine, les associations sectorielles régionales dont il a été question ci-dessus.

Très francophone et libéral, le CCI suscita des réactions à la fois linguistiques et idéologiques. Le *Vlaams Economisch Verbond* (VEV) est fondé en 1926, soit quelques années à peine après la mise sur pied de l'Union d'Action Sociale Chrétienne (1920) devenue l'Association des Patrons et Ingénieurs Catholiques (APIC) en 1931, et de son homologue flamand, créé en 1925 : l'*Algemeen Christelijk Vervond van Werkgevers* (ACVW). En 1935, les deux « ailes » linguistiques constituèrent la Fédération Nationale des Patrons Catholiques de Belgique tout en conservant une large autonomie.

Au lendemain de la Seconde Guerre mondiale, le CCI cède la place à une nouvelle organisation : la Fédération des Industries Belges (FIB)-*Verbond der Belgische Nijverheid* (VBN)[4], tandis que l'équivalent francophone du VEV naît en mai 1954 sous le nom d'Union industrielle wallonne[5]. Enfin, il faut attendre la fondation, en 1968, de l'Union des

---

[4] Vanthemsche, G., « De reorganisatie van het Belgisch Patronaat. Van Centraal Nijverheidscomité tot Verbond der Belgische Nijverheid (1946) », in Witte, E., Burgelman, J.Cl., Stouthuysen, P. (dir.), *Tussen restauratie en vernieuwing. Aspecten van de naoorlogse Belgische politiek* (1944-1950), Bruxelles, 1990, pp. 109-147, ainsi que, du même auteur : « De Belgische patronale groeperingen in een belangrijcke mutatie periode. De reorganisaties in het sectoriële vlak », in *Revue Belge de Philologie et d'Histoire*, vol. 67, 1989, 1, pp. 299-337.

[5] Devenue l'Union wallonne des entreprises en 1967.

Entreprises du Brabant devenue l'Union des entreprises de Bruxelles en 1971, afin que chaque région de la future Belgique fédérale dispose d'une association interprofessionnelle.

Ceci étant, la FIB, malgré son indéniable puissance, ne représentait que le secteur industriel. Or, d'autres secteurs – distribution, banque, assurance – occupaient une place sans cesse plus importante dans le paysage économique. C'est pourquoi ils fondèrent, en avril 1953, une association spécifique[6] qui prit, quatre ans plus tard, le nom de Fédération des Entreprises Non-Industrielles de Belgique (FENIB).

La FIB et la FENIB fusionnèrent le 1er janvier 1973 et, en s'intégrant, adoptèrent le nom de Fédération des Entreprises de Belgique (FEB).

II. Fédérations patronales et construction européenne

Si nous sommes bien pauvrement renseignés, faute de travaux, sur l'accueil réservé dans les milieux économiques belges au projet paneuropéen de Coudenhove-Kalergi ou au plan Briand-Émile Bernheim et Dannie Heineman sont-ils des exceptions ou la partie émergée de l'iceberg[7] ? –, nous en savons davantage à propos des réactions au processus d'intégration à partir du plan Schuman.

Que l'attitude des milieux charbonnier et sidérurgique ait été franchement hostile au plan Schuman et à la CECA est désormais un fait bien établi. Le caractère jugé par trop dirigiste de la Haute Autorité ainsi que l'hostilité à l'intégration sectorielle constituent bel et bien des facteurs essentiels d'opposition[8].

---

[6] Fédération des employeurs du commerce, des banques et des assurances.

[7] Emile Bernheim, né à Mulhouse en 1886 et décédé à Bruxelles en 1985 est une figure marquante de l'histoire de la grande distribution en Belgique. Il joue aussi un rôle de premier plan dans la mise sur pied de plusieurs organismes patronaux internationaux, rôle qu'a abordé Badel, L., *Un milieu libéral et européen. Le grand commerce français, 1925-1948*, Paris, 1999, *passim*. Dannie Heineman, né à Charlotte (Caroline du Nord) en 1872 et mort à New York en 1962, est l'homme clef de la Société financière de Transports et d'Entreprises industrielles (SOFINA) dès avant 1914. Il s'avérera un partisan du projet paneuropéen de Coudenhove et a indubitablement été sensible aux écrits de Francis Delaisi. Autour de 1930, dans le contexte du plan Briand, il prend résolument position en faveur d'une Europe de l'électricité. Dans l'attente de la biographie que prépare Liane Ranieri, voir Van Langenhove, F., « La vocation internationale d'un grand ingénieur au siècle de l'électricité », in *Bulletin de la Classe des Lettres et Sciences morales et politiques de l'Académie royale de Belgique*, t. LXIII, 1977, pp. 13-56.

[8] Devos, E., *Le patronat belge face au plan Schuman (9 mai 1950-5 février 1952)*, Louvain-la-Neuve, 1989, et Milward, A., « The Belgian Coal and Steel Industries and the Schuman Plan », in Schwabe, Kl. (dir.), *Die Anfänge des Schuman-Plans 1950-1951. The Beginnings of the Schuman-Plan. Beiträge des Kolloquiums in Aa-*

Plus généralement, les milieux patronaux – l'essentiel des travaux disponibles étant consacrés au patronat industriel – démontrent une évolution qui va de la méfiance à une adhésion somme toute enthousiaste[9].

Étant donné cette évolution, il paraît intéressant de s'arrêter à l'analyse de la période durant laquelle a lieu le plus clair de la mutation, c'est-à-dire du début de la relance jusqu'au veto gaullien à l'entrée de la Grande-Bretagne dans la CEE.

Pratiquement, il s'agit de se poser la question de savoir comment le patronat belge conçoit l'organisation économique et politique de l'Europe. En d'autres termes, quels sont les objectifs de la construction européenne et selon quelles modalités les atteindre ?

Ainsi que nous venons de le rappeler, les sidérurgistes et les charbonniers, entraînant avec eux la FIB dans son ensemble, avaient rejeté l'intégration sectorielle de la CECA et condamnaient le dirigisme de la Haute Autorité. Dans ces conditions, l'échec de la Communauté Européenne de Défense et, dans la foulée, celui de la Communauté Politique Européenne mettant en cause l'objectif d'une Europe réduite à quelques pays poursuivant une intégration ambitieuse, conduisirent les patrons à confirmer le point de vue, déjà exprimé en 1953, selon lequel « une petite Europe, trop limitée, [...] ne correspondrait guère aux traditions historiques, économiques et même sentimentales de l'Europe dans son ensemble, dont l'essor et la prospérité résident dans une fusion d'intérêts plus large »[10].

Pour le dire autrement, la crainte est vive, dans le contexte de la relance, de déboucher sur un marché commun dont le tarif extérieur commun créerait immanquablement des difficultés d'approvisionnement sur les marchés internationaux.

Comme l'exprime bien le rapport consacré, en mai 1955, par la FIB à l'OECE :

Si la Fédération des industries belges prend position en faveur de l'OECE, est-ce pour écarter ou pour prévenir d'autres programmes qui n'ont point son adhésion [...] ? Certes non [...]. Il va de soi que toutes les initiatives qui se situeraient dans la voie de l'intégration globale des économies euro-

---

chen, *28.-30. Mai 1986. Contributions to the Symposium in Aachen, May 28-30, 1986*, Baden-Baden, Bruxelles, 1988, pp. 437-453.

[9] Van der Rest, P., Sauwens, A., « Les milieux patronaux dans la construction européenne », in *Studia Diplomatica*, t. XXXIV, 1981, n° 1-4, pp. 441-458 ; Loeb, N., *Le patronat industriel belge et la CEE*, Bruxelles, 1965, ainsi que le mémoire de licence de I. Van Waesberghe, « De houding van het Belgisch patronnat t.a.v. de Europese Economische Gemeeschap (1957-1967) », Université de Gand, 1992.

[10] FIB, *Rapport du conseil d'administration. Exercice 1952*, Bruxelles, 1953, p. 34.

péennes et dans le respect des libertés économiques remporteraient notre adhésion.

Le mobile de notre Fédération [est] double : [...] confirmer l'attachement de l'industrie belge à l'idée européenne, tout en précisant que la réalisation du marché commun pose des problèmes de méthodes et de principes aussi importants que le but poursuivi lui-même. Ensuite affirmer toujours plus nettement sa volonté de suivre l'évolution des grandes questions d'actualité en les confrontant avec les nécessités économiques primordiales [...].[11]

Et de conclure :

En tant qu'institution ayant l'avantage d'être en activité à l'heure actuelle et dont le crédit est basé sur l'expérience, l'OECE présente des garanties incontestables. Elle est en état de poursuivre sa tâche de façon continue. Étendant sa compétence à l'ensemble de l'économie, elle peut assurer l'acheminement vers le marché commun par la méthode globale. Elle offre de nombreuses possibilités d'extension géographique et, groupant la plupart des États d'Europe occidentale, elle permet de préserver les petits pays d'un éventuel condominium des grandes puissances. Enfin, elle n'implique aucun abandon formel de souveraineté.[12]

Comme si cette prise de position n'était pas assez nette, le FIB revint sur la question en octobre 1955, c'est-à-dire après le début des travaux du comité Spaak, dans un rapport destiné au gouvernement.

Insistant sur le caractère indispensable du rétablissement de la concurrence en tant qu'elle est appelée à devenir « l'élément moteur du marché commun », la FIB n'y va pas par quatre chemins pour affirmer que celui-ci doit être ouvert, souhaitant « que le projet actuel, qui semble confiné aux pays membres de la CECA, soit considéré comme un premier pas et que toute forme valable d'association avec d'autres pays soit recherchée »[13]. Et au-delà :

La FIB préconise notamment la création d'une zone de libre-échange, phase intermédiaire du désarmement douanier, plus aisément réalisable que l'union douanière et précédant celle-ci sur la voie de l'union économique complète. Cette zone de libre-échange préserverait les possibilités d'abaissement des tarifs résultant des efforts du GATT ainsi que les progrès de libération des échanges convenus dans le cadre de l'OECE.[14]

La logique voudrait que les patrons belges, dans la foulée de leurs prises de position successives, se réjouissent de la décision du conseil

---

[11]   *Bulletin de la FIB*, mai 1955, pp. 871-872.
[12]   *Ibid.*, p. 873.
[13]   *Bulletin de la FIB*, novembre 1955, p. 1670.
[14]   *Ibid.*, p. 1671.

des ministres de l'OECE du 18 juillet 1956 de créer un groupe de travail spécial chargé d'étudier les formes et les méthodes possibles d'une association, sur une base multilatérale, entre le Marché commun envisagé et les pays membres qui n'y participeraient pas. Pourtant, l'impression qui prévaut, en ce compris à la suite de la première réunion du groupe présidé par Jean-Charles Snoy et d'Oppuers le 24 septembre 1956, est que la FIB amorce une courbe rentrante. Certes, à propos de l'avis du 13 février 1957 du Conseil central de l'économie, la FIB affirmera encore se réjouir « de l'éventualité [...] d'une zone européenne de libre-échange qui viendrait appuyer le marché commun en ouvrant l'horizon de la petite Europe ». Mais on ne peut passer sous silence que dès le mois de mai 1956 et plus encore le mois suivant, la Fédération avait apporté son appui au rapport Spaak d'abord ; aux conclusions de la conférence de Venise ensuite.

En juin 1956, en effet, Roger De Staercke, administrateur-délégué de la FIB dont il sera le président entre 1962 et 1970, signe, fait extrêmement rare, un éditorial engagé sous le titre « L'Europe se fera ! »

Prenant acte que des négociations destinées à négocier un ou plusieurs traités instituant un marché commun général et créant une organisation européenne de l'énergie atomique s'ouvriront sous peu à Bruxelles, De Staercke prend fait et cause pour le projet qui « préconise la création, par étapes successives, d'un marché commun ouvert au plus grand nombre de pays possible ». Car même si tout est loin d'être parfait, « l'industrie belge est prête à jouer le jeu », à « apporter sa collaboration la plus totale »[15].

Cet engagement ne cesse pas d'être répété, conduisant bientôt à une certaine prise de distance vis-à-vis du projet de Zone Européenne de Libre-Échange. Une prise de distance traduisant bien les craintes de plusieurs secteurs industriels comme le confirmera plus tard dans l'année 1957 un sondage d'opinion auprès de douze branches[16].

Le 23 mars 1957, soit deux jours avant la signature des traités à Rome, De Staercke prend la parole au micro de l'Institut national de radiodiffusion (INR). Le futur Marché commun fait l'objet d'une description enthousiaste. Mais il ne s'agit pas de l'envisager comme « la

---

[15] De Staercke, R., « L'Europe se fera », dans *Bulletin de la FIB*, juin 1956, pp. 1109-1111.

[16] « Les industries belges face au Marché commun », in *Informations commerciales de la Banque de Bruxelles*, n° 464, 19 décembre 1957, pp. 3-6. Les douze branches concernées sont les industries chimique, du textile, des métaux non ferreux, du ciment, de la glace et du verre, des fabrications métalliques, de la construction électrique et électronique, du papier, de la chaussure, du tabac et, enfin, le secteur de la brasserie.

terre promise dont on franchira le seuil sitôt le traité signé ». Car, ajoute l'administrateur délégué de la FIB : « Ce qui nous attend, c'est une longue et lente évolution, parfois pénible, dont nous ne pouvons espérer retirer des fruits pour notre pays, que moyennant un effort de prévision et d'adaptation ». En outre, plusieurs questions épineuses restent à résoudre. Parmi elles, celle de la coopération entre les membres de la nouvelle Communauté et les pays et les territoires d'Outre-Mer et l'idée de création d'une zone de libre-échange. Mais ces questions ne peuvent en aucun cas constituer des entraves. Et de répéter que « l'industrie belge [...] entend [...] apporter son adhésion et son concours au marché commun [...] et se forger une nouvelle devise à la mesure de ses tâches : voir grand »[17].

Il est indubitable que la fermeté de la FIB qui, comme nous le verrons, ne cessera pas de s'affirmer, tient compte de deux facteurs au moins. Le premier concerne le fait qu'aussi longtemps que la ratification des Traités de Rome n'est pas effective, il est hors de question de soulever des questions qui la mettraient en péril. En outre, il apparaît de plus en plus clairement aux yeux des observateurs que la conception de la zone de libre-échange est très différente dans l'optique des Six et dans celle des Britanniques. Bien plus, la crainte est grande, de voir, par exemple, les Iles britanniques se transformer, ainsi que certains Dominions « en plate-forme d'investissements de pays tiers, jouissant des avantages du "libre-échange" sans devoir en supporter les frais ». D'où cette attente de voir les Six en appeler à tous les pays de l'Europe occidentale afin de les inviter « à s'associer à eux sur la base du principe qu'à des avantages communs doivent correspondre des efforts communs »[18].

Alors que le patronat flamand, à travers le *Vlaams Economisch Verbond*, examine la question de la zone de libre-échange d'un point de vue essentiellement technique[19], le changement de cap de la FIB est patent dès l'automne de 1957. Constatant, en novembre que les négociations de Paris au sujet de la ZELE sont laborieuses, non seulement à cause de la complexité des problèmes à résoudre, « mais encore à cause des divergences de vue qui séparent les parties en présence », la FIB, dans une lettre, rendue publique, aux ministres des Affaires étrangères, des Affaires économiques et du Commerce extérieur, apporte son appui au gouvernement à propos de la ZELE tout en soulignant les dangers de

---

[17] « Pourquoi l'industrie belge est en faveur du marché commun », dans *Bulletin de la FIB*, avril 1957, pp. 615-617.

[18] *Bulletin quotidien de l'Agence Europe*, n° 1331, 31 octobre 1957.

[19] « Is een Europese Vrijhandelszone technisch mogelijk ? », in *VEV Berichten*, 15 mai 1957, n° 9, pp. 993-1009.

l'entreprise. Et de commenter, fait nouveau, qu'il importe « que la zone de libre-échange ne s'effectue pas au détriment de la Communauté Économique Européenne, que ce soit en compromettant son unité ou en freinant son évolution »[20] !

La confirmation du changement d'attitude peut être lue dans le rapport annuel consacré à l'année 1957. Tout en répétant qu'elle est favorable à l'aboutissement des projets d'association de la CEE avec les autres pays membres de l'OECE, la FIB :

> voit très clairement les difficultés qu'implique la réalisation de ces derniers projets. Elle est loin de préconiser la conclusion d'un traité ou d'un accord hâtif, quel qu'en soit le prix et quelle qu'en soit la forme. Les différentes solutions possibles devraient être examinées avec la plus grande prudence, eu égard aux risques qu'elles comportent.[21]

Si le changement de cap est indiscutable, il reste à tenter d'en comprendre le ou les motifs.

Au risque de se lancer sur un terrain quelque peu instable, il paraît tout d'abord opportun de rappeler que le long enlisement de la négociation sur la ZELE a vu un parmi ses principaux partisans du côté belge perdre sans doute de sa force de persuasion. Certes, Jean-Charles Snoy et d'Oppuers, secrétaire général du ministère des Affaires étrangères, n'appartient pas au monde industriel ou financier. Mais, de par sa condition sociale et ses fonctions, il en est proche comme le démontre ce qui suit.

Cheville ouvrière de la négociation des Traités de Rome – il en sera le signataire, avec Spaak, pour la Belgique –, Snoy, « libre-échangiste convaincu »[22], est fort loin d'être un « intégrationniste ». Président du comité intérimaire en 1957, représentant permanent de la Belgique auprès de la CEE jusqu'au 15 janvier 1959[23], ce « leading apostle of the OEEC-FTA approach and [...] somewhat lukewarm on development of the Six »[24], abandonne la fonction publique en décembre 1959 afin de

---

[20] *Bulletin de la FIB*, novembre 1957, p. 1979. Le texte de la lettre aux trois ministres aux pp. 1992-1994.

[21] FIB, *Rapport annuel.* Exercice 1957, p. 43.

[22] Van Offelen, J., *La ronde du pouvoir. Mémoires politiques*, Bruxelles, 1987, p. 149.

[23] Contrairement aux cinq autres membres, la Belgique désigna deux représentants permanents : Snoy auprès de la CEE, Van Tichelen, directeur général au ministère des Affaires économiques, auprès d'Euratom. Cette situation insolite était due à la lutte d'influences que se livraient socialistes et libéraux au sein du gouvernement. Au début de 1959, l'ambassadeur Van der Meulen, qui représentait déjà la Belgique auprès de la CECA fut nommé représentant unique auprès des trois institutions.

[24] National Archives, Washington, 755.13/10-2959, *memorandum McBride pour White*, 29 octobre 1959.

rejoindre le groupe Lambert au sein duquel il assumera les fonctions d'administrateur délégué de la Compagnie d'Outremer, non sans devenir rapidement administrateur de la SOFINA[25].

Excédé par les querelles politiques internes mais aussi par l'échec prévisible du projet de zone européenne de libre-échange, Snoy, en opérant un tel choix de carrière, s'attire les foudres de la gauche[26]. Quant à son attachement à la ZELE, il exaspère quelque peu un Spaak et un Rey. Ainsi, son point de vue étant de la même veine que celui du ministre du Commerce extérieur, le libéral Jacques Van Offelen[27], Snoy écrit, en février 1960, un article consacré à la négociation CEE-OECE[28] qui suscite, de la part de Jean Rey qui vient de rencontrer Spaak à Paris, le commentaire suivant :

> Au passage [Spaak] m'a demandé quelle mouche avait piqué le baron Snoy pour écrire l'article qu'il a publié [...]. Je lui ai répondu que Snoy avait toujours été l'homme de l'Europe-OECE, et que sa collaboration à la rédaction du traité de Rome n'avait été qu'une heureuse parenthèse et qu'il était malheureusement revenu à ses anciennes amours.[29]

Ainsi donc, pour le dire avec Van Offelen qui, à Paris, en 1959, est relayé par Roger Ockrent, objet des foudres de Jean Rey qui lui reproche de ne pas prendre à cœur, à l'OECE, les intérêts des Six[30] :

> Les « bons » souhaitent négocier avec l'Angleterre et élargir la liberté du commerce : ce sont des Hollandais, des Italiens, des Allemands et beaucoup de Français. Les « mauvais », protectionnistes d'instinct, veulent que l'Europe du Marché commun, succès du libre-échange à Six, se limite à cette communauté, devienne un club fermé, entouré de barrières douanières, les défendant contre l'extérieur, notamment contre l'Angleterre. C'est là un retour symbolique au blocus continental, fâcheuse survivance d'un autre âge.[31]

---

25 Snoy, J.Ch., *Rebâtir l'Europe. Mémoires. Entretiens avec Jean-Claude Ricquier*, Paris-Louvain-la-Neuve, 1989, pp. 136-138.

26 Joye, P., *Les trusts en Belgique. La concentration capitaliste*, 3ᵉ éd., Bruxelles, 1961, p. 223.

27 Van Offelen, J., *La ronde..., op. cit.*, pp. 185-186.

28 Snoy, J.Ch., « La négociation européenne dans une nouvelle phase », in *Revue Générale Belge*, février 1960.

29 Archives de l'Université libre de Bruxelles, Papiers Jean Rey, note pour le dossier incident Mac Millan, 4 avril 1960.

30 Kurgan van Hentenryk G., Sirjacobs, I., Documents diplomatiques belges 1941-1960, *De l'indépendance à l'interdépendance*, t. IV : *L'Europe : aspects économiques*, Bruxelles, 2001, pp. 418-423 (document n° 208), publient le texte de la lettre particulièrement dure qu'Ockrent écrit à Rey le 11 juin 1959 en réponse à ce dernier.

31 Voir note 25.

Mais qu'en pense la FIB ? Le changement de cap qui a pu être détecté est-il maintenu ?

La réponse est affirmative.

Dans une lettre, qui sera publiée dans la presse, à Jacques Van Offelen relative au mémorandum Benelux au sujet des problèmes posés par la création d'une Association Économique Européenne, R. De Staercke écrit, le 11 mai 1959, que « c'est avec un étonnement mêlé de regrets » que le FIB a appris l'existence de ce document élaboré sans que le secteur privé ait été consulté. Et l'administrateur délégué d'ajouter que le « regret est d'autant plus vif que l'on se trouve arrivé à un tournant dans l'évolution de cette question »[32].

C'est d'autant plus vrai qu'en ce même mois de mai, la société royale d'économie politique de Belgique organise un colloque sur le thème « Zone de libre-échange ou Communauté Économique Européenne »[33]. Un colloque que le ministère des Affaires étrangères juge venir à propos[34].

Le rapport introductif rédigé par Charles Roger, secrétaire général du Conseil Central de l'Économie, est substantiel[35]. Unanimement loué pour ses qualités, il nourrit la réflexion au sein des services compétents des Affaires étrangères et du Commerce extérieur avant d'être publiquement débattu[36].

Dans ses conclusions, Roger écarte deux solutions extrêmes : l'intégration de tous les pays membres de l'OECE au sein du Marché commun, d'une part ; la dislocation de la CEE et la reprise de nouvelles négociations entre les dix-sept membres de l'OECE, d'autre part. Et de proposer de suivre une voie médiane consistant à mettre en place une Association Économique Européenne en lieu et place d'une ZELE.

Préférant une approche régionale à l'approche mondiale, le rapport dénonce le danger de voir le problème de l'association entre les Six et les Onze traité comme une partie du problème mondial et, dès lors, dis-

---

[32]   Kurgan van Hentenryk G., Sirjacobs, I., Documents diplomatiques belges 1941-1960. *De l'indépendance à l'interdépendance*, t. IV : *L'Europe : aspects économiques*, Bruxelles, 2001, pp. 409-410 (document n° 205).

[33]   Voir *Zone de Libre Échange ou Communauté Économique Européenne*. Colloque des 23 et 24 mai 1959. Première partie, Bruxelles, 1959 (Bibliothèque de la Société royale d'économie politique de Belgique, 4).

[34]   Kurgan van Hentenryk G., Sirjacobs, I., Documents diplomatiques belges 1941-1960. *De l'indépendance à l'interdépendance*, t. IV : *L'Europe : aspects économiques*, Bruxelles, 2001, p. 404 (document n° 204).

[35]   *Zone de Libre Échange...*, *op. cit.*, pp. 11-95.

[36]   Voir note 32.

cuté au GATT. Quels avantages, en effet, les Onze seraient-ils disposés à accorder aux Six au point de vue douanier s'ils étaient placés sur un pied d'égalité avec l'ensemble des pays tiers ?

Mais surtout, « le plus grand reproche à adresser à une approche mondiale, est qu'elle consiste à postposer en fait une association quelconque avant longtemps »[37].

L'option régionale implique, selon Roger, une progressive harmonisation des politiques qui ne signifie pas, souligne-t-il, « égalisation, ni surtout : égalisation préalable »[38]. Et de poursuivre :

« Ce mode de négociation maintiendrait les contacts et ménagerait des périodes de transition pour les problèmes les plus difficiles »[39].

Si l'existence d'un tournant dans la conception de la relation à établir entre les Six et les Onze est bel et bien établie, il importe de chercher à mieux comprendre comment le patronat l'amorce et l'exprime.

En premier lieu, le rôle des convictions, sans en exagérer la portée, doit être mentionné. Ainsi, le président de la Fédération, Léon Bekaert, par ailleurs président des patrons catholiques, ne dissimule pas que la question fondamentale est de savoir si « l'Europe de demain sera chrétienne ou [...] matérialiste ». Autrement dit, à ses yeux, « le dessein de réduire et de supprimer à plus ou moins brève échéance, les droits d'entrée, les tarifs douaniers, les contingents et les licences » ne saurait suffire[40]. Or, que propose le projet de ZELE, si ce n'est une vision purement technique ?

Émile Bernheim, qui ne partage pas les convictions philosophiques de Bekaert, exprime, pour sa part, le sentiment selon lequel l'extension de l'aire géographique des Six que proposent certains serait « à payer d'un prix trop élevé : leur cohésion ». Et d'ajouter que « si l'on veut éviter la scission de l'Europe et redonner à notre continent son importance de jadis, il convient [...] de jouer la carte communautaire, car c'est un atout maître »[41].

---

[37] *Zone de Libre Échange...*, p. 81.

[38] *Ibid.*, p. 82.

[39] *Ibid.*

[40] Intervention de Léon Bekaert du 16 avril 1958, dans *Bulletin social des industriels*, 1958, pp. 168-172, cité par Brouwer, L., *Responsables chrétiens d'entreprises. Cinquante ans d'histoire*, t. II, Bruxelles, 1975, p. 399. Léon Antoine Bekaert (Zwevegem, 1891-1961) est alors à la tête de l'importante tréfilerie familiale en passe de devenir une respectable multinationale.

[41] Bernheim, E., « Le chef d'entreprise devant le Marché commun », in *Organisation scientifique*, avril 1960, p. 89.

Au delà des convictions, un deuxième élément doit être souligné. Le Traité de Rome a le mérite d'exister. Il demande à être mis en œuvre. Cela prendra du temps. Dans ces conditions, explique en juillet 1960 le baron René Boël[42], s'il ne faut pas couper les ponts entre les Six et les autres, il est toutefois essentiel « que le degré d'intégration obtenu dans les perspectives tracées dans le cadre de notre entente à Six ne soit à aucun moment remis en question »[43]. Et Roger De Staercke, en septembre 1961, d'écrire à Paul-Henri Spaak, ministre des Affaires étrangères, que l'élargissement de la CEE ne peut en aucun cas « entraver le bon fonctionnement de la Communauté Économique Européenne »[44].

Ceci étant, un troisième facteur joue un rôle important, à savoir l'examen des performances économiques des uns et des autres dans la perspective de la création d'une zone européenne de libre-échange[45].

D'une part, en termes généraux, la progression du PNB du Royaume-Uni et des Six, entre 1955 et 1960, est respectivement de 2,5 % et 5,3 %.

D'autre part, au plan des exportations et des importations, les chiffres demandant à être examinés de près.

---

[42] Né à Bruxelles en 1899 et mort à Court Saint Étienne en 1990, René Boël est une personnalité de premier plan dans le monde industriel belge à travers les entreprises du groupe familial ainsi que de celles du groupe Solvay. En 1960, il est membre du comité de direction de la FIB et président de la Ligue européenne de coopération économique.

[43] Boël, R., « L'avenir de l'Europe vu par un industriel belge », in *Industrie*, juillet 1960, p. 451.

[44] De Staercke à Spaak, Bruxelles, 12 septembre 1961. Lettre conservée dans les archives de la FEB, communiquée par M.Y. Stelandre que je remercie.

[45] Voir, pour une première orientation : Stelandre, Y., « La FEB et l'élargissement des Communautés européennes », in *Annales d'études européennes de l'Université catholique de Louvain*, 1996, pp. 207-223.

Tableau 1 : Exportations de l'Union économique
belgo-luxembourgeoise (UEBL)

(en milliards de francs)[46]

		1956	1957	1958	1959	1960	1961	1962	1963
Pays-Bas	21.9	22.7	20.7	21.2	21.3	23.4	22.8	22.6	
Allemagne	10.2	10.2	11.6	13.3	15.8	15.4	17.7	18.5	
France		10.7	11.0	10.6	8.9	10.4	11.2	12.4	14.6
Italie		2.0	2.1	2.3	2.6	3.1	3.2	4.0	5.1
Total CEE	44.8	46.0	45.2	46.0	50.6	53.2	56.9	60.8	
Royaume-Uni	6.4	5.6	5.7	5.9	5.6	5.3	5.0	5.7	
OECE		62.7	63.5	62.5	63.5	68.5	71.5	73.6	76.9
Total des exporta-tions	158.1	159.3	152.3	164.8	188.8	196.2	216.2	242.0	

Entre 1956 et 1963, la part des quatre partenaires de l'UEBL dans la CEE dans le montant total des exportations vers les pays de l'OECE passe de 71,45 % à 79,06 %, et ne cesse de croître : de 81,19 % en 1964 à 84,18 % en 1969[47]. Dans le même temps, la part de la Grande-Bretagne diminue : 14,28 % en 1956 contre 9,37 % en 1963, 7,82 % en 1964 et 5,91 % en 1969. Ceci étant, et par ordre d'importance, la Grande-Bretagne est le cinquième pays vers lequel se dirigent les exportations belges après les Pays-Bas, l'Allemagne, la France et les États-Unis d'Amérique puisque la part britannique dépasse en effet celle de l'Italie.

La situation est à peu de choses près identique dans le domaine des importations, la hiérarchie des fournisseurs étant la même que celle des clients.

Si l'importance de la CEE pour l'économie belge est à la fois perçue, et démontrée, il reste que celle du Royaume-Uni n'est pas négligeable. Ceci pose dès lors non plus la question de la constitution d'une zone

---

[46] Sur la base de Banque Nationale de Belgique, *Statistiques économiques belges*, 1950-1960, t. II : *Tableaux et graphiques*, Bruxelles, 1961, et *ibid.*, 1960-1970, t. II : *Tableaux*, Bruxelles, 1971.

[47] Le détail se présente comme suit :

1956 = 71,45	1963 = 79,06
1957 = 72,44	1964 = 81,19
1958 = 72,32	1965 = 80,80
1959 = 72,44	1966 = 81,77
1960 = 73,86	1967 = 82,13
1961 = 74,40	1968 = 83,50
1962 = 77,30	1969 = 84,18

européenne de libre-échange mais bien celle, en 1961, de l'élargissement de la Communauté.

En octobre 1961, la FIB organise une vaste enquête auprès de la trentaine de fédérations sectorielles qui la composent[48]. L'absence d'homogénéité dans les réponses est criante. Certaines fédérations, à l'instar de celle du textile craignent la concurrence de certains membres du *Commonwealth* à cause du bas niveau des salaires permettant une production à bas prix. D'autres, à l'instar de FABRIMETAL redoutent les normes anglaises.

En nous contentant, ici, d'évoquer brièvement l'impact que l'indépendance du Congo belge le 30 juin 1960 a pu jouer en encourageant les milieux économiques belges à « serrer les rangs », il vaut la peine, en terminant, de citer deux opinions formulées par la FEB en 1962 au sujet de l'élargissement, en même temps qu'à celui de la coopération avec les membres de l'Association européenne de libre-échange (AELE).

En janvier 1962, la FIB insiste sur le fait que

> La tâche la plus importante des Six reste de consolider la Communauté avant même de conclure les négociations avec d'autres États, candidats à l'adhésion ou à l'association. Pour l'industriel comme pour le négociateur d'ailleurs, il s'agit de procéder par ordre et, avant tout, de voir clair sur son propre terrain.[49]

Cette insistance, qui doit être mise en relation avec la décision prise le 14 janvier par le Conseil des ministres de la CEE de passer à la deuxième étape de la période transitoire, s'accompagne d'intéressantes considérations à propos du danger de dilution de l'Europe des Six dans « un conglomérat mondial peu cohérent » ou d'inclusion dans « une simple zone de libre-échange plus ou moins atlantique »[50].

Mais afin d'échapper à ce danger, il importe que des politiques communes soient rapidement mises en place, tant au plan social, qu'industriel ou monétaire. En outre, ces réalisations ne sont possibles qu'à la condition expresse de voir naître une Europe supranationale.

Comme l'écrit le directeur des questions économiques à la FIB, « seule une Europe politiquement unie pourrait être à la hauteur de sa

---

[48] « L'industrie belge et l'élargissement du Marché commun », in *Bulletin de la FIB*, 20 octobre 1961.

[49] « Horizons nouveaux pour la Communauté Économique Européenne », in *Bulletin de la FIB*, janvier 1962, P.V.

[50] Sauwens, A., « 1962. Tournant de la CEE », in *Industrie*, avril 1962, p. 225.

mission et éviter ainsi les dangers d'une désunion entre les Six » dans les négociations d'adhésion et d'association[51].

Mais quelle forme cette Europe politique devrait-elle épouser ?

En se souvenant que, dix ans auparavant, Pierre Van der Rest, premier président de la FIB, fustigeait l'Europe transnationale dictée par « l'Évangile selon MM. Monnet et consorts », il vaut la peine de citer le point de vue de la Fédération au printemps de 1962 car il permet de prendre la mesure du chemin parcouru :

> On peut se demander si « l'Europe des Patries » était capable d'appuyer politiquement et de contribuer au développement d'une « Communauté européenne » agrandie.
>
> Se figure-t-on qu'il serait possible d'assurer l'existence d'une Communauté économique après l'adhésion de la Grande-Bretagne et de sa suite, si les solutions ne sont pas étayées par un puissant courant d'esprit communautaire.
>
> [...] Pense-t-on qu'une communauté trop vaste, exigeant une harmonisation indispensable de la politique économique et sociale puisse fonctionner si une majorité simple ne suffit pas pour prendre certaines décisions dans un cadre démocratique supranational ?
>
> [...] Une formule faible comme celle d'Europe des Patries ou d'Union des États serait-elle capable de permettre à une communauté élargie de remplir sa fonction d'une façon appropriée lorsque l'on considère que bientôt, la moitié du monde voudra faire valoir directement ou indirectement son point de vue dans une CEE élargie.[52]

Cette chute, nous semble-t-il, dispense d'autres commentaires.

---

[51] De Bièvre, Cl., « L'élargissement de la Communauté européenne », in *Industrie*, janvier 1962, p. 18.
[52] *Ibid.*, p. 19.

La révolution des marchés de l'acier en France (1950-2002)

Philippe MIOCHE

Université d'Aix en Provence

I. 1950 : un marché de l'offre, un monopole de fait

C'est un moment d'apogée du marché de l'offre. Les producteurs dominent un marché affamé d'acier, les capacités de production et de transformation sont insuffisantes. Avec des soubresauts conjoncturels, cette situation perdure jusqu'aux années 1970.

L'organisation de la production repose sur un monopole déguisé. Avec une centaine d'entreprises, la sidérurgie française est alors une industrie de main d'œuvre. Elle achève pendant cette période sa transformation managériale ; la quasi-totalité des maîtres de forges – ou pour reprendre la bonne expression de J.M. Moine, les barons du fer – sont remplacés par des managers[1]. L'investissement reprend à peine après une interruption de cinquante ans et la compétitivité technologique est faible et dominée par les innovations américaines[2].

La situation est celle d'un monopole déguisé car l'organisation du marché repose sur le Comptoir des Produits Sidérurgiques (CPS par la suite), placé sous le contrôle de l'organisation professionnelle, la Chambre Syndicale de la Sidérurgie française. Le CPS centralise les commandes des clients et les répartit en fonction de quotas établis entre producteurs. Le Comptoir établit un prix moyen de transport afin de gommer les disparités géographiques. Il s'agit là d'un héritage de la Première Guerre mondiale et du recouvrement des capacités de production lor-

---

[1] Moine, Jean Marie, *Les barons du fer. Les maîtres de forges en Lorraine*, Nancy, Édition Serpenoise, Presses Universitaires de Nancy, 1989. Voir aussi l'exemple de : Mioche, Philippe, Roux, Jacques, *Henri Malcor, un héritier des maîtres de forges*, Lyon, Éditions du CNRS, 1988.

[2] Barjot, Dominique (ed.), *Catching up with America. Productivity Missions and the Diffusion of American Economic and Technological Influence after the Second World War*. Paris, Presses de l'Université de Paris-Sorbonne, 2002.

raines. C'est un écran entre producteurs et consommateurs. Les clients de la construction mécanique et de l'automobile ont abondamment dénoncé ce système ainsi que M. Kipping l'a démontré. Il faut souligner le caractère exceptionnel de ces protestations car d'une façon générale et pendant fort longtemps, la clientèle de la sidérurgie n'a pas voix au chapitre. Seuls certains grands clients comme la Défense nationale ou la SNCF peuvent exiger un cahier des charges. Les autres clients doivent plutôt s'adapter à l'offre des producteurs, ce contre quoi regimbent les mécaniciens. La détermination des prix de vente échappe pour l'essentiel à la régulation des marchés. Dans l'espace national, ils sont contrôlés par l'État[3].

Si cette question essentielle échappe en partie aux sidérurgistes, d'autres aspects renforcent la position des producteurs. Le marché national est sous contrôle, il est suffisamment abrité des produits étrangers[4] et il est étanche aux capitaux extérieurs[5]. Les exportations ne sont pas négligeables, entre un tiers et la moitié de la production, mais elles se dirigent pour 15 à 20 % du total dans les années 1950 vers les marchés captifs de l'outre-mer.

L'acier est alors le principal produit symbole de la puissance nationale. Les actualités diffusées au cinéma martèlent les prouesses de la Lorraine, « le Texas français » ; la vitesse des grands laminoirs importés des États-Unis grâce aux dollars du plan Marshall fascine ; les réserves de minerai français rassurent l'avenir. L'augmentation des productions, 10 millions de tonnes en 1950 ; 24 millions en 1974 fournit l'assurance que la France tient son rang dans les nouvelles batailles industrielles.

II. 1978 : surcapacités, débâcle financière, perte du contrôle des marchés

L'année 1978 est celle de la débâcle financière et de l'étatisation prélude à la nationalisation qui intervient en 1982. Le développement des capacités de production mondiale, les gains de productivité, en particu-

---

[3] Sallot, Jean, Plessis, Alain (dir.), « Le contrôle des prix et la sidérurgie française, 1937-1974 », Thèse de doctorat de l'Université de Paris X Nanterre, 1993.

[4] Spirenburg, Dirk, Poidevin, Raymond, *Histoire de la Haute Autorité de la Communauté Européenne du Charbon et de l'Acier. Une expérience supranationale*, Bruxelles, Bruylant, 1993, p. 252 sqq. La politique tarifaire est celle des États, la Haute Autorité peut proposer des maxima et des minima (art. 72).

[5] Cette situation se prolonge jusqu'aux années 1970 comme l'atteste l'échec de la participation de Thyssen à l'usine de Fos. Cf. Mioche, Philippe, « Georges Pompidou et la modernisation manquée de la sidérurgie française, 1969-1974 », in Actes du colloque *Georges Pompidou face à la mutation de l'économie occidentale, 1969-1974*, Paris, Association Georges Pompidou, novembre 2001.

lier ceux issus de la diminution de la consommation spécifique, la concurrence des matériaux, ont créé d'énormes surcapacités. Dès 1963, les signes tangibles de la dégradation apparaissent, mais la Haute Autorité de la CECA est alors dans l'incapacité d'augmenter les protections tarifaires. Plus tard, en 1975, Jacques Ferry, président de la Chambre syndicale de la sidérurgie française, demande la déclaration de crise manifeste, conformément à l'article 58 du traité de Paris. Cette demande est rejetée par les sidérurgistes allemands, soutenus par leur gouvernement. Les grands producteurs mondiaux : européens, américains et japonais tentent parallèlement entre 1974 et 1978 de créer une entente mondiale ou au moins de construire de nouvelles règles d'autodiscipline afin d'éviter l'effondrement des prix de vente[6]. C'est là une caractéristique nouvelle de la situation dans les années 1970. Les producteurs n'ont pas plus qu'auparavant la maîtrise des prix : aux limitations imposées par l'État, se substituent les effets d'une demande diminuée et ils subissent de plein fouet, sur tous les marchés, les conséquences de la surcapacité de l'offre.

L'échec de l'entente privée favorise l'entrée en scène de la CECA. Dans la période qui précède 1978, la CECA a contribué de deux façons à l'érosion du contrôle des producteurs sur le marché français. La disparition des protections intracommunautaires a favorisé l'essor des interpénétrations. Le marché national a absorbé en particulier des quantités croissantes de produits belgo-luxembourgeois du fait de leur compétitivité et de leur proximité géographique. Les professionnels craignaient Thyssen et Krupp, ils ont du céder des parts de marché à Cockerill et à l'Arbed. Par ailleurs, la mis en œuvre de la CECA supposait un démantèlement du CPS. En fait, celui-ci est maintenu avec l'assentiment des pouvoirs publics nationaux. Mais à l'instigation d'un nombre croissant d'entreprises, le CPS est devenu progressivement une coquille vide[7]. Les groupes, Usinor en particulier, ont construit des relations directes avec leurs clients[8]. En fait, une convergence s'est nouée entre les stratégies commerciales des sociétés les plus dynamiques et les fondements de la politique communautaire.

---

[6] Mioche, Philippe, *Jacques Ferry et la sidérurgie française depuis la Seconde Guerre mondiale*, Aix-en-Provence, Publications de l'Université de Provence, 1993, 320 p. et archives privées de J. Ferry.

[7] La discussion du colloque du Creusot en juin 2002 a révélé que le CPS est inactif à partir de 1967 et que sa dissolution juridique date de 2001 ; à paraître.

[8] Godelier, Éric, Fridenson, P. (dir.), « De la stratégie locale à la stratégie globale : la formation d'une identité de groupe chez Usinor (1948-1986) », Thèse de doctorat d'Histoire, Paris, EHESS, 1995.

Mais si les clients sont mieux servis que dans les années 1950, les politiques de promotion des produits en acier restent limitées à la valorisation des grands ouvrages et ignorent la place du matériau dans la vie quotidienne[9]. C'est là une grande différence avec ce qui se fait pour les marchés de l'aluminium pendant la même période ; le métal léger taille des croupières à l'acier brut[10].

En règle générale durant cette période, les marchés extérieurs de la sidérurgie française se maintiennent en volume en particulier sur le marché communautaire, mais se concentrent sur un nombre plus réduit de marchés extérieurs. Certains marchés, comme ceux de l'Afrique francophone, s'affaiblissent de façon affligeante ; d'autres marchés lointains comme ceux d'Asie passent sous le contrôle des producteurs japonais. La seule exception est le marché américain où les producteurs français consolident durablement leurs positions.

L'organisation de la production connaît en peu de temps de grands bouleversements. Le nombre de producteurs est quasiment ramené à trois aux débuts des années 1970 (Usinor, Sacilor, Creusot-Loire). Un seul de fait après 1978, même si des tensions internes continueront à s'exprimer un temps entre les différentes composantes du holding puis du groupe. Pour la sidérurgie française, la traduction de la crise est d'abord financière. En 1978, l'endettement dépassait le chiffre d'affaires ; le secteur est en faillite. Mais la résorption de l'endettement s'opère relativement facilement par l'annulation des créances publiques dans le contexte de la nationalisation et par la dévalorisation des actifs boursiers. Le groupe peut alors entreprendre une réforme structurelle de sa productivité. Le rattrapage technologique est vigoureux, la France s'équipe en temps voulu d'aciéries à oxygène et de coulées continues. Les recherches développées à l'Irsid (Institut de recherche de la sidérurgie) portent leurs fruits[11]. Corrélativement, la sidérurgie devient une industrie de procédés automatisés, ce qui se traduit par une baisse très forte des effectifs, en France, comme dans l'ensemble de la sidérurgie européenne (tableau ci-dessous). Mais des prodromes de ce renouvellement technologique, l'opinion et les décideurs politiques ne retiennent que le déclin spectaculaire de l'emploi dans certaines régions spécialisées, et en particulier la

---

[9]   Mioche, Philippe, « L'acier en représentation : les affiches du GIS, Groupement de l'industrie sidérurgique, 1957-1977 », in *Les images de l'industrie de 1850 à nos jours*, Actes du colloque tenu à Bercy, les 28 et 29 juin 2001, Paris, Comité pour l'Histoire Économique et Financière de la France, 2002, pp. 169-177.

[10] Hachez-Leroy, Florence, *L'Aluminium français. L'invention d'un marché. 1911-1983*, Paris, CNRS Éditions, 1999.

[11] Cadichon, Éloi, *L'Irsid Institut de recherches de la sidérurgie 1945-1986, Histoire et petites histoires*, Document ronéotypé, 2001.

Lorraine qui donne en 1978 la mesure de sa colère et de son incompréhension. La sidérurgie et son produit sont alors des représentations symboliques du déclin industriel français et européen.

**Tableau 1 : Évolution de l'emploi
dans la sidérurgie communautaire**

	1974	1990	1996	1997	1998	1999	2000
Allemagne	232 000	125 000	86 000	82 000	80 000	78 000	77 000
Autriche	44 000	21 000	13 000	12 000	12 000	12 000	12 000
Belgique	64 000	26 000	23 000	21 000	20 000	20 000	20 000
Espagne	89 000	36 000	24 000	23 000	23 000	22 000	22 000
France	158 000	46 000	39 000	38 000	38 000	38 000	37 000
Grèce	0	3 000	2 000	2 000	2 000	2 000	2 000
Italie	96 000	56 000	39 000	37 000	39 000	39 000	39 000
Irlande	1000	1000	0	0	0	0	0
Luxembourg	23 000	9 000	5 000	5 000	4 000	4 000	4 000
Portugal	4 000	4 000	2 000	2 000	2 000	2 000	2 000
Royaume-Uni	197 000	51 000	37 000	36 000	34 000	31 000	29 000
Suède	50 000	26 000	14 000	14 000	14 000	13 000	13 000

Source : IISI

III. 2002 : sauvetage avec la CECA et nouvelle géographie des marchés

Des années 1980 à la fin du siècle, la situation est dominée dans un premier temps par l'intervention vigoureuse et efficace de la CECA sur les marchés de l'acier. Cette action comporte plusieurs étapes. En 1974, la CECA tente d'organiser un contrôle collectif de la baisse des prix afin d'enrayer leur chute. Cette tentative reste vaine. En 1977, le commissaire Étienne Davignon propose aux entreprises une régulation volontaire par produits et par marchés. Des mesures favorisant la réadaptation des travailleurs des établissements fermés sont adoptées. Les résultats de ce plan sont aussi très limités car les États membres tentent de freiner les désinvestissements sur leurs territoires. Le second choc pétrolier aggrave la situation du marché. En 1980, le taux d'utilisation des capacités sidérurgiques s'établit à 50 %. Utilisant l'article 58, la Commission décrète l'état de crise manifeste en octobre 1980. Quatre dispositifs sont mis en place : des quotas qui permettent de geler les parts de marché ; une protection accrue du marché communautaire ; un code des aides avec un calendrier définissant le terme de celles-ci et une aide sociale directe. Prévu initialement jusqu'au 31 décembre 1985, ce dispositif a été prolongé jusqu'au 30 juin 1988. Le taux d'utilisation des équipements est remonté à 70 %, les frais financiers redeviennent normaux (de l'ordre de 4 ou 5 %). L'amélioration des résultats en 1988-1989 permet de lever le dispositif. Mais l'année 1992 connaît une chute de la demande et des prix (moins 20 %) et 1993 est désastreuse pour l'industrie mondiale. La Commission lance un nouveau plan de restructuration à l'automne 1993[12]. Elle lie l'attribution des aides aux restructurations et à la programmation précise de l'arrêt du soutien direct des États membres. La réduction des capacités se poursuit. Ce résultat, auquel s'ajoute l'amélioration de la demande, permet à nouveau de renforcer le taux d'utilisation des équipements et les bilans financiers des entreprises. À partir de 1996, on assiste à une stabilisation de la situation qui libère des dynamiques nouvelles.

Pendant cette période, l'action communautaire a été accompagnée dans le domaine de la gestion sociale de la crise par des interventions spécifiques du gouvernement français comme le plan acier de 1982, révisé en 1984. Elle est aussi relayée par la politique contractuelle des entreprises comme l'accord A CAP 2000 en décembre 1989. Comme pour les relations avec les clients on assiste dans le domaine de la gestion sociale de la crise et de la mutation à la conjonction d'une triple action Commission, État, entreprises.

À partir de 1986, l'ensemble de l'activité sidérurgique est placé sous l'autorité de F. Mer et d'un état-major où les anciens de Saint-Gobain jouent un rôle important. Ces dispositions débouchent sur la privatisation réalisée avec succès en 1995[13]. Il faut noter que ce succès n'allait pas de soi car l'opération boursière dit « coup d'accordéon » de septembre 1986 a provoqué le vif mécontentement de nombreux petits porteurs.

Sur le plan des structures de production, les années 1990 voient s'amplifier le phénomène de littoralisation de la sidérurgie française[14]. Le renforcement des deux établissements majeurs, Dunkerque et Fos, annonce la fin prévisible de la sidérurgie continentale. Ces mutations s'opèrent dans le contexte d'un bouleversement mondial de la produc-

---

[12] Communication SEC (92), voir Vanderseypen, Guido, « La politique de restructuration sidérurgique : un bilan nuancé », *Revue du Marché commun et de l'Union européenne*, 1995, n° 386, pp. 160-168.

[13] Dollé, G., « The Privatisation of Usinor-Sacilor », in Ranieri, R., Gibellieri, E. (eds.), *The Steel industry in the new millenium*, Vol. 2 : *Institutions, Privatisation and Social Dimensions*, London, IOM Communications Ltd, 1998, pp. 29-38.

[14] Malézieux, Jacques, *Les Centres sidérurgiques des rivages de la mer du Nord et leur influence sur l'organisation de l'espace : Brême, IJmuiden, Gand, Dunkerque : recherches sur l'expression et sur la signification géographique de l'activité industrielle*, Paris, Publications de la Sorbonne, 1981.

tion sidérurgique[15]. Il se caractérise par une montée de la production asiatique, un effacement de la production américaine et le maintien de la production européenne (graphique ci-dessous).

Graphique 1 : Comparaison de la part des producteurs des trois grandes zones en 1978 (premier plan) et en 2001 (second plan), en millions de tonnes

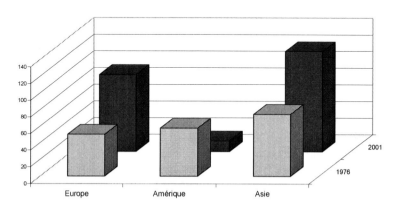

Source : d'après IISI

En très peu d'années, la révolution des marchés s'amplifie en France. La sortie de crise s'accompagne de la construction d'une nouvelle identité environnementale[16]. Au cours des années 1970 et 1980, les entreprises ont été amenées à repositionner leurs stratégies à l'égard de l'environnement. C'est, là encore une dialectique entre l'action communautaire – on ne citera ici que la directive Seveso du 24 juin 1982 –, celle des pouvoirs publics nationaux[17] et les choix de l'entreprise[18]. Ainsi le caractère recyclable de l'acier est au centre de la communication

---

[15]   Bain, Trevor, *Banking the furnace : restructuring of the steel industry in eight countries*, Kalamazoo, Michigan, W.E. Upjohn Institute for Employment Research, 1992.

[16]   Boullet, Daniel, « Entreprises et environnement en France de 1960 à 1990 : les chemins d'une prise de conscience », Thèse de doctorat, Université de Paris X – Nanterre, 1999.

[17]   La France dispose d'une législation pionnière dans ce domaine (décret de 1810), mais les dispositions ont été renforcées au cours des années 1970. Exemple, loi du 19 juillet 1976 sur les installations classées pour la protection de l'environnement.

[18]   L'IRSID crée en 1971 le LECES (Laboratoire Étude et Contrôle de l'Environnement Sidérurgique).

produit et permet à ce matériau de rebondir dans la compétition avec l'aluminium en particulier.

Plus généralement, la sidérurgie modifie ses relations avec les consommateurs. La recherche de « solutions acier » a transformé les relations des sidérurgistes avec leurs grands clients. Des équipes de recherche opérationnelles réunissent des ingénieurs de la sidérurgie et de l'automobile, et elles élaborent ensemble des solutions et des produits. Simultanément la communication sidérurgique cherche à transformer la représentation du produit en le rapprochant des consommateurs finaux.

La recomposition d'ensemble des producteurs de la sidérurgie européenne a reposé aussi sur la spécialisation autour de certains métiers. Usinor a privilégié un temps le créneau des aciers plats au carbone et des aciers galvanisés dont le principal utilisateur est l'industrie automobile[19]. Il a aussi développé les aciers inoxydables, notamment aux États-Unis et en Asie. Mais en devenant producteur spécialisé de tôles automobiles, le sidérurgiste se trouve placé dans une situation de dépendance inverse de celle qui existait en 1950. Devenu premier producteur mondial, le groupe européen ne représente cependant que 5 % de la production sidérurgique mondiale. Les grands constructeurs d'automobiles, au nombre d'une dizaine, sont beaucoup plus concentrés et ce sont eux qui peuvent maintenant peser sur le producteur d'acier. D'un marché de l'offre, l'industrie sidérurgique a basculé dans un marché de la demande, au moins vis-à-vis du secteur automobile.

La révolution est particulièrement nette dans le domaine des territoires de la sidérurgie. Longtemps campée sur son territoire national, la sidérurgie française, comme la plupart des grandes sidérurgies, s'installe ailleurs pendant que l'hexagone accueille des producteurs étrangers. En cinq ans, de 1994 à 2000, la sidérurgie française a connu plus de transformations du point de vue de l'internationalisation qu'elle n'en avait connu en deux siècles. Ce phénomène inédit comporte plusieurs aspects : la présence nouvelle de producteurs non-français sur le marché national, itons les intérêts italiens, anglais, indiens. Au tournant du millénaire, le groupe historique, Usinor, n'assure plus que la moitié de la production nationale d'acier. De son côté, Usinor est méconnaissable. Il a procédé à un véritable redéploiement en Belgique, Allemagne, Brésil et États-Unis. Les débouchés extérieurs des produits fabriqués en France et en Europe sont ceux de la côte Est des États-Unis pour Sollac Atlantique et de la Méditerranée pour Sollac Méditerranée. Cependant l'essentiel des marchés restent européens, ce qui permet au producteur de bénéficier de la stabilité monétaire de la zone Euro.

---

[19] Lamesch, Jean, *Histoire Mondiale de la Galvanisation*, Luxembourg, Arcelor, 2003.

Graphique 2 : géographie des marchés de l'acier français simplifiée en trois zones pour les trois périodes[20]

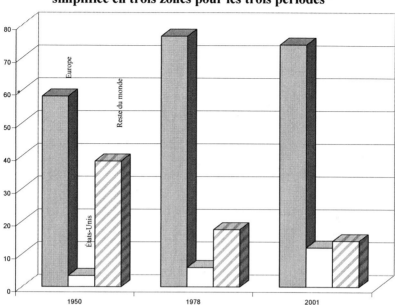

Source : IISI et Arcelor

    C'est dans le contexte de cette internationalisation accélérée, que s'est opérée la fusion New Co/Arcelor. La nouvelle entité réunit les actifs du français Usinor, du luxembourgeois Arbed et de l'Espagnol Aceralia. L'ancrage territorial est clairement européen (trois quarts du chiffre d'affaires, près de 90 % des effectifs), les métiers se sont diversifiés, renouant en partie avec les produits longs. La naissance officielle du nouveau groupe s'est réalisée simultanément à la fin du traité de Paris. Bien entendu, la sidérurgie européenne ne se résume pas à Arcelor. D'autres groupes européens affirment leurs dynamismes sur les marchés européens et mondiaux. Cependant, il y a là comme un joli symbole : l'institution communautaire s'efface au moment même, l'été 2002, où naît le leader mondial de la sidérurgie. L'événement correspond en tout cas avec la disparition du concept de marché national. Le siège d'Arcelor est à Luxembourg, les lectures statistiques nationales n'ont plus de sens. Le marché français a disparu, mais on peut penser un marché européen.

---

[20] La pénétration sur le marché américain se poursuit, la part de l'Europe se stabilise mais reste largement prépondérante. L'évaluation 2001 repose sur le % du chiffre d'affaires d'Arcelor, les précédentes sur la production et les échanges en tonnes.

Comment imaginer les représentations européennes et présentes de l'acier ? On supposera que l'acier banalisé trouve une place nouvelle dans la vie quotidienne. C'est là une frontière de la recherche qui doit scruter les productions artistiques et les sondages d'opinion.

Conclusion

C'est bien d'une révolution des marchés de l'acier en Europe qu'il s'agit. La sidérurgie européenne ne ressemble plus en rien à ce qu'elle était cinquante ans auparavant. Elle occupe de solides positions, qui l'eût cru en 1978 par exemple ? Cette industrie ne semblait-elle pas vouée par définition à la délocalisation ? Les différentiels de coûts salariaux ne devaient-ils pas provoquer l'inéluctable succès de la sidérurgie asiatique ? L'acier lui-même n'était-il pas considéré comme un matériau du passé ?

La discussion sur la hiérarchie des causalités entre les trois principaux acteurs : la CECA, les États et les entreprises est plus complexe car elle est variable selon la transformation observée. La CECA a créé le contexte réglementaire qui a permis la restructuration et la privatisation. Ses impulsions dans le domaine de la recherche ont contribué à l'issue technologique vers le haut pour les procédés, les produits et l'environnement. L'État n'a pas joué de rôle négatif dans ces transformations. Quant aux stratégies d'entreprises, elles ont été motrices dans la spécialisation sur certains segments du marché et dans la très rapide internationalisation. En tout cas, il s'est passé en Europe quelque chose de différent des États Unis. À court terme, le contraste entre les sidérurgies américaine et européenne est saisissant.

Il est souvent hasardeux de dresser un bilan de court terme sur l'intégration européenne dans tel ou tel domaine. Il est bien possible qu'un recul d'une cinquantaine d'années permette de prendre la mesure de l'événement.

La France et la mise en place de la politique de la concurrence communautaire (1957-1964)

Laurent Warlouzet

Université de Paris IV

Jusqu'où doit aller la liberté de l'entreprise dans ses rapports avec ses concurrents, fournisseurs ou acheteurs ? Cette question de l'organisation optimale des marchés est une source de débats pour les économistes comme pour les décideurs économiques et politiques. Elle est liée à l'ouverture extérieure des marchés. Dans l'entre-deux-guerres une première connexion entre ces deux questions a été établie avec le développement de nombreux projets associant des cartels privés à des unions douanières régionales[1]. Le débat rebondit après la Seconde Guerre mondiale dans un contexte nouveau, plus favorable au libre-échange international. De plus, l'organisation des marchés passe des entreprises aux autorités publiques. Elles choisissent dorénavant de mettre en œuvre une véritable politique de la concurrence, en particulier dans le cadre de la construction de l'Europe communautaire.

La politique de la concurrence vise à protéger le consommateur contre les pratiques des producteurs qui augmentent artificiellement les prix. Elle donne aux pouvoirs publics la capacité d'influencer la structure de l'offre pour améliorer le fonctionnement du marché. Pour cela, elle s'attaque à une très grande variété d'accords, regroupés en deux catégories principales, les ententes et les concentrations, les premières se différenciant des secondes par le maintien de l'indépendance juridique des entreprises. Pour atteindre cet objectif, les États ont choisi différentes procédures et différentes cibles car les ententes et les concentrations recouvrent une grande variété d'accords, considérés comme plus ou

---

[1] Bussière, Éric, et Dumoulin, Michel, « L'émergence de l'idée d'identité économique européenne d'un après-guerre à l'autre », in Girault, René (dir.), *Identités et conscience européenne au XXe siècle*, Paris, Hachette, 1994.

moins néfastes[2]. Les distinctions portent sur l'objet de l'accord et sur son architecture. La première typologie permet de différencier les accords portant sur la production, de ceux portant sur les prix, sur la recherche-développement ou sur la distribution. La seconde oppose les accords horizontaux, entre entreprises concurrentes, aux accords verticaux, entre producteur et fournisseur ou distributeur, dans le cadre d'un accord d'exclusivité par exemple.

À l'époque de la signature du Traité de Rome, la politique de la concurrence est un domaine très récent en Europe. Si, aux États-Unis, le *Sherman Act* date de 1890, de l'autre côté de l'Atlantique, la loi française n'a été adoptée qu'en 1953, mais des règles dans ce domaine se trouvaient déjà dans l'ordonnance des prix de 1945. Bien plus au moment de la signature du Traité de Rome, trois pays de la CEE n'ont pas de législation dans ce domaine, tandis que la RFA en adopte une au cours de l'année 1957. Le processus de construction européenne joue un rôle d'accélérateur car la perspective d'un marché unique pose le problème de sa régulation publique, à partir du moment où la gestion par les acteurs privés n'est plus accepté. Cependant, reste à savoir quelle politique de la concurrence mettre en œuvre. Deux questions principales se posent. La première porte sur son orientation économique, la seconde sur ses conséquences institutionnelles.

Si la finalité de la politique de la concurrence reste l'amélioration du fonctionnement du marché, son orientation économique est déterminée par l'équilibre à trouver entre les gains de productivité apportés par certains accords restreignant le libre fonctionnement du marché, et leurs conséquences néfastes en termes de prix[3]. En effet, une situation oligopolistique peut stimuler le progrès technique en donnant de larges marges de financement aux entreprises. L'autorité de régulation du marché doit déterminer si ce raisonnement schumpeterien compense les atteintes à l'idéal de concurrence pure et parfaite, fondé sur l'atomisation de l'offre et de la demande. Le degré de sévérité de la politique de la concurrence peut donc être très variable. Dans le contexte de la construction européenne, une orientation répressive peut être utilisée pour

---

[2] Barjot, Dominique, « Introduction », in Barjot, Dominique (dir.), *International Cartels Revisited. Vues nouvelles sur les cartels internationaux (1880-1980)*, Caen, Éditions du Lys, 1994. Dominique Barjot souligne que les auteurs ont des définitions différentes de ces termes. La définition de l'entente retenue est celle qui est utilisée à cette époque dans les débats sur la politique de la concurrence communautaire en France.

[3] Hachez, Florence, « Le cartel, facteur d'immobilisme ou moteur d'innovation ? », in Merger, Michèle, et Barjot, Dominique (dir.), *Les entreprises et leurs réseaux : hommes, capitaux, techniques et pouvoirs, XIX-XXe siècles, hommages à François Caron*, Paris, Presses Universitaires de la Sorbonne, 1998.

promouvoir l'ouverture internationale des marchés en combattant les accords de répartition de marchés qui annulent les effets de la libération des échanges. Au contraire, des règles de concurrence plus tolérantes, au moins envers certains types d'accords, peuvent être appliquées pour inciter les entreprises à regrouper leurs forces pour se mesurer aux entreprises américaines.

La deuxième interrogation porte sur les conséquences institutionnelles de la politique de la concurrence. Paradoxalement, elle vise à restaurer les conditions de fonctionnement optimal d'un marché libre par la réduction de l'autonomie des acteurs économiques, au profit de l'intervention de l'État. Cette contradiction suscite des controverses particulièrement aiguës dans le cadre CEE dans la mesure ou il ne concerne pas seulement l'équilibre entre les prérogatives des acteurs publics et celles des acteurs privés, mais aussi celui existant entre les pouvoirs nationaux et communautaires.

Ces deux interrogations se retrouvent au cœur des ambitions de la construction européenne depuis la CECA. Matthias Kipping[4] a ainsi démontré la place centrale de la politique de la concurrence dans les objectifs économiques des promoteurs de la CECA. La lutte contre les cartels devait abaisser les coûts de production des industries consommatrices d'acier et de charbon pour améliorer la compétitivité à l'exportation. L'orientation économique était donc libérale et s'inscrivait dans le mouvement international d'ouverture des marchés. Le choix institutionnel était celui d'une large délégation de souveraineté pour assurer le développement de ce domaine neuf qui allait à l'encontre des projets de construction européenne à partir de cartels privés des années 1930. Cette double logique ambitieuse se retrouve dans la CEE. Mais le bilan très limité de la lutte contre les cartels par la Haute Autorité de la CECA a accentué le problème des pouvoirs à accorder à l'autorité supranationale[5].

Le Traité CEE posait le principe de règles de concurrence communes, avec l'article 85 sur les ententes et l'article 86 sur les positions dominantes, dans un double but, d'efficacité générale de l'économie, mais aussi d'intégration des marchés. Cependant, il ne tranchait pas sur le degré de sévérité de la politique de la concurrence communautaire, ni sur les modalités institutionnelles de son application. Ces choix décisifs furent effectués pendant la période de définition de la politique de la

---

[4] Kipping, Matthias, *La France et les origines de l'intégration européenne. Intégration économique et compétitivité internationale, 1944-1952*, Paris, CHEFF, 2002.

[5] Spierenburg, Dirk, et Poidevin, Raymond, *Histoire de la Haute Autorité de la CECA. Une expérience supranationale*, Bruxelles, Bruylant, 1993.

concurrence communautaire, de mars 1957, signature du Traité de Rome, à 1964, date des premières décisions de la Commission.

Pour répondre à ces questions, la France apparaît bien placée en 1957 car elle est l'un des trois pays de l'Europe des Six à avoir une législation dans ce domaine. Dans ce dossier, sa position est déterminée par trois administrations principales. Le ministère des Affaires étrangères et le SGCI[6], tout d'abord, sont deux administrations incontournables pour l'étude de la conception française de la construction européenne. Le premier assure la transmission de la position française auprès des institutions communautaires par la Représentation Permanente (REP) à Bruxelles, créée en 1958. Le second assure la liaison entre la REP et les administrations centrales pour définir la position française. Dans ce processus intervient également le ministère des Finances et des Affaires économiques et en particulier, pour la politique de la concurrence, la Direction des Prix. Elle est chargée d'appliquer l'ordonnance de 1945 et la loi de 1953. Pour déterminer l'intérêt économique de la France, les administrations s'appuient sur les réflexions des acteurs économiques, qui développent des projets européens propres. Une partie d'entre eux intègrent ces questions complexes dans leurs interrogations et parviennent à manifester clairement leurs positions dans ce domaine. C'est le cas en particulier du CNPF, dont les archives contiennent également beaucoup de documents de l'UNICE[7], l'organisation regroupant les patronats des six pays de la CEE. Cette source permet d'identifier de nouveaux projets patronaux, où le thème des ententes européennes reste fort encore après 1945[8]. Les interactions entre administrations françaises et patronat français alimentent les débats autour de l'intérêt économique de la France, qui influencent ensuite la position officielle française dans les négociations communautaires.

Trois temps marquent la définition de la politique de la concurrence communautaire, d'un point de vue français. D'abord, pour les réflexions de fond, les archives témoignent de la difficulté de faire émerger une position française homogène en raison des divergences internes d'analyses. Ensuite, sur le plan tactique, force est de constater l'échec de la

---

[6]   Secrétariat Général du Comité Interministériel pour les questions économiques européennes créé en 1948. Voir de Castelnau, Anne, « Le rôle du SGCI dans les relations de la France avec le Marché commun, 1956-1961 », in Girault, René, *et al.*, *Le rôle des ministères des Finances et des ministères de l'Économie dans la construction européenne (1957-1978)*, Paris, CHEFF, 2002.

[7]   Union des Industries de la Communauté Européenne. Elle renaît en 1957 à la faveur du Traité de Rome. Voir archives CNPF, 72AS, 812, réunion CIFE du 25 avril 1957.

[8]   Moguen, Marine, et Plessis, Alain (dir.), « Les organisations patronales françaises et allemandes face à l'intégration européenne (1949-1961), L'ouverture des frontières et ses implications pour les industriels », Thèse de doctorat, Paris X, 1999.

France dans les négociations communautaires, avec l'adoption du règlement 17 de 1962, qui ne correspondait pas aux vœux de Paris. Enfin, une évaluation de la portée réelle de l'échec de la France dans ce dossier est nécessaire en étudiant l'application de cette politique ambitieuse par la DG IV, la direction de l'administration communautaire qui en est chargée, jusqu'aux premières décisions de 1964.

I. Une position française hésitante

De 1957 à 1964, l'administration française a du mal à définir une position ferme et stable sur la politique de la concurrence communautaire qu'elle souhaite. Ainsi, la France apparaît sûre de son modèle national dans ce domaine. Elle espère le transposer au niveau communautaire. Mais les esprits sont partagés entre ceux qui craignent le choc du Marché commun et ceux qui veulent utiliser la politique de la concurrence pour moderniser l'économie française. Dès lors, la position française initiale, de défense de son modèle national, est en porte-à-faux par rapport aux projets communautaires, tandis que l'administration paraît divisée dans le débat sur l'orientation économique de la politique de la concurrence.

A. Le modèle français de politique de la concurrence

L'assurance de la France quant à son modèle de politique de la concurrence national tient à sa relative ancienneté, et à son caractère consensuel. La législation française date de 1945, avec l'ordonnance des prix, et surtout de la loi spécifique de 1953. Or l'article 85 du Traité de Rome, sur les ententes, s'inspire beaucoup de l'article 59 de la loi française de 1953. Comme, en 1958, la Commission place le débat sur la mise en place de la politique de la concurrence sur l'article 85 plus que sur l'article 86, la France pense pouvoir faire prévaloir ses vues.

Parmi les deux modèles de lois existantes dans ce domaine, la loi française s'appuie sur le principe de l'abus par opposition à celui de l'interdiction. Elle ne condamne donc que les pratiques abusives sans interdire l'existence même des ententes. Son application est assurée par le ministère des Affaires économiques, qui reçoit un avis de la Commission Technique des Ententes (CTE), instance chargée d'effectuer un rapport sur l'accord soupçonné d'abus. Dans les faits, l'administration a été très tolérante envers les ententes. Elle a préféré demander aux entreprises de modifier leurs pratiques plus que de les condamner.

Les entreprises françaises sont donc relativement satisfaites du fonctionnement de l'expérience française de politique de la concurrence, même si elles sont hostiles à certains de ses développements[9]. Elles apprécient particulièrement la méthodologie des enquêtes de la CTE. Celle-ci cherche à dresser un véritable bilan économique de l'entente sur le long terme. Ainsi, une augmentation de prix résultant d'une entente peut se justifier si elle conduit à accroître la productivité dans un avenir proche. La CTE cherche à orienter les entreprises vers les formes d'associations les plus souhaitables. Elle demande donc aux ententes les plus nuisibles de se réformer et favorise les accords dans les secteurs où l'industrie française a besoin de se renforcer face à la concurrence étrangère[10]. Des objectifs proprement industriels s'imposent dans la détermination des organisations de marché idéales.

L'administration et le patronat français pensent donc que la situation française peut servir de modèle à la fois sur le plan de la méthode, le bilan économique, de sa conséquence juridique, le principe de l'abus, et surtout de son objectif principal : créer un Marché commun composé d'entreprises suffisamment fortes, par leur taille ou leurs alliances, pour tenir tête aux entreprises étrangères.

Dans le débat sur l'orientation économique de la politique de la concurrence, la position de l'administration française est clairement celle d'une vision industrielle globale refusant de s'appuyer sur les seules forces du marché, et ce à double titre[11]. Sur le plan des règles régissant les relations entre les entreprises tout d'abord, la France défend l'association dans une même logique des articles 85 et 86. La France part du constat que les entreprises françaises sont en moyenne de plus petite taille que leurs concurrentes. Dès lors, les règles de concurrence doivent servir à encourager les accords entre les entreprises françaises, par une application tolérante de l'article 85. De plus, elles doivent lutter contre la concurrence déloyale des grandes entreprises étrangères, accusées d'abus de positions dominantes, punis par l'article 86. Au-delà, la France défend une politique industrielle globale, associant les articles 85 et 86, qui représentent l'intégration négative, à l'intégration positive. Cette dernière recouvre l'harmonisation des conditions de concurrence, dans le domaine de la fiscalité et celui des normes sociales, ainsi que le rapprochement des législations en général. Elle renvoie également au

---

[9] Note du 10 juin 1958, synthèse de la réunion CNPF du 9 juin 1958, archives CNPF, 72 AS 1389.

[10] Caractéristique particulièrement mise en valeur par les analyses étrangères : analyse des rapports d'activité de la CTE par son homologue allemand, le *Bundeskartellamt*, 7 décembre 1960, archives MAEF (ministère des Affaires étrangères français), RPUE 614.

[11] Archives SGCI, réunion au SGCI du 13 avril 1959, volume 261 et note récapitulative du SGCI du 11 avril 1961, volume 264.

développement d'une coordination des politiques industrielles, voire à la création d'instruments communs dans ce domaine. Cette ambition double n'est pas seulement soulignée par la France mais également par l'Assemblée Parlementaire Européenne car elle correspond à l'esprit du Traité de Rome[12]. D'ailleurs la DG IV de la Commission était dotée de prérogatives très larges qui devaient lui permettre tout à la fois de lutter contre les restrictions de la concurrence, et de progresser dans la voie de l'égalisation des conditions de concurrence. Les progrès parallèles de l'intégration négative et positive sont indispensables sinon les entreprises seraient pénalisées par la mise en place anticipée de la première sans la seconde. Elles ne pourraient s'adapter à la libération des échanges en raison des distorsions de concurrence issues d'une insuffisance dans l'harmonisation de l'environnement économique. Cette position est également celle du CNPF depuis le rapport Spaak[13]. Elle est à la base de la conception française du Marché commun industriel.

B. Le modèle français face à la Commission

Or la DG IV de la Commission défend une approche contraire. Elle est dirigée par le commissaire allemand Hans von der Groeben, jugé par les Français proche des idées très libérales appliquées par l'autorité allemande de la concurrence, le *Bundeskartellamt*, et son président, le Dr. Günther[14]. La DG IV interprète l'article 85 comme relevant du principe de l'interdiction et pas de l'abus. Dès lors, les ententes seraient interdites par principe, sauf dérogation accordée par l'autorité centrale. Les entreprises devraient donc notifier à l'autorité de régulation l'ensemble de leurs accords. Ce modèle correspond à la loi allemande de 1957. Sa transposition à l'échelle communautaire se justifie pour les Allemands afin d'éviter toute distorsion de concurrence car les entreprises allemandes seraient pénalisées si la loi nationale était plus sévère que la loi communautaire. Par contre, la DG IV s'intéresse peu à l'application immédiate de l'article 86 sur les positions dominantes. Or, dans ce domaine, le patronat français craignait que les entreprises allemandes, de plus grande taille que leurs homologues françaises, peu habituées à la

---

[12] Rapport de l'Assemblée Parlementaire Européenne de septembre 1958, archives MAEF, RPUE 608.

[13] 2 notes du CNPF sur le rapport Spaak des 9 et 10 août 1956. Elles sont reproduites dans le recueil de textes de Dumoulin, Michel, et Bussière, Éric, *Les cercles économiques et l'Europe au XXᵉ siècle*, Louvain-Paris, Université catholique de Louvain et Université Paris IV-Sorbonne, 1992, textes n° 25 et 26.

[14] Franck, Louis, *697 ministres. Souvenirs d'un directeur général des prix 1947-1962*, Paris, CHEFF, 1989, pp. 182-185.

concurrence sur leur marché intérieur, ne les bousculent[15]. Cette crainte serait renforcée si les ententes, qui permettraient aux entreprises françaises de s'adapter progressivement à la libéralisation des échanges, étaient réprimées plus sévèrement que les positions dominantes.

Face à cette position, les milieux administratifs et surtout économiques français développent leur riposte sur le terrain économique. Ces problèmes de concurrence préoccupent particulièrement au premier chef le CNPF[16] car ils constituent le principal enjeu de la construction européenne, après les conséquences de la libération des échanges. Les articles 85 et 86 s'appliquent aux accords qui affectent le commerce intracommunautaire. Ils concernent donc toutes les tentatives des entreprises françaises de s'adapter progressivement à l'ouverture des marchés par une optique contractuelle, à laquelle le patronat reste très attaché.

L'argumentaire se déploie en trois temps. D'abord, il récuse l'opposition entre les ententes, perçues comme néfastes, et les concentrations, mieux considérées, tout simplement car les premières préparent aux secondes. Ensuite, il affirme l'intérêt de certaines ententes pour adapter l'économie française au Marché commun[17]. Les accords de spécialisation ou de recherche-développement sont particulièrement visés. Enfin, au-delà de cette fonction provisoire, le patronat utilise des arguments pour justifier les ententes sur le long terme. Ils sont développés par l'universitaire André Marchal, souvent cité comme référence par les Français dans les années 1960[18]. Dans ses publications[19], il affirme que l'intégration européenne par le haut, celle effectuée par les responsables politiques, s'est concrétisée par le Traité de Rome mais peine à trouver un second souffle, alors que l'intégration par le bas peut prendre le relais. Ce processus désigne l'interpénétration des économies assurée par

---

[15] Un exemple parmi d'autres : rapport de l'Association française pour l'accroissement de la productivité (AFAP) de juin 1958 sur l'économie française dans le Marché commun, archives CNPF, 72 AS 350.

[16] Le problème occupe une place de choix dans les éditoriaux et les rapports publiés à l'occasion des assemblées générales annuelles. Voir les rapports de la Commission des affaires européennes présidée par Jean Louis publiés dans le *Bulletin du CNPF* devenu *Patronat Français* par la suite.

[17] Fabre, Robert, « Les pratiques commerciales restrictives et le Traité de Marché commun », in *Revue du Marché commun*, 1958-5, pp. 260-268. Robert Fabre est membre de la Commission des relations internationales du CNPF.

[18] Par le patronat : Compte-rendu de la réunion UNICE des 11 et 12 mai 1960, archives CNPF, 72 AS 1388. Dans les débats à l'Assemblée Parlementaire Européenne en 1959, archives MAEF, RPUE 608, note CEE du 2 octobre 1959 sur les débats à l'Assemblée Parlementaire Européenne.

[19] Marchal, André, « Marché commun européen et Zone de libre-échange », in *Revue économique*, mars 1958, pp. 255-266.

les accords quotidiens entre les entreprises. Ces ententes permettent d'accroître la productivité, mais aussi de faciliter l'intégration des économies en résolvant de façon rationnelle le problème des investissements et de l'allocation optimale des facteurs de production. Pour les industriels, ces idées présentent l'avantage de justifier les ententes dans le cadre précis de la construction européenne, où elles sont une forme de collaboration souple bien adaptée à la diversité des structures industrielles nationales.

Dans cette optique, la position du CNPF est donc très claire. Elle défend une politique de la concurrence tolérante, fondée pratiquement sur le modèle français, et théoriquement sur l'idée d'intégration européenne par les accords d'entreprises. Sur le plan de la procédure, la notification facultative des ententes est parfois discutée au CNPF, car elle apporte une sécurité juridique accrue aux accords, mais la déclaration obligatoire est unanimement refusée[20]. Elle est perçue comme portant un élément de suspicion a priori. Mais cette position, si elle est largement dominante au CNPF, ne l'est pas au sein de l'administration, partagée entre peur d'un choc trop important issu de la libération des échanges, et ambition modernisatrice.

C. Les divisions de l'administration française

Indépendamment de la construction européenne, en effet, une partie de l'administration a adopté une attitude plus sévère envers les ententes dans une optique de lutte contre l'inflation[21]. La France est particulièrement affectée par ce problème depuis la fin de la Guerre et particulièrement de 1956 à 1958. La lutte contre l'inflation a déjà facilité l'acceptation de l'accélération du rythme de désarmement tarifaire et contingentaire intracommunautaire dès la fin 1959[22], soit très peu de temps après la suspension de la libération des échanges de 1957 et 1958. La libération européenne des échanges n'est plus une contrainte mais un outil pour faire pression sur les prix intérieurs.

La même logique prévaut en matière de législation de la concurrence. En France, cette dernière est issue de la législation sur les prix et entend principalement lutter contre l'inflation. Elle vise à rationaliser le circuit de distribution en interdisant certaines pratiques restrictives, comme le refus de vente, ou en étant très sévère envers les accords d'exclusivité,

---

[20] Réunion CNPF du 9 juin 1958, archives CNPF, 72 AS 1460.

[21] Chélini, Michel-Pierre, *Inflation, État et opinion en France de 1944 à 1952*, Paris, CHEFF, 1998, pp. 565-569.

[22] Lettre du ministre des Finances Antoine Pinay au ministre des Affaires étrangères Maurice Couve de Murville du 30 octobre 1959, Archives Finances, Trésor, B 17680.

qui peuvent fausser la concurrence par un monopole territorial restrictif. Dans ces domaines, la France est beaucoup plus sévère que ses voisins, y compris l'Allemagne. Cette ambition apparaît très clairement au sein de la direction des Prix du ministère des Affaires économiques, qui applique la réglementation des prix, donc la politique de la concurrence française et qui fournit les experts français dans ce domaine au niveau communautaire. Un rapport de 1959 de ce service au Comité des Prix, organe de consultation entre l'administration et le patronat, affirme : « Quoiqu'il en soit, la mise en marche du Marché commun, et éventuellement de la Zone de libre-échange, doit tendre à un accroissement du pouvoir d'achat du consommateur et partant des tâches de la distribution. En contrepartie, le développement de la concurrence au sein de ce marché doit provoquer une diminution du coût de la distribution. »[23]. Les entreprises ne sont plus perçues comme menacées par une concurrence internationale déloyale, mais comme soumises aux exigences du consommateur. La CEE ne sert pas de repoussoir mais d'argument pour la libéralisation interne et l'abandon de pratiques sclérosantes. De plus, le projet britannique de zone de libre-échange, présenté en février 1957 et en discussion jusqu'en 1959, libéralise les réflexions.

D'ailleurs, le patronat français, s'il loue la politique des ententes au sens strict est, par contre, très hostile à la politique des prix. Il critique en particulier la Circulaire Fontanet de 1960, qui interdit le refus de vente[24]. Il stigmatise également les nouvelles formes de distribution, comme les supermarchés, que le gouvernement veut encourager pour faire pression sur les prix[25]. Cette volonté de rationalisation gouvernementale est critiquée au nom de la qualité de la distribution, en particulier du service après-vente, qui exige un lien étroit entre producteur et revendeur.

Ainsi, la position officielle de la France dans les négociations communautaires est paradoxale. Si la France est opposée à l'architecture globale des projets de la Commission, fondée sur le principe rigide de l'interdiction, cela ne l'empêche pas d'être très sévère dans les domaines du refus de vente et des accords d'exclusivité. Dans la négociation, la France n'hésite pas à estimer trop laxistes les premiers projets de la

---

[23] « Rapport sur la distribution et les marges pratiquées par le négoce » par J. Jean, document de la Direction des Prix étudié lors du Comité des prix du 29 juin 1959, archives Finances, B 55.909.

[24] Circulaire du 31 mars 1960 qui interdit les prix imposés, sauf pour les produits de luxe ou de grande consommation, le refus de vente, les ventes liées et les accords de répartition de marchés.

[25] Réunion CNPF du 29 octobre 1960 sur la circulaire Fontanet, archives CNPF, 72 AS 1460.

Commission, sur les domaines qui lui tiennent à cœur[26]. Loin de l'image d'Épinal de la France malthusienne, une partie de l'administration semble s'appuyer sur la construction européenne pour libéraliser l'organisation interne des marchés français.

L'ambivalence de la position française est à l'image de la complexité de la politique de la concurrence dont les objectifs, les moyens et les cibles sont multiples. La difficulté tient aussi à l'absence de consensus sur les conséquences économiques de la CEE. L'absence d'unité sur la question essentielle de la doctrine économique de la politique de la concurrence crée un décalage entre les milieux administratifs et les milieux économiques de plus en plus net au cours de la négociation. Ces contradictions de la position française sur le fond expliquent en partie l'échec de la France sur le plan tactique, c'est-à-dire dans les négociations communautaires.

II. L'échec de la France dans les négociations communautaires

C'est d'abord un échec de l'administration française, qui n'a pu se départir d'une attitude principalement défensive. C'est ensuite l'échec du patronat français, à travers la stratégie d'influence du CNPF, qui aboutit donc, en conséquence, à un règlement 17/62 d'interprétation du Traité de Rome très critiqué par la France.

A. L'indécision de l'administration

Les incertitudes autour de la définition de la position française sur le fond du problème, et les objectifs économiques de la politique de la concurrence, obligent l'administration française à se concentrer sur le deuxième enjeu, la question institutionnelle. Dans ce domaine, la position française est plus claire car elle est fondée sur le refus d'une délégation de souveraineté trop importante à la Commission.

Ainsi, une note récapitulative de juin 1959 sur la position française se concentre sur l'équilibre délicat à trouver entre la nécessité de règles communes de concurrence et celle de limiter l'indépendance de la Commission[27]. Le premier objectif s'impose pour que les États membres dépourvus de législation dans ce domaine en adoptent une, si possible sur le modèle français. Par contre, les pouvoirs futurs de la Commission

---

[26] Lettre d'Antoine Veil, directeur de cabinet du secrétaire d'État au commerce intérieur à P. Verloren van Themaat, directeur général de la DG IV, 3 octobre 1960, archives SGCI, 790791, volume 264.

[27] Note de la direction Prix pour la REP, juin 1959, archives MAEF, RPUE 613.

doivent être limités à tous les niveaux du processus. La Commission ne doit pas avoir de pouvoirs d'instruction et de décision autonome sauf pour les États dépourvus de législation. La France est donc favorable à la mise en place rapide d'une politique de la concurrence coordonnée, mais pas commune. Pour cela, elle développe une position qui part des pouvoirs institutionnels et pas de l'interprétation juridique et économique des articles 85 et 86. Le CNPF prend rapidement conscience de cette orientation. Synthétisant la position française sur le projet de règlement du commissaire von der Groeben, Raymond Lartisien, expert du CNPF en matière de concurrence, précise : « M. Jeanneney [ministre de l'Industrie] a adressé à M. Debré [Premier ministre] une lettre dans laquelle il prend une position catégorique contre le projet de règlement proposé par la direction de la concurrence de la Communauté, en mettant l'accent sur le caractère inacceptable des pleins pouvoirs qu'il accorderait à la Commission et sur la tendance supranationale qui s'en dégage. »[28]. Alors que les milieux économiques se concentrent sur l'interprétation de l'article 85 et ses conséquences économiques, en fonction du choix de la législation de l'abus ou de l'interdiction, l'Exécutif français a d'autres priorités.

La faiblesse de sa position sur la doctrine incite la France à rester sur la défensive et à inclure la temporisation dans sa stratégie de négociation. Le représentant français dans ces groupes d'experts, Marcille, fonctionnaire à la direction des Prix, justifie l'obstruction latente, ou la participation passive aux débats, par deux raisons essentielles[29]. D'une part, les États doivent se garder de fournir trop d'informations à la Commission sur les ententes comme elle le demande. Cela rendrait l'administration communautaire indépendante des États sur le plan de l'expertise technique et donc, à terme, sur le plan de la capacité de prise de décision. D'autre part, la temporisation permet d'attendre le résultat d'autres groupes de travail liés aux règles de concurrence, comme ceux intéressant aux aides, afin que la DG IV ne se concentre pas sur les ententes mais mène une politique plus globale sur l'ensemble des distorsions.

Mais cette tactique apparaît comme insatisfaisante pour certains négociateurs français. Dès janvier 1960, alors que les travaux sont déjà bien entamés dans les divers groupes d'experts, une note du SGCI demande des éclaircissements de la position française[30]. Après avoir rap-

---

[28] Note de Lartisien à usage interne du CNPF, 27 octobre 1960, archives CNPF, 72 AS 1389.

[29] Réunion préparatoire du SGCI du 13 avril 1959, archives SGCI, 790791, volume 261.

[30] Note préparant le discours de von der Groeben du 28 janvier 1960, archives MAEF, RPUE 608.

pelé les enjeux de la négociation, en particulier la définition des prérogatives de la Commission, la note termine par un constat de carence : « Il est indispensable sur ces points que la position française soit rapidement établie ». Le SGCI réitère sa demande d'arbitrage politique à la fin des négociations, en novembre 1961, pour connaître la marge de manœuvre des négociateurs français[31]. La complexité des problèmes, leur nouveauté et leur caractère annexe par rapport aux grandes manœuvres autour de la PAC, de la candidature britannique et du GATT, laissent l'Exécutif français dans l'indécision.

Par ailleurs, l'imprécision de la doctrine économique de la France aboutit à des contradictions sur les positions des différents experts. Pour définir les politiques communes, la Commission a, en effet, recours à de nombreux groupes d'experts gouvernementaux où elle est également présente. Cela lui permet d'associer les États à ses réflexions. À l'un d'entre eux, un délégué français a proposé d'utiliser les marchés publics comme source pour connaître l'existence d'ententes. Or, pour l'Inspecteur Général de l'Industrie Beaurepaire, cette prise de position est une erreur[32]. Il demande, et obtient, qu'elle soit réparée à la séance suivante du groupe de travail. Sur le fond, il réclame surtout un accroissement du rôle de coordination du SGCI, alors que les discussions techniques se multiplient en l'absence de doctrine officielle claire.

B. L'action d'influence du patronat

Face à une administration largement déficiente sur ce sujet, le patronat français, le principal intéressé par le développement de la politique de la concurrence communautaire, cherche à se constituer en force de contre-proposition viable. La stratégie d'influence du CNPF emprunte à la fois l'échelle nationale, celle des canaux d'influences traditionnels, et une voie nouvelle, communautaire, par l'intermédiaire de l'UNICE, le syndicat patronal des Six.

Sur le plan national, le CNPF est sûr de sa capacité d'influence, qui s'appuie sur ses relations et sur son expertise. En 1957, il est persuadé que le modèle de politique de la concurrence française devrait s'imposer à toute la CEE. À cette époque, dans les réunions internationales, il estime qu'une stratégie d'influence nationale devrait suffire[33]. Encore à la fin de 1960, le CNPF reste confiant sur sa capacité de convaincre l'admi-

---

[31] Note de F. Morin, SGCI, du 27 novembre 1961, SGCI volume 265.

[32] Lettre de Beaurepaire, ministère de l'Industrie, au SGCI, 29 août 1961, et procès-verbal de la 10ᵉ conférence d'expert du 14 septembre 1961, archives SGCI, 790791, volume 262.

[33] Compte-rendu de la réunion CIFE du 27 mai 1957, archives CNPF, 72 AS 1388.

nistration française et, par-là, d'infléchir les négociations communautaires. Dans une correspondance interne au CNPF du 27 octobre 1960, Raymond Lartisien, faisant le point sur ses contacts administratifs, terminait sa lettre par l'assurance que la position française tiendrait compte des vœux du CNPF, et les transmettra à l'échelon communautaire[34]. Il cite fréquemment les contacts qu'il entretient avec Marcille, l'expert gouvernemental français dans les groupes de travail communautaire, car il le rencontre, dans un cadre franco-français, au Comité des Prix. Encore en novembre 1960, alors que von der Groeben a déjà présenté un premier projet de règlement qui préfigure largement le règlement définitif, Lartisien pense convaincre l'administration française en raison des faiblesses même de cette dernière[35]. Il se rend compte des carences de la doctrine économique et juridique de l'Exécutif français. Il pense alors pouvoir l'influencer plus facilement grâce aux études approfondies menées dans le cadre du CNPF ou de l'UNICE : « à la vérité, nous bénéficions de l'avantage que nous donne une étude approfondie du problème vis-à-vis d'interlocuteurs qui n'avaient eu d'autre préoccupation jusqu'à présent que de critiquer le projet de la Commission et d'en obtenir le retrait. ». La position strictement défensive et institutionnelle de la France est perçue comme inefficace sans le recours de l'expertise patronale.

Par ailleurs, le CNPF mène, en parallèle, une stratégie alternative au niveau communautaire. Il utilise pour cela l'UNICE, dans laquelle les Français jouent un rôle leader pour les questions de concurrence. Ainsi, c'est Raymond Lartisien qui préside la Commission de règles de concurrence de l'UNICE. De même, lors des réunions des présidents des syndicats nationaux, c'est Georges Villiers, le président du CNPF, qui monte au créneau sur ces questions. Dans cette enceinte, les opinions sont moins tranchées qu'au niveau des Exécutifs nationaux. Toutes les délégations restent attachées à leur liberté de contracter des accords avec d'autres entreprises. Même les Allemands, pourtant conscients des risques de discrimination inhérents à la sévérité de la législation allemande, se rallient aux thèses françaises. Celles-ci reposent sur la transposition d'esprit tolérant modèle français sauf pour certains aspects de la législation des prix. Moins de trois mois après la publication de la circulaire Fontanet, le CNPF porte d'ailleurs l'affaire devant l'UNICE. Lors de la réunion du 30 juin 1960, Lartisien affirme ses craintes d'une harmonisation européenne à partir du modèle français[36]. Lors de cette rencontre, le délégué allemand confirme d'ailleurs que « les autorités

---

[34]   Note de Lartisien pour MM. Villiers, Louis, Hommey, de Soultrait, Robert Fabre du 27 octobre 1960, archives CNPF, 72 AS 1389.

[35]   Lettre de Lartisien à Fabre du 30 novembre 1960, archives CNPF, 72 AS 1388.

[36]   Réunion UNICE du 30 juin 1960, archives CNPF, 72 AS 1388.

allemandes des cartels, s'inspirant de la récente circulaire française, cherchent à créer un climat favorable au renforcement de leur propre législation ». Georges Villiers, le président du CNPF, comptait sur une dynamique inverse : il voulait profiter de l'harmonisation européenne pour obtenir l'aménagement de la réglementation française sur les prix[37].

Sur le plan tactique, l'adoption d'une stratégie d'influence des institutions de la CEE se justifie car ce domaine est mal connu et les administrations chargées de l'appliquer sont jeunes. Elles paraissent donc plus facilement influençables. D'ailleurs, au début de la négociation, en 1958, la DG IV est perçue comme bienveillante[38].

L'assurance du CNPF à propos de ses capacités d'influence issue de son expertise s'exprime également dans ce cadre. Un des experts du CNPF en matière d'ententes, Robert Fabre, souligne, en 1957, que « le Traité prévoit un délai de trois ans pendant lequel on pourra faire comprendre aux autorités publiques l'utilité de certaines ententes et leur présenter leur bilan économique. »[39]. L'assurance patronale est la même qu'à l'échelle française. Par la suite, avec le développement de réunions d'experts centrées sur l'interprétation juridique du Traité, le CNPF entend apporter à la réflexion communautaire des arguments économiques concrets permettant de dépasser la casuistique juridique[40]. Cette attitude est fondée sur l'opposition entre deux logiques. Celle de la DG IV, telle qu'elle est perçue par les milieux économiques, entend utiliser le droit pour arriver à des objectifs économiques et politiques libéraux, assurer la liberté des agents économiques et la transparence du marché. Au contraire, le CNPF part de la réalité micro-économique, en se plaçant du point de vue des chefs d'entreprise confrontés à la concurrence européenne et internationale, pour en faire dériver le droit.

Par ailleurs, la collaboration patronale européenne se justifie par l'opposition aux libéraux allemands regroupés autour du ministre de l'Économie Ludwig Erhard. En effet, dès la fin de 1956, c'est Fritz Berg, le président du BDI, qui met le dossier des règles de concurrence sur la table. Il y est particulièrement sensible car le projet de loi allemand sur la concurrence est en discussion, et appliqué à partir du 1er janvier 1958. La coïncidence avec la date d'entrée en fonction des institutions com-

---

[37] Lettre de la secrétaire générale de l'UNICE du 15 avril 1959 sur la réunion du 1er avril 1959, archives CNPF, 72 AS 450.

[38] Résumé UNICE de l'entrevue du 15 juillet 1958 avec le DG Verloren van Themaat, archives CNPF, 72 AS 1388.

[39] Compte-rendu de la réunion CIFE, syndicat patronal européen à l'échelle de l'OECE, du 21 mai 1957, archives CNPF, 72 AS 1388.

[40] Lettre de Robert Fabre à Mlle Claessens, de l'UNICE, du 22 juillet 1958, archives CNPF, 72 AS 1388.

munautaires n'échappe pas aux milieux économiques européens qui poussent le CNPF à intervenir de son côté, auprès de Robert Marjolin, vice-président de la Commission européenne, car « il faut en effet devancer une action éventuelle des services de M. Erhard. »[41]. Le niveau d'intervention choisi, Robert Marjolin et Ludwig Erhard, témoigne de l'importance du débat pour les milieux économiques. Si le CNPF prend l'initiative sur le fond, en dirigeant la Commission des règles de concurrence, il paraît suivre le mouvement pour la stratégie d'influence communautaire, que certains de ses partenaires veulent lancer dès 1958.

Mais les différents représentants patronaux nationaux ne parviennent pas à se mettre d'accord sur la démarche à suivre. Si certains ne craignent pas une collaboration active avec la Commission en affirmant clairement et rapidement la position patronale, d'autres, les Français en particulier, sont plus prudents. Ils ne veulent pas accélérer le travail de la Commission ou la braquer contre le patronat, accusé de « malthusianisme »[42]. Une indécision pèse sur le contexte intellectuel et politique car le patronat ne sait pas vraiment comment sont considérées les ententes. Dès lors, une autre stratégie d'influence voit le jour. Elle consiste à mener un travail de « propagande »[43]. Il s'agit de mobiliser les universitaires favorables aux thèses patronales par des colloques et des publications. Cette idée est évoquée lors de la réunion des 7 et 8 novembre 1958 mais rejetée. Elle rebondit en juillet 1960 après l'organisation d'un colloque qualifié d'« antitrust », par analogie avec la politique américaine de la concurrence[44]. Il s'agit de ne pas laisser la scène des experts aux adversaires des ententes dans un domaine neuf, à la charnière du droit et de l'économie, qui comptait peu de spécialistes.

Cependant, ce travail de mobilisation intellectuelle intervient trop tard par rapport à la négociation communautaire. Le patronat n'a pas réussi à définir une stratégie d'influence précise et offensive.

C. Le règlement fondateur 17/62

Après la présentation d'un projet de règlement en 1960, les avis de l'Assemblée Parlementaire Européenne et du Comité Economique et Social, le Conseil adopte au début de 1962, le règlement n° 17, connu

---

[41] Réunion de la commission des règles de concurrence UNICE du 15 avril 1958, archives CNPF, 72 AS 1388.

[42] Réunion de la commission des règles de concurrence UNICE des 9-13 septembre 1958 à Rome, archives CNPF, 72 AS 1388.

[43] Réunion des secrétaires généraux des fédérations UNICE du 7 novembre 1958, archives CNPF, 72 AS 1388.

[44] Note de Lartisien à Colombier et Fabre, 13 juillet 1960, archives CNPF, 72 AS 1388.

sous l'appellation 17/62[45]. À travers ses 24 articles, il fixe l'interprétation de l'article 85 selon des modalités qui s'inscrivent en faux avec les thèses françaises que ce soit sur le plan de son mécanisme, comme sur le plan de ses conséquences institutionnelles.

Son mécanisme est fondé sur le principe de l'interdiction. Toutes les ententes sont interdites, en vertu de l'article 85, paragraphe 1. Pour bénéficier de l'exemption prévue à l'article 85, paragraphe 3, les entreprises doivent notifier leurs accords à la Commission et attendre une autorisation de sa part. Cette législation rejoint celle qui est en vigueur en Allemagne avec la loi de 1957, qui donne des prérogatives similaires à l'autorité de concurrence fédérale. Pour la France, cette interprétation de l'article 85 pose trois problèmes[46]. Premièrement, elle est juridiquement non fondée. En effet, le débat a fait rage entre les partisans de la théorie de l'interdiction et les partisans de la théorie de l'abus, aussi bien au Conseil qu'à l'Assemblée Parlementaire Européenne ou au Comité Économique et Social. Dans cette dernière institution, les deux théories ont reçu le même nombre de voix lors d'un vote sur l'article 85, preuve que les deux interprétations étaient juridiquement admissibles[47]. Deuxième critique, cette logique est économiquement inefficace car elle se fonde sur la forme juridique des ententes et pas sur leurs effets concrets. Enfin, ce système est perçu comme inapplicable car administrativement inefficace. En effet, si tous les accords entre les entreprises doivent être notifiés à la Commission, un risque d'engorgement de l'administration communautaire existe car nul ne connaît l'importance numérique de ces pratiques discrètes. Une dernière critique, plus globale, porte sur la priorité accordée à l'application de l'article 85 sur l'article 86.

Sur le plan institutionnel, la Commission centralise tous les pouvoirs. Elle peut s'auto saisir, elle dirige l'instruction, menée en collaboration avec les États et, surtout, elle décide seule de l'exemption de l'interdiction. Or la France refusait ce monopole de décision à la Commission. Ce règlement est clairement perçu par les milieux économiques français comme un échec, issu d'une stratégie inadaptée[48]. Certes, les réflexions sur le fond du problème, au sein de la Commission des règles de concurrence de l'UNICE, ont été bien avancées. La Commission a tenu

---

[45] *JOCE* du 6 février 1962, p. 204 sqq.

[46] Note de synthèse de F. Morin, du SGCI, 27 novembre 1961, archives SGCI, 790791, volume 265.

[47] Note de l'administration communautaire sur la XVe session du Comité Économique et Social (CES) des 27 et 28 mars 1961, SGCI volume 264. Lors d'un vote sur un amendement tendant à affirmer que le CES est d'accord avec le principe d'interdiction du règlement : 41 pour, 41 contre et 10 abstentions.

[48] Archives CNPF, réunion UNICE du 4 avril 1963, CNPF 72 AS, volume 1544.

41 réunions de 1959 à 1961 et 39 pour la seule année 1962. Cependant, l'expertise technique ne suffit pas. L'UNICE estime qu'elle n'a pas réussi à établir un dialogue constructif avec la DG IV, et entend mener une stratégie plus offensive et plus efficace à l'avenir.

Du côté des milieux administratifs français, l'échec est perçu différemment. Le règlement 17/62 est insatisfaisant, mais il ne constituait pas une priorité pour la France. Ainsi, la période de la fin 1961 et du début 1962 est marquée par les grandes négociations communautaires. Or, si la France se concentrait sur la PAC, l'Allemagne exigeait l'adoption du règlement sur les ententes. Elle en faisait une condition absolue du passage à la deuxième étape du Marché commun. Une note récapitulative du SGCI[49] révèle que la France, afin d'obtenir un accord sur la PAC, était prête à deux types de concessions, sur la sécurité sociale des travailleurs migrants pour l'Italie, et sur les ententes face à l'Allemagne. Cela explique que la France vote finalement en faveur du règlement 17/62, adopté à l'unanimité alors que la majorité qualifiée aurait suffit, pour se montrer conciliante face à l'Allemagne, et pour ne pas se retrouver isolée inutilement[50].

Par ailleurs, la France a obtenu deux aménagements du règlement[51]. Ainsi, la Commission a la possibilité, afin de détecter des abus de positions dominantes, de mener des enquêtes sectorielles. C'est le seul biais par lequel l'article 86 est appliqué, suivant la logique du bilan économique défendue par la France. D'autre part, la France a obtenu l'inclusion des accords d'exclusivité dans le champ des notifications prévues par le règlement 17. La Commission devra donc réprimer ceux qu'elle juge contraire à l'article 85. Cette demande est liée à la sévérité de la réglementation française dans le domaine des accords d'exclusivité. Elle constitue une exigence française depuis 1960, avec une lettre du secrétaire d'État au Commerce Intérieur Joseph Fontanet à la DG IV[52]. La Direction des Prix, qui dépend de ce secrétaire d'État, défend cette position, ce qui empêche l'administration française d'accéder aux demandes du CNPF dans ce domaine[53]. L'inclusion des accords d'exclusivité élar-

---

[49] Note de François-Xavier Ortoli, secrétaire général du SGCI, 17 novembre 1961, MAEF, RPUE 1143.

[50] Télex du SGCI pour la REP, 19 décembre 1961, MAEF, RPUE 1143.

[51] Télex de Jean-Marc Boegner, représentant permanent de la France auprès de la CEE, au SGCI, 14 décembre 1961, MAEF, RPUE 608.

[52] La lettre, datée du 3 octobre 1960, est signée Antoine Veil, directeur de cabinet de Joseph Fontanet, secrétaire d'État au commerce intérieur, et envoyée au SGCI pour être transmise à la DG IV, au directeur général Pieter Verloren van Themaat. Archives SGCI 790791, volume 264.

[53] Entretien entre un représentant de l'Exécutif français et Georges Villiers, président du CNPF, 10 janvier 1963, archives MAEF, RPUE 609.

git considérablement le champ du règlement 17/62 en direction des accords verticaux. Ces deux concessions, associées aux progrès dans la négociation globale sur la PAC, n'intéressent pas les milieux économiques industriels. Mais, pour l'administration, ils atténuent l'échec que représente l'architecture globale du règlement 17/62, en aggravant toutefois l'un de ses défauts, la lourdeur administrative. En effet, les accords d'exclusivité sont très nombreux, ce qui risque d'accroître le travail de l'administration communautaire.

Le règlement 17/62 représente donc un revers pour les thèses françaises à la fois pour l'orientation économique de la politique de la concurrence comme pour sa mise en œuvre institutionnelle. Le CNPF est particulièrement marqué par le premier échec tandis que l'administration française, divisée sur cette question, retient surtout l'aspect institutionnel. Cette dernière question recouvre celle de l'enjeu de l'application de ce règlement, au-delà de l'échec à court terme de la France. Or l'incapacité, de 1962 à 1964, de la DG IV de le mettre en œuvre relativise le revers de la France.

III. Une victoire à la Pyrrhus pour l'administration communautaire

L'administration communautaire, après avoir obtenu un règlement dont l'ampleur des délégations de souveraineté à la Commission était inespérée, ne parvient pas à l'appliquer en raison des problèmes spécifiques liés à la mise en œuvre de cette nouvelle politique publique.

A. De larges délégations de pouvoirs

La victoire initiale de l'administration communautaire, tout d'abord, est incontestable car les projets discutés au début de la négociation lui accordaient beaucoup moins de prérogatives. Les esprits étaient marqués par l'échec de la Haute Autorité de la CECA dans le domaine de la concurrence, où elle affichait de larges ambitions initiales.

Le patronat français, en particulier, était persuadé que la Commission ne pourrait concentrer suffisamment de prérogatives pour mener une politique répressive. Robert Fabre affirme ainsi en 1958 que « la DG de la concurrence ne peut à la fois instruire les affaires, prendre les décisions et les faire appliquer. Elle aura certainement recours à la collaboration des États membres et des autorités nationales ; il est donc probable que la Commission technique des ententes [française] continuera à avoir un rôle à jouer. ». De toute façon, « il est peu probable que, pendant la période transitoire de trois ans prévue par l'article 87, on puisse arriver à définir des règles et des procédures communes. »[54]. L'inefficacité probable des institutions communautaires permet de préserver le modèle français de politique de la concurrence dans le cadre d'une simple coordination communautaire.

Pourtant, dès le mois de décembre 1960, les négociateurs français constatent un consensus des autres pays de la Communauté pour que les pouvoirs soient centralisés par la Commission[55]. Alors que l'interprétation économique et juridique du Traité reste discutée, « par contre, la position française concernant le partage nécessaire des pouvoirs de décision entre les gouvernements et la Commission est isolée. Tous les autres gouvernements semblent admettre, ou même soutiennent, que le pouvoir de décision soit donné à la Commission seule, comme le prévoit le projet actuel de cette dernière »[56]. Pour des raisons d'efficacité et d'unité de la jurisprudence, la solution du monopole du pouvoir de décision s'impose. Il est d'ailleurs tempéré par la possibilité de contester la décision auprès de la Cour de Justice des Communautés Européennes.

Face à cette évolution, le CNPF réagit au début 1961 en refusant la centralisation au profit de la Commission car : « il ne saurait être question, dans l'état actuel d'incompétence de la Commission en matière d'entente, de lui réserver les pouvoirs d'enquêtes ou de décision sans le concours des autorités nationales »[57]. Le reproche principal reste la méconnaissance d'une réalité complexe appréhendée par une démarche dogmatique, fondée sur des arguments juridiques et politiques plus qu'économiques. Ses réflexions sont transmises au SGCI. L'administration française tente ensuite de définir des contre-propositions françaises claires mais il est trop tard car la Commission a déjà renforcé sa position.

En effet, la consultation des organismes commensaux, l'Assemblée Parlementaire Européenne et le Comité Économique et Social (CES), a confirmé ses vues. Sur le plan de l'interprétation économique et juridique du Traité, les débats ont été importants mais, par contre, sur le plan institutionnel, l'accord autour d'une centralisation des pouvoirs par la Commission était très large. Si ces institutions ont peu de pouvoirs concrets, leur influence morale est importante. La Commission ne man-

---

[54] Exposé de Robert Fabre le 31 octobre 1958, archives CNPF, 72 AS 1389.

[55] Note SGCI sur la réunion du 29 novembre, 2 décembre 1960. Archives SGCI, 790791, volume 264.

[56] Note SGCI sur la réunion du 29 novembre, 2 décembre 1960. Archives SGCI, 790791, volume 264.

[57] Note de Raymond Lartisien sur l'avant-projet de rapport d'Arved Deringer, rapporteur de la Commission du Marché Intérieur de l'Assemblée Parlementaire Européenne, 3 février 1961, archives SGCI, 790791, volume 264.

que d'ailleurs pas, dans les réunions intergouvernementales, de s'appuyer sur les avis de ces deux institutions.

Mais le facteur le plus puissant d'adoption d'un règlement donnant beaucoup de pouvoirs à la Commission est, paradoxalement, la volonté des États membres, ou plutôt leurs oppositions, dont la Commission profite aussi bien du côté allemand que du côté français. Pour Bonn, l'adoption d'un règlement sur la politique de la concurrence à l'image de sa législation est une condition incompressible du passage à la deuxième étape. D'un autre côté, la France, à défaut d'obtenir un règlement satisfaisant, veut inclure dans le projet de la Commission des modifications qui empêchent qu'elle ne subisse des distorsions de concurrence du fait d'une législation plus sévère. L'inclusion des accords d'exclusivité dans le champ de compétence du règlement 17/62 entre dans cette logique. Elle renforce encore la portée du règlement.

Trois facteurs nourrissent donc le succès initial de la Commission dans la centralisation des pouvoirs d'application de la politique de la concurrence. Le premier est un argument de fond imparable, l'unité de la jurisprudence. Le deuxième facteur est l'influence des organismes parallèles, l'Assemblée Parlementaire Européenne et le CES, sur lesquels s'appuie la Commission pour faire pression sur le Conseil. Enfin, le mécanisme le plus décisif est la division des États, dont la Commission parvient à profiter. Reste à prouver sa crédibilité dans l'application de ce règlement.

B. La paralysie de la DG IV

Or, la DG IV se manifeste initialement par sa paralysie de 1962 à 1964, date de ses premières décisions. Les critiques françaises envers la lourdeur administrative du système de notification s'avèrent justifiées. L'afflux de dossiers empêche la DG IV de prendre des décisions rapides.

La première solution trouvée par le commissaire Hans von der Groeben est d'accroître les effectifs de la DG IV. Mais les États membres sont critiques envers le Commissaire allemand car il n'a pas affecté les agents supplémentaires accordés pour 1962 à l'application prévisible du règlement 17/62 mais à d'autres fonctions[58]. En effet, les prérogatives de la DG IV étaient multiples. Outre les ententes, elle poursuivait des études sur les positions dominantes, sur le rapprochement des législations, sur l'harmonisation fiscale dans le domaine des taxes compensatoires et des taxes sur le chiffre d'affaires, ainsi que sur les aides

---

[58] Télex de Boegner, représentant permanent de la France à Bruxelles, au SGCI, du 31 mars 1962, archives MAEF, RPUE 189.

d'État[59]. Dans ce dernier secteur, elle a même lancé en 1961 un grand programme d'étude de l'ensemble des interventions publiques dans l'économie[60]. La DG IV respectait donc l'ambition française de mener une politique globale de la concurrence, qui ne se concentre pas que sur la répression des ententes. Hans von der Groeben lui assigne d'ailleurs la fonction de « constitution économique pour la Communauté des Six »[61]. Il entendait profiter de ses très larges attributions pour combiner intégration négative et positive afin de s'attaquer à l'ensemble des distorsions de concurrence. Dans l'immédiat cependant, face à cette dispersion, la DG IV n'arrive pas à se livrer à une action concrète dans un domaine restreint.

Dès lors, la DG IV envisage de s'attaquer à la source du problème, le règlement 17/62, en essayant d'en éclairer la substance. Dès le mois de juillet 1962, lors d'une réunion avec des experts gouvernementaux, le directeur des ententes de la DG IV, Schumacher, propose deux solutions de fond[62]. Il envisage d'abord de prendre un petit nombre de décisions exemplaires pour éclairer les entreprises. Ensuite, toujours pour éviter de répondre à chaque notification individuellement, il préconise des « décisions de groupe », terme qui devint ensuite des « exemptions par catégories ». Il s'agit de désigner un type d'accord qui n'est pas concerné, au moins provisoirement, par le règlement 17/62. La notification est donc inutile dans ce cas. Cette solution astucieuse pose plusieurs problèmes, liée à la double question de l'orientation économique et des conséquences institutionnelles de la politique de la concurrence. Sur le premier problème, l'enjeu est de déterminer quels sont les accords positifs et ceux qui ne le sont pas. Comment établir des critères juridiques précis alors que c'est la pratique plus que la forme qui permet de déceler les abus ? La seconde question est immédiatement soulevée par les États membres : la Commission a reçu le pouvoir d'appliquer le règlement 17/62, pas de juger de son extension, qui a déjà fait l'objet d'une négociation au Conseil. La Commission pensait décider seule de ces exemptions, mais les États soulignent qu'elle n'en a pas le droit, à moins d'un règlement du Conseil l'y autorisant[63]. Par ailleurs, ils doutent de la

---

[59] Projet de programme d'action de la Commission en liaison avec l'accélération du rythme du Traité, document du secrétariat de la Commission, 4 mai 1960, archives CEE, BAC 1/1971, volume 17, n° 247.

[60] Note DG IV-B2, 1961, plan de travail pour l'étude des interventions publiques. Archives CEE, BAC 31/ 1984, volume 768, folio n° 173.

[61] Discours à Francfort du 15 juin 1960, archives CNPF, 72 AS 1388.

[62] Compte-rendu de la 12ᵉ conférence des experts gouvernementaux des 5-6 juillet 1962, archives SGCI 790791, volume 262.

[63] Télex Boegner, REP, au SGCI, 27 février 1964, archives MAEF, RPUE 615.

capacité de la Commission de promulguer un règlement suffisamment pertinent alors qu'elle n'a encore aucune jurisprudence à son actif. Ce débat se prolongea pendant toutes les années 1960. Ainsi, dès 1963, l'ensemble des États membres, même ceux les plus favorables au règlement 17/62 comme l'Allemagne, critiquent l'action de la DG IV et demandent des décisions rapides[64].

Une note du représentant permanent de la France auprès de la CEE, Jean-Marc Boegner, du 25 février 1964, synthétise les reproches adressés à la Commission[65]. La note commence par un constat sévère : la DG IV « se montre incapable de prendre la moindre décision en matière d'ententes » y compris dans des affaires considérées comme simples. Le nombre des notifications étant très important, l'ensemble des acteurs concernés demande des jugements rapides pour les cas les plus évidents, afin d'éviter de nouvelles notifications inutiles.

L'auteur poursuit en expliquant ces lacunes par des causes internes à la DG IV : « du haut en bas de la hiérarchie, on ressent à la Commission une grande répugnance à agir. À la base, on se plaint des mauvaises conditions de travail, du désordre qui est imposé aux services de classement ou de contrôle, de l'insuffisance du personnel. À l'échelon du directeur, c'est l'inefficacité qui règne ». L'administration française met en cause directement la cohésion de cette nouvelle administration internationale. Mais le plus marquant, selon Boegner, reste la conséquence de cette désorganisation interne : « au niveau du Commissaire responsable et de son cabinet, on se méfie des services et on redoute de présenter des dossiers mal préparés au service juridique ou, à plus forte raison, à la Commission elle-même ». De plus, « [...] les experts gouvernementaux, qui se retrouvaient périodiquement au sein d'une conférence consultative des ententes, n'ont pas été invités à Bruxelles depuis six mois. La Commission donne ainsi l'impression de fuir le contact avec les États membres, ce qui traduit clairement son embarras ». Ainsi, dans ce domaine récent, comptant peu de spécialistes et une jurisprudence quasi-inexistante en dehors des États-Unis, la DG IV hésite à s'engager dans une doctrine. Cela mine sa crédibilité interne, auprès des autres services et des autres commissaires, et externe, auprès des États membres. Le processus de décision au sein de la Commission est fondé sur la recherche du consensus entre les Commissaires, d'une part, mais aussi sur l'association des États membres aux travaux. Il nécessite une préparation en profondeur des décisions pour convaincre des acteurs nombreux et variés. Quelque soit la justesse du constat de Boegner, force est

---

[64] 14ᵉ conférence des experts des 11-12 juin 1963, archives SGCI, 79091, volume 262.

[65] Télex de Boegner, REP, au SGCI, 25 février 1964, archives MAEF, RPUE 609.

de constater que les services de la DG IV paraissent surchargés ce qui ne peut que les desservir lourdement en comparaison de leurs ambitions initiales.

La note ne se réjouit d'ailleurs pas de cette situation pour des raisons à la fois institutionnelles et économiques. L'aspect institutionnel s'explique clairement par la volonté de faire appliquer un texte voté par le Conseil à l'unanimité. Sur le plan économique, les objectifs de la France, au travers de la direction des Prix du ministère des Finances en particulier, jouent en faveur de l'application rapide de la politique de la concurrence. Elle constitue un facteur important de lutte contre l'inflation alors que Paris met en œuvre le Plan de stabilisation de 1963.

C. Les difficultés structurelles

Cependant, en dépit de ces carences inhérentes à la DG IV, l'administration française reconnaît les difficultés spécifiques de ce dossier, qui correspondent à la mise en œuvre de toute politique de la concurrence ambitieuse. Ces obstacles concernent tous les stades, de l'information à la prise de décision, c'est-à-dire à la formation d'une doctrine.

Sur le premier problème, Boegner, dans sa note du 25 février 1964, pointe le « caractère fragmentaire des notifications envoyées à Bruxelles par les entreprises et les problèmes que posaient pour les services le classement des dossiers et leur utilisation pour dégager une politique cohérente ». La procédure de notification est une force pour la Commission dans la mesure où elle lui permet d'être informée sur la typologie et l'importance des accords existants. Mais elle dépend de la bonne volonté des entreprises. Or celles qui mettent en œuvre les accords les plus néfastes ne les déclarent pas, alors que l'administration est submergée d'accords insignifiants. Enfin, les dénonciations, sur laquelle la Commission comptait beaucoup, sont décevantes.

Le problème de l'information n'a pourtant pas été sous-estimé par la DG IV. Le directeur général Verloren van Themaat affirma l'importance de la collaboration patronale à de nombreuses reprises[66]. Lors de la 12e conférence des experts de juillet 1962, le directeur Schumacher, défendit le principe de contacts approfondis avec les Chambres de commerce et avec les associations patronales pour expliquer le règlement 17/62[67]. Cette démarche aboutit à la rédaction d'un guide intitulé « Premiers Commentaires du Premier Règlement d'Application des articles 85

---

[66]   Entretien avec le DG Verloren van Themaat du 7 juillet 1960, archives CNPF, 72 AS 1388.

[67]   12e conférence des experts gouvernementaux en matière d'ententes des 5 et 6 juillet 1962, archives SGCI, 790791, volume 262.

et 86 du Traité de Rome » élaboré par l'UNICE après consultation de la DG IV[68]. Ce document est rédigé dès le printemps 1962. Il traduit à la fois la complexité du règlement 17/62 et la nécessité de recourir à un interlocuteur patronal pour toute institution chargée d'appliquer des règles de concurrence. L'administration communautaire adopte donc une attitude plus pédagogique en dépit de sa sévérité affichée. Elle ne peut s'aliéner l'ensemble des milieux économiques en raison des problèmes d'informations, qu'elle pensait résoudre par la procédure de la déclaration. Dans ce cadre, l'UNICE est incontournable à la fois pour sa capacité d'expertise interne, comme source d'information sur les pratiques de ses membres, et pour sa capacité d'expertise externe, pour commenter la législation communautaire, à défaut d'avoir pu influencer le cours de la négociation.

Dès avant l'adoption du règlement, Lartisien, du CNPF, avait compris cette nécessité. Dans une réunion de septembre 1960, il affirma que le directeur général « a essayé d'obtenir des renseignements, mais n'a rien obtenu. Pour lui, la déclaration est un moyen de recueillir des renseignements »[69]. Lartisien est d'autant plus conscient des problèmes inhérents à la mise en place d'une politique de la concurrence qu'il rencontre les mêmes problèmes d'informations au sein du monde patronal. Il avait utilisé cet argument pour justifier une stratégie prudente du CNPF et de l'UNICE dans ce dossier[70]. Cette carence des sources entrave la formation rapide d'une doctrine précise.

Établir une doctrine claire est une ambition difficile en soi pour une administration nationale proche de ses milieux économiques, et quasiment insoluble pour une administration nouvelle. Dans sa note du 25 février 1964, Boegner le reconnaît : « il est clair [...] que les cas qui pourraient servir de fondement à une politique générale de la Communauté sont, par définition, les plus délicats à résoudre. Mieux vaut, sans doute, dans ces conditions, laisser à la Commission le temps de la réflexion que d'avoir à lui reprocher des décisions hâtives ou malfaisantes ». Des débats existent sur les types d'ententes à viser en priorité et même, pour un même type d'entente sur son influence dans le temps et dans l'espace. Un accord peut être néfaste à court terme, en augmentant les prix, mais profitable à moyen terme, si les bénéfices supplémentaires sont réinvestis dans une recherche qui fait ensuite baisser les prix. De même, il peut être problématique à l'échelle nationale mais pas pour les

---

[68] Archives CEE, BAC 89/ 1983, volume 9, version définitive le 17 avril 1962, folio n° 192 et suivants.

[69] Réunion CNPF du 19 septembre 1960, archives CNPF, 72 AS 1389.

[70] Réunion des secrétaires généraux des fédérations UNICE des 9 au 13 septembre 1958 à Rome, archives CNPF, 72 AS 1388.

échanges intracommunautaires. Or c'est cette dernière clause qui définit le domaine de compétence des institutions communautaires. Enfin, l'importance réelle des accords et leur ventilation typologique sont complètement inconnues. En 1963, alors que le délégué allemand presse la DG IV de prendre quelques décisions exemplaires rapides, le représentant de la Commission s'affirme incapable de prendre des décisions de principe explicitant sa doctrine avant d'avoir étudié les milliers d'accords qui lui sont parvenus[71]. Elle doit passer par cette étape pour déterminer les accords les plus néfastes et identifier les spécificités sectorielles. Ces incertitudes sont également le lot des milieux économiques car certains étaient persuadés d'arriver facilement à convaincre sinon l'opinion publique, du moins les décideurs politiques, du bien-fondé des ententes.

Finalement, Boegner reconnaît la difficulté du domaine concerné : « certes, on ne saurait faire grief à la Commission de se montrer prudente dans un domaine où des intérêts économiques souvent puissants se trouvent en jeu et où les milieux professionnels, il faut bien le dire, ne cherchent guère à lui faciliter le jeu ». Cette référence aux « intérêts économiques souvent puissants » peut renvoyer à la logique américaine de lutte contre des concentrations de pouvoir qui menacent la liberté individuelle. Cet objectif a des conséquences dans le domaine politique, par le système des *check and balances* comme dans le domaine économique, par les lois antitrust. Cette référence de Boegner témoigne soit de la force du contre-modèle des cartels des années 1930, soit de l'acculturation américaine[72]. L'administration française est donc consciente de la force de perturbation des marchés que représentent les entreprises, et de l'enjeu majeur que constitue leur contrôle par une autorité publique.

Les premières décisions sont finalement prises en 1964. Il s'agit d'abord de trois mesures attestant que les accords notifiés sont valables car ils ne rentrent pas dans le champ de l'article 85 paragraphe 1, puis, surtout, d'une condamnation dans l'affaire Grundig-Consten[73]. La Commission commence à définir lentement sa doctrine. En parallèle, elle complète l'application du Traité de Rome par des travaux sur l'article 86 et les positions dominantes et retrouve ainsi plus de crédibilité.

---

[71] 14e conférence des experts gouvernementaux en matière d'ententes des 11-12 juin 1963, archives SGCI, 790791, volume 262.

[72] Pour la deuxième hypothèse : Kipping, Matthias, « Concurrence et compétitivité. Les origines de la législation anti-trust française après 1945 », in *Études et Documents*, volume VI, CHEFF, 1994, pp. 429-455

[73] Décision d'interdiction le 23 septembre 1964 après trois attestations négatives les 11 mars, 1er juin et 30 juillet 1964.

Conclusion

La mise en place laborieuse de la politique de la concurrence communautaire, de 1957 à 1964, a suscité de très riches débats sur l'organisation des marchés à travers trois questions principales. La première, le rôle comparé des acteurs privés et publics, semble, après 1945, évoluer en faveur des seconds mais le patronat soutient toujours un effort majeur de réflexion et d'influence sur la construction européenne. La deuxième question concerne l'orientation économique de la politique de la concurrence. L'interprétation la plus libérale l'emporte au sein de la DG IV alors que la position française est hétérogène. Le CNPF défend la tolérance envers les ententes mais une partie de l'administration associe la dynamique communautaire à ses objectifs de libéralisation du commerce intérieur. Cela remet en cause l'accusation de « malthusianisme » portée à l'encontre des décideurs français, mais d'autres facteurs de blocage subsistent. Ainsi, la troisième controverse, les pouvoirs comparés des échelons nationaux et communautaires, radicalise les oppositions.

Cette question institutionnelle contribue à crisper la France dans les négociations et à accroître son inefficacité. Cela encourage, indirectement, le développement d'une action des milieux économiques en direction de l'administration communautaire. Cette situation se renforce après l'adoption du règlement 17/62 lorsque la DG IV veut s'appuyer sur les milieux économiques, et en particulier l'UNICE, pour appliquer ses compétences. Le syndicat patronal européen voit ses capacités d'information et d'expertise confirmées à défaut d'avoir mené une stratégie d'influence réussie.

Le paradoxe du règlement 17/62 résulte des larges attributions qu'il donne à la DG IV et de la paralysie qu'il crée en son sein dans un premier temps. Les difficultés d'être informé sur les comportements des entreprises et de fixer une doctrine à leur égard tiennent à la nouveauté et à la complexité de cette discipline. L'ambivalence du règlement 17/62 a d'ailleurs rebondi depuis peu avec l'adoption du règlement 1/2003. Dans ce dernier, la Commission renonce à la notification obligatoire, pour les ententes, alors même que son autorité est beaucoup plus forte que dans les années 1960. La controverse sur l'orientation économique de la politique de la concurrence, avec le dilemme entre l'accroissement de la concurrence interne et l'agrandissement des entreprises européennes, reste d'actualité.

Antitrust ou anti US ?
L'industrie automobile européenne
et les origines de la politique
de la concurrence de la CEE

Sigfrido RAMIREZ

Institut Européen de Florence

Introduction

« Europe organisée, Europe du libre-échange ? » Le titre du colloque laisse penser que l'intégration européenne a pu être basée sur des principes économiques qui peuvent, à première vue, sembler contradictoires ou mutuellement exclusifs : ceux de l'Europe dirigiste contre ceux de l'Europe libérale. La politique de la concurrence est un élément essentiel à la compréhension de la vraie nature politique de l'intégration économique créé par le Traité de Rome. La politique de la concurrence était déjà en fait au centre de la création de la CECA. Les articles 65 et 66 du Traité de Paris constituent une rupture avec la période des cartels de l'Entre-deux-guerres quand la législation européenne fait la distinction entre les bons et les mauvais cartels, en ne punissant que l'abus. Avec cette tradition la main visible du marché est celle des opérateurs économiques, jugés les plus capables de s'autoréguler et de se neutraliser mutuellement sans intermédiation politique ou publique[1]. En France, les projets de loi antitrust avancés par J. Monnet sont inspirés par la législation américaine et par la tradition du socialisme technocratique français, et bien qu'ils échouent en 1949, ils triomphent, au moins sur le papier, dans le Traité de Paris. Les articles sur la concurrence partent du principe d'une cession nécessaire de la souveraineté nationale à une instance politique supranationale, et introduisent le fédéralisme comme moyen de

---

[1] Bussière, É., « Les milieux économiques face à l'Europe au XXe siècle », in *Journal of European Integration History*, 1997, pp. 5-21.

contrôle des trusts européens[2]. L'industrie automobile est alors considérée, tant en France qu'en Italie, comme une alliée inconditionnelle du
projet CECA pour vaincre les résistances des industriels de l'acier[3].
Cette branche fondamentale dans le développement économique de
l'Europe des Trente Glorieuses est considérée comme l'un des exemples
montrant que le processus d'intégration économique et politique ne peut
pas être réduit à une question de culture politique nationale particulière
ou à des idéaux fédéralistes, et que des groupes d'intérêt économique
ont légitimé pour des raisons propres une construction européenne qui
n'est ni l'Europe dirigiste, ni celle du libre marché[4].

Dans cette lignée interprétative, nous tâcherons de démontrer à travers le cas de l'industrie automobile, comment la définition de la politique de la concurrence du Traité de Rome entre 1955 et 1962 est aussi
l'objet d'une véritable lutte de la part des constructeurs automobiles
pour contrer les menaces des grandes entreprises multinationales américaines. À partir du projet Spaak et des négociations des Traités de Rome
nous analyserons les propositions alternatives faites par les milieux
d'affaires français en vue de limiter la concurrence dans la CEE aux
seules entreprises européennes. Il est important ensuite de s'arrêter sur
le projet corporatiste proposé par l'industrie automobile française en vue
de la création d'une Commission européenne de contrôle des investissements étrangers ainsi que sur l'impact que ces propositions ont eu sur
les négociations du Traité de Rome dans ses chapitres sur la concurrence. Ce projet montre que d'autres chemins auraient pu être pris par la
construction institutionnelle européenne.

Dans une deuxième partie nous expliquerons à travers l'industrie italienne, et plus concrètement à travers Fiat, la réaction du patronat italien
et des milieux d'affaires proches des industriels américains, tels que la
Chambre de Commerce internationale (CCI) et le Comité européen pour
le progrès économique et social (CEPES) et leurs tentatives pour corri-
ger les articles 85 et 86 du Traité. De cette façon nous pourrons analyser
la proposition faite de créer dans la CEE une *Federal Trade Commission*
à travers le règlement 17/62, qui devait préciser le sens intergouvernemental ou intégrationniste de ces articles. On pourra constater l'échec de
ces milieux économiques à mobiliser la Commission européenne contre

---

[2] Kipping, M., *La France et les origines de l'Union Européenne 1944-1952*, Comité
d'Histoire économique et financière de la France, Paris, 2002.

[3] Rainieri, R., « L'espansione alla prova del negoziato : L'industria italiana e la Comu-
nitá del carbone e dell'acciaio, 1945-1955 », Thèse de l'IUE de Florence, 1988.

[4] Milward, A.S., and Sorensen, V., « Interdependence or integration ? A national
choice », in Milward, A.S., *The frontier of national sovereignty*, Routledge, London,
1993, p. 21.

les États-nations, qui dans le nouveau règlement n'ont renoncé qu'en apparence à leur souveraineté.

En guise de conclusion, nous verrons que la dichotomie analytique entre seulement deux formes possibles de gouvernance de la concurrence en Europe, dirigiste et libérale, peuvent être élargies à six modalités types illustrées par les propositions faites par les milieux d'affaires européens et les États membres : à savoir, une gouvernance libérale, néo-libérale, corporatiste, technocratique, supranationale et intergouvernementale. Le constat du triomphe d'une solution située entre les deux dernières dans les articles et le règlement de la concurrence serviront à définir plus clairement les caractéristiques d'une forme originale de gouvernance économique : la préservation de la souveraineté politique à travers son transfert contrôlé vers des institutions supranationales.

I. La revanche de l'Europe du libre marché sur l'Europe organisée : de la CECA au Traité de Rome (1952-1957)

Le principe inscrit dans le traité de la CECA d'une autorité supranationale contrôlant les cartels ne satisfait pas une importante fraction du patronat européen étroitement liée aux industriels américains. Le CEPES[5], présidé par le PDG de Fiat, V. Valletta, exprime publiquement sa méfiance envers la Haute Autorité comme étant le futur modèle servant à structurer la construction européenne. Le titre du rapport du Comité Belge du CEPES : « Le plan Schuman, faux compromis entre libéralisme et dirigisme » exprime clairement la position de cette instance vis-à-vis de la CECA comme modèle de gouvernance pour tous les secteurs de l'économie européenne[6]. Ce faux compromis vient du fait que

---

[5]   Dumoulin, M., Dutrieue, A.-M., *La Ligue Européenne de coopération économique,* Berne, Peter Lang, 1993 ; Dutrieue, A.-M., « Le CEPES, un mouvement patronal européen ? (1952-1967) », in Dumoulin, M., Girault, R., Trausch, G., *L'Europe du patronat : de la guerre froide aux années soixante,* Berne, Peter Lang, 1993, pp. 213-231.

[6]   En France le CEPES était présidé par le PDG de Ford France, Fr. Lehideux, et les vice-présidents, Roger Boutteville (Société alsacienne de constructions mécaniques) et Georges-René Laederich (Établissements Laederich). Le Comité exécutif était formé par Lucien Arbel (Établissements Arbel), Henri Davezac (Vice-président du Syndicat général de la construction électrique), Raymond Dreux (Société commerciale d'affrètement), Georges Gallienne (président de l'Union routière de France), Jean Gastorowski (Société des produits chimiques et engrais d'Auby), René Giraud (Société Promos). On notera aussi Franck Bauer (Franck Bauer & Associés, conseils en relations publiques), Pierre Laguionie (Grands Magasins *Au Printemps*) René Lalou (Sté Dubonnet), H.T. Pigozzi (Simca-Ford), Jean Quenette (Shell Française), Serge Scheer (Pdg Esso-Standard) en Archives Renault (AR), *Miroir de l'information,* n° 67, 21 février 1959.

sous le couvert de dispositions libérales, la CECA marque en réalité un changement important. Au lieu d'un marché unique basé sur le principe de la concurrence, les pays membres instaurent le dirigisme le plus draconien puisque pour pouvoir appliquer leurs dispositions les plus libérales, le traité impose, d'abord, l'utilisation des principes dirigistes. La Haute Autorité ayant reçu trop de pouvoirs, le Conseil des ministres reste aux yeux du CEPES, la seule garantie de la libre entreprise. Synonyme de socialisme et de plein emploi, ce dirigisme ne peut pas être logiquement la base de l'intégration européenne à venir pour cause d'incompatibilité totale entre un pouvoir fédéral soucieux de libérer les économies et des gouvernements dirigistes[7]. Une vision contraire pariant sur la compatibilité de ces deux objectifs, le contrôle politique des États et un pouvoir supranational fort, est présentée dans le rapport du député socialiste, Guy Mollet, à la Conférence de Bilderberg de septembre 1955 à Garmisch-Partenkirchen. En présence de l'autre rapporteur français, Robert Marjolin, le président de l'Assemblée consultative du Conseil de l'Europe soutient que le futur Marché commun doit être un marché organisé par une Autorité supranationale commune semblable à celui de la CECA, qui serait chargée de limiter les problèmes d'inégalité de départ entre les différents pays de la CEE et qui serait le garant d'une libéralisation au service de l'intégration, car l'objectif du Marché commun est de servir les intérêts de chacun mais aussi de tous les États membres[8].

À la veille du rapport Spaak, les positions du CEPES et du chef des socialistes français illustrent à la perfection deux visions antagonistes de la gouvernance de la concurrence économique : une Europe du libre-échange contre une Europe organisée. Dans son titre III, « Une politique du marché commun », chapitre 1 « Les règles de concurrence », le rapport Spaak établit clairement la subordination du marché à la politique dans une direction supranationale semblable à celle proposée par Guy Mollet, mais avec une approche plus technocratique. Selon ce schéma, les États membres sont non seulement mis de côté mais encore marqués du doigt comme étant les premiers menacés par les nouvelles règles de la concurrence tant dans leur capacité à se défendre avec des règles anti-dumping que par une application sévère de ces normes aux entreprises publiques. Le rapport constate que le simple démantèlement des barrières ne permet pas d'en finir avec la préférence nationale des entreprises et de leurs discriminations, notamment par les prix, vis-à-vis des entreprises en provenance d'autres pays membres. Cela justifie l'utilisation

---

[7]   Archivio Storico Fiat (ASF), Statistica, 27/1663, « Il Piano Schuman falso compromeso fra liberalismo e dirigismo da *La Libre Belgique* », 26 août 1953.

[8]   ASF, Statistica, 31/1889, « Conferenza di Bildelberg », 7 septembre 1955.

par les États pendant l'étape de transition de certains instruments de contrôle de la concurrence, de règles antidumping, qui doivent être remplacées à la fin de la période par des règles européennes proposées par la Commission. Dans ce schéma original, la Commission veille à une application non abusive des droits antidumping et la Cour décide de leur compatibilité avec le Marché commun. La question des positions de monopole créé par des ententes ou autres pratiques semblables est directement liée à celle de la discrimination à l'intérieur du Marché commun. Dans ce cas, le Traité ne doit fixer que les règles de base et limiter leur application aux seuls monopoles affectant le commerce entre les États de la CEE. Les pratiques et les situations de monopole étant subordonnées aux objectifs fondamentaux du Marché commun, le rapport Spaak, ne fournit qu'une liste restreinte des trois situations monopolistiques à sanctionner (répartition de marchés, limitation de la production ou du progrès technique, domination monopolistique d'un produit). La supranationalité manifeste de la politique de la concurrence vient, bien évidemment, du fait que seuls les organes supranationaux sont les responsables de l'élaboration des règles, de la décision et du contrôle. De cette façon les règlements généraux d'exécution des principes énoncés par le traité sont élaborés par la Commission et votés par l'Assemblée. Ces règlements donnent à la Commission le pouvoir de contrôle sur les opérations de concentration et la possibilité d'interdire les ententes dans les trois cas cités auparavant. La Cour de Justice, elle, règle les recours contre les décisions de la Commission. Le côté technocratique, et le plus innovateur, vient du fait que pour éviter une surcharge des deux institutions, le Traité doit établir deux agences spécialisées auprès des deux institutions supranationales : du côté de la Commission, un comité consultatif des ententes et des pratiques de discrimination avec une tâche de conciliation et d'arbitrage ; du côté de la Cour, une chambre spécialisée à composition mixte, dans laquelle des juristes siègeraient à côté des « experts à compétence économique ou technique ». Le coup final à la souveraineté économique des États réside dans le fait que les entreprises relevant des pouvoirs publics doivent être les premières affectées par les nouvelles règles dans le domaine de la discrimination. Le rapport Spaak cite explicitement le fait que l'application s'impose en premier chef aux entreprises publiques, qui doivent ouvrir la voie à des règles qui seraient plus souples et appliquées avec bienveillance envers les entreprises privées, tenant compte du besoin d'une évolution de leur mentalité par rapport aux nouvelles circonstances[9].

---

[9]   Archives Historiques des Communautés Européennes, (AHCE), CM3/NEGO 236M, « Extrait du rapport Spaak », 21 avril 1956.

Aux yeux des observateurs avisés du patronat français, les inspira-
tions antitrust en provenance de la législation américaine semblent bel et
bien une évidence. Ainsi, le mémorandum produit par la Commission
Européenne du CNPF sur le rapport Spaak, critique la contradiction qui
consiste à introduire des lois faites pour contrôler des entreprises géan-
tes dans une Europe qui fait de la création d'entreprises de grande taille
le moyen d'utiliser les techniques de production de masse en vue
d'affronter la concurrence américaine. Le supranationalisme introduit à
travers le contrôle des concentrations leur semble un obstacle supplémentaire à la concentration souhaitable des industries de l'Europe. Le
parallélisme avec la Haute Autorité est donc tout tracé et le CNPF le
rejette en raison du besoin de relier l'action de la Commission à celle
des gouvernements nationaux, sous peine de subir un échec cuisant
comme cela a été le cas pour la CECA[10]. Cette position de départ semble
être contraire à l'existence de tout type d'autorité de la concurrence au
niveau supranational et indique un choix tourné vers les États, qui peuvent ainsi préserver leurs propres instruments de régulation.

La réaction de l'industrie automobile française et plus particulièrement de la première entreprise du pays, Renault, n'est guère plus favorable aux propositions faites par le rapport Spaak en raison de la crainte
d'une concurrence inégale des entreprises américaines installées en
Allemagne, Fordwerke et Opel (General Motors). La création du Marché commun va leur permettre d'affronter les entreprises françaises et
italiennes avec un avantage considérable en raison de leur capacité financière supérieure et les transferts technologiques en provenance de
leurs maisons-mères. En outre, leurs filiales britanniques, Ford UK et
Vauxhall (GM), peuvent ainsi écouler leurs modèles en Europe grâce à
leurs usines d'assemblage en Belgique et aux Pays-Bas. Les investissements faits entre 1953 et 1955 justifient cette peur. Ainsi Opel investit
23,6 milliards de francs en Allemagne et Ford 6,2 milliards en Allemagne et 1,3 milliards en Belgique. En revanche, les entreprises européennes n'investissent que 16 et 12 milliards respectivement, dans le cas de
Volkswagen et de Fiat, tandis que Renault programme pour 1956 un
investissement de 8,6 milliards, ce qui ne lui permet qu'une très faible
distribution des 3 milliards de dividendes. Renault craint que cette

---

[10] Archives nationales (AN), ministère de l'Industrie (Min. Ind.), 771523 (48), CNPF
« Le Marché commun européen », 9 août 1956 et « Étude détaillée du Rapport des
experts de Bruxelles sur la base des débats de la Commission Européenne du
C.N.P.F. », 10 août 1956.

course aux gros investissements puisse être à l'origine de risques de surproduction[11].

Les négociations du Traité de Rome doivent préciser l'acceptation ou non des propositions faites par le Comité Spaak et mettent en jeu les différentes conceptions soutenues par les États membres. En septembre 1956, trois questions centrales doivent être résolues pour régler la question de la concurrence dans le nouveau traité : les ententes, les monopoles et la forme institutionnelle du contrôle de la concurrence. Sur la première question, le rapport Spaak choisit de s'attaquer aux conditions de vente et plus particulièrement aux ententes sur la fixation des prix. La France propose aussi une réglementation très précise et complète sur la question des ententes sur les prix et un contrôle beaucoup plus souple pour les autres types d'ententes. Cette requête pour un traité précis proclamant l'incompatibilité de certains types d'ententes avec le Marché commun est étendue et durcie par rapport aux monopoles *de facto* ou potentiels qui affectent le marché européen, tout en exemptant ceux qui existent sur les marchés nationaux, les monopoles publics et sur les services. Ententes et monopoles seraient traités par le même article et interdits par principe, avec des exceptions générales très souples telles que l'amélioration de la production et de la distribution d'un produit ou la promotion du progrès technique et économique, ce qui laisserait assez d'espace aux décisions politiques des États pour autoriser les ententes désirables. La France donne son accord afin que la Commission ait tous les moyens en vue de pouvoir effectuer une veille efficace mais elle réserve son pouvoir de décision final au Conseil de ministres, où une décision pourrait être prise à la majorité qualifiée en cas de non-application ou d'application abusive des recommandations de la Commission. Malgré les idées supranationales préalables affichées par son Premier ministre, Guy Mollet, la France cherche à réduire la Commission à un rôle purement administratif, chargé d'harmoniser les législations nationales, sans trop toucher au contrôle politique ultime des États ni aux législations nationales. En revanche, l'Italie et les Pays-Bas s'approchent plus des thèses fédéralistes et souhaitent une suprématie des institutions communautaires. Pour eux, les règles de la concurrence doivent être appliquées sans attendre une nouvelle régulation plus précise dans les deux ou trois ans comme le souhaitent les deux grands pays, car cela induit des incertitudes dans les milieux d'affaires. Mais surtout, pour ces pays il ne faut pas laisser l'harmonisation des lois nationales aux Parlements nationaux, comme le veut l'Allemagne, mais à

---

[11] AR, Mémorandum, « Conséquences possibles de la création d'un marché commun de l'industrie automobile », 9 mai 1956.

la Commission, avec une application limitée et définie par la jurisprudence de la Cour de Justice.

La position allemande, quant à elle, veut éviter le caractère supranational des règles de la concurrence en réduisant le rôle de la Commission à celui d'un animateur de la convergence vers de règles générales et souples. Dans ce contexte peu dirigiste et après accord préalable entre les États, elle laisse à la Commission le soin de préciser de façon subsidiaire un règlement général d'exécution, qui doit être approuvé par le Conseil de ministres à la majorité qualifiée. Ainsi, le projet allemand abandonne l'ancrage fédéraliste du projet Spaak (pas de rôle pour l'Assemblée) tout en gardant un penchant technocratique car il prévoit une instance de recours distincte crée par la Commission, ayant pour fonction de trouver un arbitrage à l'amiable. Mais plus que supranational ou technocratique, le projet allemand peut être qualifié de néo-libéral, car il donne à la Cour de Justice la responsabilité tant de l'instruction des cas que des décisions en la matière. Le supranationalisme du projet passe donc de la main des politiques du Conseil ou de la Commission à celles des juges. Mais la vraie opposition allemande au projet français se trouve dans sa défense de la compatibilité des discriminations sur les prix et du dumping avec le Marché commun. Sur les cartels, le négociateur allemand, le professeur Müller-Armack, préfère plutôt un principe d'interdiction absolue et en marge une liste d'exceptions considérées comme compatibles avec le Traité. En revanche, il s'oppose aux prétentions françaises d'interdire par principe les ententes faites pour dominer le marché d'un produit. Le point de divergence fondamental se trouve dans la permissivité des monopoles, car les Allemands souscrivent à l'idée de punir l'abus et pas le monopole par principe, comme le souhaitent les Français. Sur ce dernier point, les Italiens se rangent derrière la position de la France avec l'argumentation suivante : pendant la période de transition l'existence de ces monopoles nationaux va nuire à la libre concurrence européenne. Le représentant belge Van Tichelen, penche sur ce dernier point du côté allemand et plaide pour le maintien de certains monopoles pendant quelque temps. La position commune des deux grands pays du Bénélux (i.e. ne punir que les abus), rejoint plus la position de l'Allemagne car outre le fait qu'ils sont pour l'autorisation des monopoles, ils souhaitent que les nouveaux principes ne soient appliqués qu'en cas d'effets sur le commerce entre les États[12]. Fin septembre 1956, l'état des négociations

---

[12] AHCE, CM3/NEGO 236, Secrétariat du Groupe du Marché commun, « Mémento interne de la réunion du 3 et 4 septembre 1956 », 7 septembre 1956. *Idem*, Secrétariat de la Conférence intergouvernementale pour le Marché commun et l'EURATOM, « Tableau synoptique des projets d'articles soumis par les délégations concernant les règles de concurrence applicables aux entreprises », 18 septembre 1956.

semble bien correspondre aux attentes des hommes de Renault. D'une part, les pays recevant de forts investissements américains tels que l'Allemagne et la Belgique préfèrent des règles souples contre les monopoles, devant être définies plus tard et surtout appliquées par une pratique juridique ; d'autre part, la France et l'Italie, les pays ayant de nombreuses entreprises nationales et publiques et sans grands investisseurs américains, souhaitent des règles fortes sous un contrôle politique, soit au niveau national, dans le cas de la France, soit au niveau supranational, dans le cas de l'Italie. Les Pays-Bas gardent, eux, un rôle de médiateur entre les deux parties, avec un penchant plus marqué pour les positions allemandes que françaises mais donnant un plus grand rôle à la Commission, position en partie partagée par la Belgique.

Tout au long de la période de négociation du Traité de Rome, les industriels français continuent à s'opposer à toute introduction de principes de concurrence au niveau européen. Le texte envoyé au SGCI fin septembre par la Fédération des Industries mécaniques et transformatrices des Métaux (FIMTM), présidé par F. Peugeot, président du groupe automobile du même nom, rejette l'utilisation de la concurrence comme moyen d'encourager la compétitivité internationale de l'industrie européenne en générale, et celle de l'automobile en particulier. La voie promue par la FIMTM ne passe pas par la création d'un grand marché supranational qui pourrait permettre l'importation de la technologie de masse américaine mais par une coopération rationnelle entre les fabricants automobiles au niveau national. Ainsi, la concentration et l'organisation du marché par les constructeurs eux-mêmes semble préférable à l'intégration prônée par le rapport Spaak, décrit comme un pur projet politique et qualifié textuellement d'« inadmissible » en raison des dangers insupportables que ce projet ferait courir aux industries du pays[13].

Cette opposition à tout projet d'organisation de la concurrence non-organisée par les industriels eux-mêmes est fortement modifiée un peu plus tard par le Groupement syndical des constructeurs français de l'automobile (GSCFA), le nouveau groupe de pression constitué en 1955 par les constructeurs privés français, c'est à dire sans Renault ni Simca, restés dans la Chambre syndicale des constructeurs automobiles (CSCA). En novembre, le GSCFA dresse dans un projet de mémorandum à remettre au Premier ministre, Guy Mollet, un portrait encore plus sombre des effets de l'intégration si aucun système efficace de contrôle de la concurrence américaine de la part des nouvelles institutions n'est pas

---

[13]   AHCE, Secrétariat général pour les questions de coopération internationale, (SGCICEE)-3114, « Les industries mécaniques et transformatrices des métaux et le projet d'intégration économique européenne », 30 août 1956, envoyé à M. Alby du SGCI le 26 septembre 1956.

mis en place. L'analyse va au-delà des alertes envoyées par le FIMTM et se concentre sur le fait que les vrais gagnants du projet Spaak sont les grandes multinationales américaines. Le ton adopté est essentiellement politique et particulièrement grave, car on considère que : « l'automobile est désormais le fer de lance de la stratégie expansionniste des États-Unis dans le monde après la conquête du marché du pétrole ». Les multinationales sont déjà actives en Europe mais des investissements massifs sont à prévoir en cas de création du marché commun. Ainsi, l'Europe deviendrait l'une des zones d'investissements les plus sûres au monde, dans laquelle les entreprises américaines chercheront à échapper tant au lacet de l'antitrust américain qu'aux oscillations brutales de la demande sur leur propre marché. Cette invasion du capital américain à travers ses filiales européennes en finirait à terme avec les constructeurs du Continent et créerait une concentration industrielle dans certains pays d'Europe, parmi lesquels la France, qui serait mise aux abonnés absents, étant donnée ses charges fiscales et sociales, trop lourdes par rapport à celles de ses voisins. D'un point de vue financier, la balance de paiements et la monnaie de la France dépendraient des filiales qui auraient leur centre de décision en dehors de l'Europe. Socialement, les multinationales américaines n'hésiteraient pas à utiliser ces méthodes de sous-emploi et suremploi, mettant fin à tout rêve de plein emploi et ne prendraient pas de risques dans les moments de crise, créant des situations sociales qui auraient des conséquences politiques. Cela signifierait qu'elles pourraient décider de ne pas collaborer avec leurs États d'accueil dans des moments de crise militaire et pourraient être les véhicules des idéologies et des intérêts de leurs propres États d'origine. La référence à l'attitude des États-Unis pendant le conflit de Suez n'est pas évoquée mais elle constitue une référence transparente dans ce mémorandum adressé au Premier ministre socialiste.

La solution prônée par les constructeurs automobiles français propose de mettre des limites aux conséquences négatives citées ci-dessus grâce à une législation européenne de la concurrence. Celle-ci doit servir à contrôler et à limiter le développement productif des investissements américains ainsi que leur position commerciale sur les marchés du continent. Elle doit être flexible et s'adapter aux besoins de chaque secteur. Pour leur application, et ceci est la proposition la plus importante, on envisage l'introduction dans le Traité d'une nouvelle institution, la Commission de contrôle des investissements étrangers. Cette instance clairement corporatiste doit être constituée par les États membres et les associations européennes d'industriels organisées en sous-commissions spécialisées. Elle doit avoir trois tâches principales : premièrement, elle devait classer et recenser toutes les entreprises « étrangères » par secteur et pays, fixant à 25 % le seuil au-delà duquel une entreprise serait considérée comme non-européenne ; deuxièmement, octroyer les autorisations préalables à tout investissement effectué par les entreprises multinationales, surtout dans le cas d'investissements non-monétaires ou de transferts invisibles venant de déclarations douanières anormalement élevées. En cas de refus de la Commission à une demande d'investissement, la décision aurait été rendue obligatoire pour tous les États membres. Mais en cas d'acceptation, les États membres destinataires de l'investissement pourraient garder des droits de veto. Troisièmement, et de façon clairement anti-libérale, elle limite leur quota de marché, mesurée en chiffre d'affaires, par secteur et par pays tout en respectant les positions acquises par chaque entreprise multinationale. Dans le cas de l'automobile, le GSCFA limite le pourcentage qui pourrait être contrôlé par les entreprises étrangères à un maximum de 30 % pour un seul pays, (comme cela était déjà le cas de l'Allemagne), et de 25 % pour le total du Marché commun. Ces pourcentages sont fixés pour une période quinquennale en vue de donner une sécurité au capital étranger sur les débouchés maximaux à atteindre en Europe. Dans le cas où les pays membres n'arriveraient pas à un accord sur la part de marché à assigner dans un secteur, chaque État reste souverain et peut considérer comme en provenance hors du Marché commun tous les produits du secteur importés des États de la CEE s'opposant à l'accord. Dans le cas où ce pourcentage serait dépassé, l'excès des produits manufacturés importés par les entreprises étrangères doit être soumis au paiement des droits de douanes appliqués aux produits en provenance des pays tiers et les profits gagnés, frappés d'une taxe spéciale de 25 %, en vue d'éviter l'autofinancement abusif[14]. Les jeux sont clairs, la concurrence ne se serait jouée qu'entre constructeurs européens tandis que les autres constructeurs auraient vu leur participation limitée par les États-nations, considérés par les industriels comme les anges gardiens du paradis communautaire.

Ce projet de mémorandum semble avoir été un peu adouci avant son envoi aux cercles gouvernementaux, à la mi-décembre 1956. Le SGCI reçoit une copie de ce projet dans laquelle les industriels privés de l'automobile présentent leur cas non comme exceptionnel mais extensible à l'électroménager, les machines de bureau et les machines outils. La présence de Peugeot, Citroën et de Berliet dans ce groupement et le fait qu'il soit présidé par le polytechnicien Erik D'Ornhjelm, homme étroitement lié à Michelin, propriétaire de Citroën, joue un rôle de pression non négligeable sur les négociateurs du traité. Les arguments sont identiques à ceux utilisés dans le projet de mémorandum ; en revanche les

---

[14]   AR, « Projet de mémorandum du GSCFA sur le péril des investissements américains », 13 novembre 1956.

solutions proposées sont différentes. La Commission de contrôle des investissements étrangers reste toujours, mais avec des mécanismes de contrôle différents, l'une des demandes clef pour les industriels français. Elle doit veiller à établir un inventaire permanent des investissements, et à les autoriser. Cependant le seuil de propriété extra européenne tolérée a été relevé à 33 %. En outre, toute circulation de capital emprunté à l'entrée et à la sortie des frontières de la CEE doit être soumise dorénavant à un contrôle purement informatif. Les prises de contrôle relèvent toujours de l'autorisation préalable de la Commission et sont soumises au pouvoir de veto des États récepteurs des investissements. La répartition de quotas du marché à respecter par les entreprises non européennes n'apparaît plus. Une grande nouveauté, cependant : le GSCFA mise sur des politiques européennes qui pourraient servir à améliorer la situation des constructeurs : d'abord la création d'un organisme spécial de crédit aux entreprises européennes permettant l'accès à des capitaux en quantité identiques et à un taux d'intérêt semblable à ceux dont jouissent les multinationales américaines ; ensuite, l'établissement d'un système d'exonérations fiscales compensant les frais des études et de recherches des entreprises européennes. De nouvelles clauses de sauvegarde sont prévues au cas où ces aides ne suffiraient pas à limiter les dégâts de cette concurrence inégale. Au niveau communautaire, ladite Commission, où devaient siéger les États membres et les industries européennes, peuvent déclarer (prenant exemple de la législation antitrust américaine) un secteur menacé en : « état de danger grave » avec des critères de décision assez souples. Les constructeurs automobiles proposent un pourcentage dans la production considérée comme excessive ou une politique de prix incompatible avec les conditions de la production au sein du Marché commun. De cette façon le texte récupère le principe de l'organisation corporative du Marché commun en laissant cette fois un peu plus de pouvoir à la Commission et en enlevant le droit de veto absolu des États membres. En revanche, les conséquences de cette mesure sont plus sévères pour les entreprises multinationales car toute leur production, et pas uniquement le pourcentage en trop du quota de marché assigné par la Commission, doit être considérée comme étranger dans tous les pays membres[15]. Un grand pas est ainsi franchi par les industriels français en direction d'une politique de la concurrence organisée par les États et les industriels, et par conséquent celle-ci est très éloignée de la logique technocratique supranationale prônée par le rapport Spaak.

---

[15]　AHCE, SGCICEE-3114, GSCFA « Mémorandum concernant les problèmes posés par l'implantation de firmes étrangères au sein du marché commun », 12 décembre 1956.

Il serait faux de considérer le comportement du GSCFA comme étant celui d'une industrie malthusienne effrayée par la libre concurrence. En fait, il semblerait que le mémorandum du GSCFA a été envoyé quelques jours avant au ministre des Affaires étrangères par un fervent partisan du Marché commun, Pierre Dreyfus, PDG de Renault et voix respectée sur les questions d'intégration européenne en tant qu'ancien directeur général des Charbonnages de France[16]. Renault et la filiale de Fiat en France, Simca, envoient début 1957 leur propre texte par l'intermédiaire de l'autre chambre syndicale : la Chambre syndicale des constructeurs d'automobiles (CSCA). Ils se positionnent aussi de façon hostile au projet de Traité pour des raisons assez semblables à celles de l'industrie privée française en pointant du doigt les filiales européennes des sociétés américaines comme étant les futures responsables d'une concentration monopoliste possible du secteur. Elles demandent des politiques communes pratiquement identiques à celles du GSCFA : des fonds de capitaux disponibles pour l'équipement des constructeurs européens, le soutien fiscal de la recherche technique, la suspension du jeu du Marché commun vis-à-vis des multinationales américaines en cas de danger pour le secteur et *in fine*, un contrôle au niveau européen limitant l'accès des investissements étrangers au Marché commun[17]. Le texte confirme les mêmes craintes et identifie le Fonds commun d'investissement prévu par le rapport Spaak comme étant un instrument valable pour financer les industries européennes en ajoutant une discrimination positive en faveur des entreprises européennes à travers une taxe sur les investissements étrangers entrant en Europe qui servirait à égaliser les conditions de financement. Il ajoute un contrôle sévère sur les prix déclarés en douane, qui doit empêcher les transferts invisibles d'investissements en utilisant des procédures de réévaluation semblables à celles utilisées en Grande-Bretagne et aux États-Unis. L'idée d'introduire une institution de contrôle international sur les firmes étrangères au Marché commun apparaît aussi sous les traits d'une Commission spéciale chargée d'examiner les moyens de rétablir une concurrence loyale entre ces firmes et les entreprises purement européennes[18].

Une concurrence politiquement maîtrisée n'est pas, donc, l'apanage des entreprises malthusiennes mais aussi de tout le secteur automobile français et par ricochet, italien. Ces deux textes sont bien parvenus aux

---

[16] *Idem*, Lettre de M. Mille du Cabinet du secrétaire d'État des Affaires étrangères à Pierre Dreyfus, 22 décembre 1956 en réponse à une lettre du 13 décembre 1956.

[17] AHCE, SGCICEE-3114, Lettre du CSCA pour M. Donnedieu de Vabres, 15 janvier 1957. Cette note a été également envoyée à G. Mollet et à d'autres ministres.

[18] AR, *Mémorandum* « Les problèmes posés par la concurrence entre les filiales étrangères et les firmes européennes au sein du marché commun » 13 novembre 1956.

mains des négociateurs et à la fin de l'année Robert Marjolin explique aux constructeurs les difficultés qu'il a pour obtenir des autres pays membres l'introduction d'un mécanisme de surveillance et une limitation du pouvoir de frappe financière américain à l'intérieur du Marché commun. Force est de constater que pendant toutes les négociations les Français luttent pour limiter les pouvoirs des institutions supranationales en charge de surveiller et d'exécuter les traités, et ils ont pour objectif de laisser aux États le maximum de liberté dans la conduite de leurs politiques économiques. Outre ces détails tactiques, l'introduction d'une nouvelle Commission de contrôle des investissements étrangers a peu de chances d'être approuvée en raison d'une forte opposition de la part des Allemands. Toutefois, Marjolin s'engage à faire de cette demande l'un des objectifs des négociateurs français dès la reprise des négociations[19]. Le résultat final des négociations sur les articles de la concurrence montre comment jusqu'à la fin de l'année 1956 la France fait tout son possible pour ne pas se lancer en direction d'une ligne supranationale et pour préserver une large marge politique au niveau décisionnel. Dans la même logique, elle réussit à empêcher que l'article 85 sur les ententes soit appliqué aux entreprises d'État et à introduire des exceptions qui laissent pleine liberté politique aux décideurs, tout en interdisant par principe les ententes, qui restent séparées des monopoles. De concert avec les Allemands, la France impose aussi un retard du point de vue décisionnel à ceux qui doivent être chargés d'utiliser ce pouvoir, la Commission ou les États membres. Sur ce point fondamental il faut trouver un compromis pour faire front aux autres pays membres, qui revendiquent avec force le transfert de ce pouvoir vers la Commission et non vers les États membres. Mais si le délai prévu avant une nouvelle négociation des règles précises, trois ans plus tard, semble être une victoire allemande, l'unanimité initiale requise du Conseil de ministres peut être considérée comme une victoire française, car elle peut garder son veto pendant trois ans et puis trouver des alliances pour bloquer des décisions défavorables tant au niveau du Parlement que du Conseil. En ce qui concerne les monopoles, la France se rallie à la position allemande, qui est la suivante : ne pas condamner par principe les « positions dominantes », un concept plus large que celui de « monopole ». Elle finit même par accepter la position défendue par l'Allemagne et les Pays-Bas qui consiste à ne condamner que l'abus, mais à condition que l'énumération des pratiques abusives de l'article ne soit pas réduite à la liste restreinte de cas figurant dans l'article 87. L'introduction de l'adverbe « *notamment* », laisse le champ libre à une définition politique

---

[19]   AR, « Note sur les conversations avec M. Marjolin », 28 décembre 1956.

de tout autre abus considéré contraire aux objectifs du traité et en outre non définis au moment des négociations[20].

Les articles sur la concurrence peuvent ainsi servir de garde-fous contre les abus potentiels des firmes américaines mais aux yeux des entreprises françaises cette protection semble encore clairement insuffisante. En effet, à la fin du mois de janvier, la délégation française reçoit les représentants de Renault, M. Bosquet et du GSCFA, J. Clouet, afin de discuter de cette question[21]. Les deux hommes sont au courant des questions européennes car le premier est, jusqu'en 1954 haut fonctionnaire à l'OECE et le deuxième suit pour le compte du CNPF à Bruxelles les pourparlers relatifs à l'établissement du Marché commun (jusqu'à la fin de l'année 1955). La délégation française explique qu'elle a déjà introduit une nouvelle proposition dans le traité consistant à élaborer un inventaire des investissements étrangers de la part de la Commission européenne suite à des communications faites par les États membres. Comme prévu, les délégations du Bénélux et de l'Allemagne se montrent « hostiles » à l'insertion d'une clause jugée trop nettement dirigée contre les capitaux américains. Un nouvel essai doit être fait durant la réunion des ministres du 9 février[22] mais son succès est limité. À la fin des négociations les autres pays membres acceptent le fait que la Communauté doit être informée des investissements étrangers et qu'elle doit être autorisée à formuler des recommandations publiques aux différents pays, mais elle n'est pas autorisée à les en empêcher comme les Français le souhaitent. D'autres moyens sont déployés pour satisfaire en partie les

---

[20]   HAEC, CM3/Nego 236, « Historique des articles 85,86 et 87 approuvés par le comité des chefs de délégation », 6 décembre 1956.

[21]   Il faut remarquer que les organisations patronales telles que le CNPF ou le FIMTM et même le CSCA se sont plaint à diverses reprises de n'avoir pas été associées aux négociations. Cela n'équivaut pas à une négociation sans pressions fortes et efficaces de la part du monde industriel et plus particulièrement de Renault et du GSCFA, comme en témoignent les lettres des archives de Robert Marjolin. Il y a plusieurs réunions importantes fin janvier et début février 1957 avec les représentants des deux groupes du secteur automobile. ARM18/01/04, lettre de Renault à Marjolin, 7 février 1957 et ARM, 18/01/05, lettre du GSCFA à Marjolin, 11 février 1957. Cette influence sur les négociations a bel et bien existée et est confirmée par une lettre du cabinet Faure envoyé au début du mois à Robert Marjolin et Donnedieu de Vabres les invitant à prendre note des demandes des industriels de l'automobile, ARM 18/01/03, Note pour M. Donnedieu de Vabres, 1 février 1957. En outre des réunions à la même date avec J-F. Deniau sont confirmées par des recherches récentes, AN, SGCI, 910004/12314, Lettre des Usines Renault à Monsieur Deniau, 7 février 1957, citée par de Castelnau, Anne, « Le rôle du SGCI dans les relations de la France avec le marché commun 1956-1961 », in Girault, R., *et al., Le rôle des ministères des Finances et des ministères de l'Économie dans la construction européenne (1957-1978)*, Paris, Comité pour l'Histoire économique et financière de la France, 2002, p. 211.

[22]   AR, Note de M. Bosquet, « Négociations sur le Marché commun », 6 février 1957.

demandes pressantes des industriels français, notamment l'introduction de deux clauses de sauvegarde pour limiter la concurrence qui donne en grande partie satisfaction aux aspirations des producteurs. La première clause se trouve dans le chapitre 109 et permet la reprise des contrôles douaniers en cas de crise de la balance des paiements, par décision du Conseil à la majorité qualifiée. La deuxième clause introduite au chapitre 226 du Traité permet à tout État membre de pouvoir demander une suspension temporaire du Marché commun en cas de crise d'un secteur et elle oblige la Commission à prendre des mesures de sauvegarde qui peuvent aller contre les principes du Traité. Les négociateurs trouvent donc une échappatoire comme le constate R. Marjolin dans une présentation faite aux dirigeants de Renault sur la question : « je n'ai pas de doute que si, demain, de gros investissements dans l'industrie automobile allemande par exemple pouvaient éveiller chez nous des soucis très graves, nos partenaires se prêteraient à une discussion de la question et examineraient avec nous comment en éviter des conséquences les plus dommageables. Enfin, je termine en disant que si par malheur, tout cela n'aboutissait pas, si par malheur nous nous trouvions devant une situation que nous ne pourrions pas régler dans l'esprit que je viens d'indiquer, il y a dans le traité certaines clauses qui nous permettent de protéger le marché français contre une invasion de produits, disons germano-américains ou germano-belges ; c'est l'article 86 que M. Dreyfus a cité dans son article de ce soir (dans le journal *Le Monde*) sur les situations de monopoles et c'est la clause de sauvegarde générale qui permettrait à la France d'obtenir de la Commission européenne l'établissement de mesures de protection »[23]. L'origine bien française de cette clause ne fait pas de doute si on en croit les déclarations du propriétaire de Fiat, G. Agnelli, qui dans un entretien affirme en parlant des négociations : « Del resto esistevano delle norme di salvaguardia che avrebbero potuto essere invocate in caso di difficoltà. Erano clausole volute sopratutto dalla Francia e rappresentavano un margine di sicurezza anche per noi »[24].

---

[23] ARM 26/03/18, « Conférence de Mr Robert Marjolin sur le marché commun au Service central de Formation », 17 juillet 1957.

[24] Volpato, G., « intervista all'avvocato Giovanni Agnelli » *in Il caso Fiat*, Torino, UTET, 1996, p. 387.

II. L'échec d'une autorité antitrust européenne : du Traité de Rome au règlement 17/1962

Les articles sur la concurrence et les clauses de sauvegarde sont donc devenus aux yeux de l'industrie française un des instruments de contrôle du défi américain. Mais il semble assez difficile de croire que les autres pays membres pourraient accepter les injonctions françaises sans que la France ait l'Italie à ses côtés. Cet axe franco-italien a pu voir le jour grâce aux pressions exercées du côté italien par le président de Fiat, V. Valletta. Cela est confirmé par le témoignage du représentant italien devant l'UEP Guido Carli :

> Mi sovvenivano le telefonate rabbiose di Valletta alla delegazione parigina per ammorbidire il piu possibile i vincli del trattato. La presenza delle « clausole di salvaguardia » che consentivano in casi eccezionali il ripristino di contrôleli doganali era quasi un corpo estraneo a un trattato fortemente innovativo […]. L'enfasi sull'articolo 109 va attribuita alle virulente pressione del prof. Valletta, terrorizzato dall'idea di una progressiva caduta dei dazi.[25]

Ces témoignages ultérieurs de pressions ne sont pas avoués en public par cette grande entreprise italienne, vu l'hostilité nette des milieux industriels américains, visés au premier chef par les clauses de sauvegarde. Dès le début des négociations du Traité de Rome, la Commission des Affaires européennes de la Chambre de commerce internationale (CCI), où Fiat cohabite avec les représentants des industriels américains, taxe de dangereux tout interventionnisme sur la concurrence sous forme d'un « contrôle préalable des opérations de concentration » géré par une Commission Européenne habilitée à « fixer elle-même des critères de l'abus et des règles de procédure ». Sur les clauses de sauvegarde, la CCI « considérait avec appréhension la possibilité de recourir, en cas de déséquilibre, à un ralentissement des mesures d'unification du marché européen » et elle propose des dévaluations monétaires comme solution à ces problèmes. La CCI demande sans ambiguïté que « le Traité devrait au moins instituer immédiatement la liberté des investissements directs dans les entreprises industrielles, commerciales ou agricoles relevant du marché commun »[26].

La première réaction de la CCI aux articles finaux du Traité peut être constatée dans le rapport soumis en avril 1958 par le rapporteur officiel

---

[25] Carli, G., *Cinquant'anni di vita italiana*, Laterza, Roma-Bari, 1996, pp. 164-165. Le titre du chapitre est « un complesso d'inferiorità », très semblable à celui évoqué par R. Marjolin dans ses mémoires en parlant de l'industrie française.

[26] ARM, 18/4/11, CCI, « Déclaration du 18 octobre 1956 sur le marché commun », 22 octobre 1956.

de la Commission sur les ententes, L. Sermon, secrétaire général de la Ligue européenne de coopération économique et conseiller économique du groupe belge Brufina. La critique principale adressée au Traité porte sur la condamnation générale que l'article 85 fait des ententes et surtout de leur nullité de plein droit. Les industriels belges et italiens de la CCI préfèrent l'interdiction de l'abus ou de l'effet nocif des ententes, et une acceptation générale de leur normalité économique afin d'éviter une liste d'exceptions qui selon eux ouvrent la porte à des interventions arbitraires de la part des pays membres. Pire encore, ils craignent une adoption possible de celles-ci comme norme de référence pour leur législation nationale à venir. L'ambiguïté des formulations pousse les industriels à demander à la Commission de confirmer le caractère général et non obligatoire des articles du Traité avant la promulgation du règlement régulateur établi par l'article 87 du Traité. Cette position est acceptée par toutes les délégations nationales mais la tactique à suivre divise clairement les participants sur l'opportunité ou non de faire du rapport la position officielle de la CCI. Les délégations des pays qui peuvent craindre le plus les effets des articles (les États-Unis, le Royaume-Uni et l'Allemagne) préfèrent ne pas prendre le risque de provoquer une accélération de la promulgation du règlement régulateur des articles sur les ententes et les monopoles, car cela risque de confirmer l'interprétation prohibitive critiquée par le rapport Sermon. Les industriels du Bénélux veulent en revanche sa publication mais sous la responsabilité de son rapporteur et pas de la CCI. Le délégué français, le secrétaire général du puissant Conseil des fédérations industrielles d'Europe (CIFE), René Arnaud, est le seul partisan d'une prise de position directe et publique de la CCI avec la Commission sur cette question. Finalement, la délégation italienne présidée par le propriétaire de Fiat, Giovanni Agnelli, et dominée par ses avocats et économistes, Bussi, Chiusano et Eugenio Minoli, plaide pour une réécriture du rapport moins agressive et ménageant les propositions du Traité avec les suggestions du rapport Sermon[27].

Il semblerait que l'hypothèse française ait été retenue sous la pression de la CIFE et de tous les patronats nationaux représentés dans les sections nationales de la Chambre. Ainsi en mai 1958, une résolution est adoptée par le Conseil de la CCI et envoyée au Conseil de ministres de la CEE avec les requêtes mentionnées par le rapport Sermon : on y trouve la confirmation de la part de la CEE que les principes des articles 85 et 86 ne seront applicables qu'au fur et à mesure de l'entrée en vigueur des règlements prévus par l'article 87. L'existence de cette période d'intérim de trois ans concernant l'applicabilité directe des normes

---

[27] ASF, Statistica, 36/2219, Chambre de Commerce internationale, *Commissione internazionale delle intese*, « Riunione di Parigi », 15 avril 1958.

européennes de la concurrence et leurs effets possibles sur les régulations nationales plane en effet comme un spectre hantant les conseils d'administration des membres de la CCI. Finalement, ils s'en remettent à la nouvelle Commission européenne en lui demandant de produire un avis qui refléterait leur propre interprétation. Cela veut dire que les ententes ne seront interdites que par principe et que les critères interprétatifs des abus à punir par les articles 85 et 86 seront définis en termes généraux et appliqués en exclusivité par les organes communautaires seulement après démonstration de l'incompatibilité de l'entente avec les objectifs du Marché commun[28]. En clair, ils souhaitent une marche arrière avec l'inapplicabilité des normes de la concurrence accordées par les États membres dans le Traité.

La nouvelle Commission Européenne souhaite, elle, ne pas neutraliser ou retarder l'application de normes dans un domaine qui lui octroie un rôle actif dans la structuration du monde des affaires en Europe, mais la première voie choisie n'est pas pour ainsi dire celle du supranationalisme mais celle de l'harmonisation des législations nationales. Le premier rapport général de la Commission aussi bien que le discours du 21 octobre 1958 du président Hallstein ne laissent aucun doute à cet égard et rappellent l'article 88 du Traité : les principes de la concurrence sont exécutables depuis le premier jour et les gouvernements nationaux sont censés les appliquer tout autant que leurs propres lois. La Commission décide de laisser aux États le pouvoir de gérer souverainement la période intérimaire avec la Commission comme arbitre des conflits possibles entre les États, tel que l'établit l'article 89. L'application anticipée de l'article 87 devient alors le choix logique de Fiat poussée par la crainte qu'en absence d'une loi italienne sur les ententes, les articles 85 et 86 puissent être pris comme point de départ de ceux qui l'accusent publiquement de monopole sur le marché italien, (voir à ce sujet les articles du journaliste radical Ernesto Rossi et les amis de la revue radical-socialiste, *Il Mondo*[29]). Cela devient particulièrement pressant en raison du projet de loi sur les ententes industrielles et commerciales annoncé dès la fin décembre 1956 par des parlementaires socialistes, radicaux et républicains[30]. Ce projet prévoit l'interdiction de plein droit de tout accord destiné à limiter directement ou indirectement la concurrence, mais aussi de toute situation de fait qui puisse produire un tel effet, le tout étant coiffé d'une Commission de contrôle des ententes

---

[28] HAEC, BAC 089/1983/11, Lettre de M.W. Hill, secrétaire général de la CCI au président du Conseil de la CEE, 2 juillet 1958.

[29] Bairatti, P., *Vittorio Valletta*, UTET, Torino, 1983, pp. 276-278.

[30] Villabruna (radical), La Malfa (républicain), R. Lombardi, Foà, Targetti (socialistes), Simonini et Matteotti (sociaux-démocrates).

industrielles avec des pouvoirs d'enquête et de sanction économique comprenant la responsabilité personnelle des propriétaires, des administrateurs et des directeurs généraux des entreprises fautives[31].

La stratégie de Fiat opère depuis l'été 1958 grâce à une commission restreinte de la section italienne de la CCI, présidée par l'ancien ministre démocrate-chrétien Pietro Campilli. Dirigée par Eugenio Minoli, doyen de la faculté de droit de Modène et avocat d'affaires de Fiat, cette commission rédige un document qui reprend les demandes du rapport Sermon et qui est approuvé par la Commission exécutive de la CCI italienne, mais qui est ensuite désapprouvé par l'organisation nationale du patronat italien, la *Confindustria*. Le texte doit servir de base de discussion et d'information pour la Commission européenne sur l'application du Traité. Les points fondamentaux que les hommes de Fiat veulent faire passer sont au nombre de deux : d'une part, la subordination de la nullité à l'existence d'un dommage effectif au commerce entre les États qui sert à bloquer une application rétroactive de la loi, et qui serait appliquée une fois le dommage constaté et non plus au moment de la formation de l'entente, (comme semble le suggérer la lettre du Traité) ; d'autre part, l'instance de décision sur la compatibilité des accords doit être un nouvel organe supranational et non les États membres, comme cela est encore possible avec l'article 88. Cet organe n'aurait pas qu'un rôle administratif, c'est à dire d'enquête, mais il pourrait ouvrir une procédure judiciaire, c'est à dire directement applicable et pouvant faire jurisprudence. Par conséquent, la proposition de Fiat est loin du supranationalisme et plus proche d'un schéma technocratique car, pour donner des garanties d'objectivité aux industriels, le document ne fait pas directement référence à la Commission mais envisage la création d'un « panel permanent d'experts économiques et juridiques indépendants des pressions administratives », qui devra être utilisé pour trancher sur la compatibilité des enquêtes avec le Traité[32]. L'idée d'une autorité antitrust indépendante se profile clairement dans cette proposition de Fiat et restera le but à atteindre par les hommes de cette multinationale.

Cette proposition, depuis ses origines, n'est pas soutenue par la Confindustria, qui préfère, suivant les indications du CIFE, que la CCI ne se mêle pas de ces questions pour laisser la Commission se noyer dans les difficultés pratiques et légales et ainsi retarder son activité contre les ententes et les monopoles. Le rapport Minoli et sa stratégie ne sont pas approuvés par le Comité International de la CCI de novembre

---

[31]   ASF, Statistica 34/2077, « Disposizioni sulle intese industriali e commerciali » 4 mars 1957.

[32]   ASF, Statistica 38/2325, CCI, Commissione Intense, 2 décembre 1958.

en raison du boycott exercé par les membres du CIFE qui y siègent. La raison fondamentale de ce refus semble être la lutte souterraine du CIFE, qui souhaite devenir l'interlocuteur exclusif de la Direction générale de la concurrence (des pourparlers avaient eu déjà lieu entre eux). De son côté, le Directeur général de la Commission européenne, Verloren Van Themaat, ne laisse pas planer de doute sur la nature des articles du Traité : ce sont bel et bien des obligations légales et pas seulement des principes à préciser. Étant donné que l'intérim doit être assuré par les gouvernements nationaux et qu'ils sont obligés d'adapter leur législation nationale au Traité, la première tâche que se fixe la Commission consiste à pousser les États membres sans législation antitrust (la Belgique, le Luxembourg et l'Italie) à commencer à élaborer la leur et à contraindre les autres pays à adapter leurs lois aux principes du Traité. Ainsi la Commission commence à préparer le terrain au niveau national et peut gagner une expérience précieuse avant de proposer le règlement prévu par le Traité, dont la rédaction à court terme n'est pas envisagée comme un objectif urgent.

Fiat trouve ce coup de barre de la Commission très dangereux car cela risque d'accélérer l'introduction d'une « legge italiana restrittiva e demagogica ». En vue du blocage de la part de la Commission, la tactique proposée par les hommes de l'entreprise italienne est de continuer à utiliser la CCI comme un instrument de pression sur les gouvernements belges et luxembourgeois pour que leurs futures lois, considérées a priori plus libérales, puissent devenir des références obligées pour la loi italienne à venir. A ceci il est prévu d'ajouter une pression sur la Commission qui peut permettre à la CCI de devenir un interlocuteur privilégié et officiel de la nouvelle institution, rôle qu'elle exerce déjà dans le cadre des Nations Unies[33]. Une lutte pour influencer les institutions européennes fait déjà rage et les constats de la CCI ne font que montrer sa marginalisation par rapport au CIFE, où ne siègent ni délégués américains ni britanniques.

Dans le cas de la délégation italienne le refus de la Confindustria d'appuyer les propositions de Fiat sont aussi le résultat d'un conflit majeur entre les présidents des deux institutions, que les gens de Fiat attribuent à des relations à l'échelle internationale du président de la CCI italienne, P. Campilli[34]. Ceci peut être interprété plutôt comme la preuve d'une plus grande autonomie d'une partie des milieux d'affaires européens par rapport au monde d'affaires anglo-saxon et confirme que la méfiance à l'égard d'une domination américaine du Marché commun

---

[33] *Idem.*

[34] ASF, Statistica, 39/2364, CCI, Sezione Italiana, 3 décembre 1959.

n'est en rien un réflexe propre aux industriels français. Ceci est conforté par le rapport élaboré par une voix peu suspecte d'anti-américanisme, le CEPES italien. Présenté aux divers comités nationaux du CEPES international présidé par le PDG de Fiat, Vittorio Valletta, il cherche à justifier vis-à-vis des hommes d'affaires américains de son partenaire outre-Atlantique, le *Committee for Economic Development* (CED), le besoin de limiter la libre concurrence à l'intérieur de la nouvelle CEE. Tout en reconnaissant que la concurrence du marché est un élément de développement économique, le rapport soutient l'idée que la concurrence doit être subordonnée aux objectifs de développement économique qui ont guidé la constitution de la CEE. Abandonner la Communauté au libre-échange peut accentuer la tendance à la concentration des industries dans des régions déjà industrialisées et porter préjudice au développement des régions périphériques de la Communauté. Pour les Italiens proches du monde d'affaire américain, « la concezione della Communità come mezzo per assicurare lo sviluppo economico [...] appare come l'unica concezione veramente accettabile, per giustificare gli oneri che il Mercato Comune comporterà per la nostra economia ». Cette même explication d'une intégration européenne guidée par des buts économiques, dans lesquels les moyens ne sont pas la libre concurrence, est aussi partagée par le CEPES français, malgré le fait que certains de ses membres « appaiono oggi pericolosamente legati a velleità di grandeza e autosufficienza nazionale ». Ce concept du développement par les institutions et limitant le libre marché apparaît aux yeux des Italiens comme assez difficile à faire accepter tant aux Américains « legati ad un mito concorrenziale, che in teoria, se non sempre di fatto, governa la loro vita economica, non complicata da situazioni di sottosviluppo da sanare » qu'aux Allemands « portatori degli interessi dell'economia più avanzata dal Mercato Commune e quindi solleciti di assicurarle agevoli condizioni di ulteriore espansione, senza preocuparsi, forse, di valutarne convenientemente le prospettive a lunga scadenza »[35].

Ces affirmations internes des hommes de Fiat mettent au clair leur plein accord avec les gouvernements européens pour ne pas retourner au temps de la régulation de la concurrence par le marché et pour accepter la nécessité de construire une Europe au moyen d'une gouvernance institutionnelle de la concurrence plutôt qu'une Europe régie par le libre-échange. Mais ce serait une erreur de penser que le vrai projet de la fraction la plus internationalisée de l'industrie italienne et française est de confier la gouvernance de la concurrence à un pouvoir exécutif supranational, la Commission Européenne, ou national, les États membres.

---

[35] ASF, Statistica, 36/2251 CCI, « Studio CEPES-CED su mercato comune europeo, Nota al progetto Minoli », 29 juillet 1958.

En fait, leur vrai projet passe par une solution technocratique qui ne serait pas influencée par le pouvoir politique : une *Federal Trade Commission*. La mention explicite au modèle américain apparaît au début du printemps 1961, dans une proposition faite par la CCI et Fiat au Commissaire Hans Von der Groeben et son Directeur général, Verloren Van Themaat. Élaborée par l'avocat de Fiat, Minoli, cette proposition est cette fois-ci soutenue par toute la crème des plus grandes entreprises européennes tels que le président de la Commission sur les ententes de la CCI, le Comte Raoul de Vitry d'Avaucourt, président de Pechiney, Lucien Sermon de la Brufina, René Arnaud du CIFE et les conseillers juridiques de Philips, AEG, Imperial Chemical Industries, le tout sous l'œil vigilant de George Nebolsine du prestigieux cabinet légal américain, Coudert Brothers. La proposition de la CCI prévoit « un tribunal à créer par modification du Traité et qu'en attendant elle propose la création d'un comité consultatif ressemblant à un tribunal » divisé en sections et formé par des juges et d'autres titulaires choisis parmi des personnalités à compétence mixte juridique et économique, tous employés à plein temps mais nommés par la Commission et dotés d'un statut personnel indépendant. À la demande des hommes de la Commission sur le rôle des États, les réponses de Vitry sont claires et nettes : « l'article 87 ne prévoit pas la consultation des États membres sur la décision elle-même », « la Commission veut faire œuvre d'influence évolutive et d'enseignement sur les États membres vis-à-vis desquels elle a plus une politesse d'information qu'une obligation de consultation. La proposition de la CCI est plus raisonnable pour asseoir l'autorité de la Commission ». Le directeur général de la Direction de la Concurrence, Verloren Van Themaat, remarque amusé que cette proposition a le mérite d'être nouvelle et originale mais que le règlement pour l'application de l'article 87 doit prévoir la consultation des États membres sur la décision à prendre dans chaque cas et pas seulement lors de l'instruction. Pour le Commissaire en charge du dossier concurrence, Hans Van der Groeben, il semble politiquement difficile, voire impossible, de renoncer à une consultation des États membres. De son côté, Minoli cherche à tout prix à convaincre le Commissaire que cette « *Federal Trade Commission* sans pouvoir de décision » pourrait inclure des éléments représentatifs de chaque État membre et qu'au lieu de consulter les États on pourrait consulter le Comité. L'objectif avoué est bien double : enlever la souveraineté des États sur le contrôle de la concurrence européenne mais encore plus, neutraliser les politiques nationales de la concurrence elles-mêmes. En vue de convaincre la Commission que son pouvoir ne serait pas entamé par cette nouvelle institution purement consultative, Minoli propose que :

La Commission et le Comité Consultatif seraient seuls compétents [...] Dans un système d'application superposée, la consultation ne peut avoir un certain effet que dans les pays où les autorités disposent d'un pouvoir discrétionnaire pour l'application de la loi, elle n'aurait aucun dans ceux où la loi est appliquée par des juges.

Cela veut dire que les industriels italiens et français de la CCI comptent sur un comité qui empêchera en Europe le triomphe des lois nationales de la concurrence qui sont contrôlées par le pouvoir politique, et non celles contrôlées par un pouvoir judiciaire. Mais cela est le minimum que la CCI accepte, « la seule vraie solution étant un tribunal des ententes »[36]. Les hommes de Fiat proposent une forme ouverte, un modèle de gouvernance de la concurrence à l'américaine mais dirigé par des technocrates et en dehors des compétences du Tribunal de Justice et bien sûr de la Commission elle-même.

La conclusion de cette lutte d'influences et de conceptions alternatives pour la forme de gouvernance de la concurrence en Europe arrive à son terme avec la promulgation en janvier 1962, à l'unanimité, du règlement prévu par l'article 87 du Traité de Rome. Le point final aux controverses se trouve dans les articles 1, 9 et 10. Le premier article réitère l'interprétation des articles 85 et 86 déclarant les ententes interdites par principe et nulles de plein droit, tandis que sur les positions dominantes, on ne condamne que l'abus. L'article 9 donne à la Commission le pouvoir exclusif pour décider sur la validité ou non des accords et des abus de position dominante et la Cour de Justice est réduite à un rôle de contrôle général. Cela mène à penser que la victoire supranationale est complète et que, de la même façon que dans le Traité CECA, le supranationalisme politique incarné par la Commission Européenne a gagné cette bataille. Mais ce n'est pas exactement le cas. L'article 10 de cet article 17/62 établit un Comité consultatif comme l'avaient maintes fois demandé les industriels. Sa consultation est obligatoire avant toute décision de la Commission. Mais sa composition montre que ce sont les États-nations, et non les propositions technocratiques ou corporatistes des industriels, qui ont gagné : il s'agit de « fonctionnaires compétents en matière d'ententes et positions dominantes » désignés par les États-nations et remplaçables « par un autre fonctionnaire ». Ceci est fondamental car ils ne siègent pas en leur nom propre et ne sont pas irrévocables, condition qui les aurait approchés plus des experts techniques demandés par les multinationales. Le Comité doit être informé en détail de tous les cas, il doit se réunir obligatoirement avec la Commission et

---

[36] HAEC/BAC 089/1983/11. CEE, Commission, DG Concurrence, Compte rendu succinct de la réunion tenue le 13 mars 1961 avec le groupe « Pratiques restrictives et intégration européenne » de la CCI, 28 mars 1961.

produire un compte rendu écrit à joindre à tout projet de décision. La fonction du comité qui est d'exercer un contrôle politique sur les décisions de l'administration européenne est plus claire que jamais, car le compte rendu « n'est pas rendu public ». Ce compte rendu peut servir à envoyer aux Commissaires du Collège des indications claires sur la position de chaque État sur le dossier et sa confidentialité sert à éviter que le Comité ne devienne un point d'appui légal qui pourrait servir à limiter les décisions prises par les autorités de la concurrence nationales. Le texte se termine par une conclusion sans ambiguïté sur l'étendue des accords « obligatoire dans tous ses éléments et directement applicable dans tout État Membre »[37]. La lutte des industriels de la CCI afin que soit crée une agence technocratique n'a pas eu de résultats et les États membres ont réussi à garder un œil sur les agissements d'une Commission qui semblait à première vue avoir gagné la partie. Mais cette victoire supposée en faveur de la Commission est en réalité celle de l'Allemagne et le prix à payer par la France en échange de l'acceptation de la PAC[38].

Conclusion

Europe organisée, Europe du libre-échange ? Cet article suggère de dépasser la dichotomie habituelle, dirigisme ou libéralisme, sous-entendue par la question. Pour des recherches à venir on pourrait adopter une gamme plus large de formes de gouvernance économique en Europe, comprenant au moins six alternatives historiques identifiées dans cette étude sur les origines de la politique de la concurrence : le libéralisme classique, le néo-libéralisme, le corporatisme, le technocratisme, le dirigisme supranational, et le dirigisme intergouvernemental. La première des positions est représentée par une vision qui laisse aux industriels le soin de s'organiser sans intervention publique, comme l'a proposé le FIMTM, et qui signifie un retour aux cartels privés. Le néo-libéralisme est caractéristique de la proposition rêvée par la CCI et il passe par un pouvoir spécifique indépendant, par exemple une autorité antitrust, qui réglerait juridiquement les décisions sans intervention d'une autre institution supranationale ou nationale. L'alternative corporatiste est représentée par la proposition des constructeurs automobiles français de créer une Commission de contrôle des investissements étrangers, où les indus-

---

[37] Règlement 17/62 du Conseil « Premier règlement d'application des articles 85 et 86 du Traité de la CEE ».

[38] Ministère des Affaires étrangères de la France, Représentation Permanente, RPUE 1143, Note de François-Xavier Ortoli, secrétaire général du SGCI, 17 novembre 1961, cité en Warlouzet, L., « La France et la mise en place de la politique de la concurrence communautaire 1957-1964 » dans ce volume.

triels et les États-nations seraient responsables de la gestion conjointe de l'économie du continent. La vision technocratique est en grande partie inscrite dans le rapport Spaak, bien que teintée de fédéralisme, et est reprise dans la version adoucie de la CCI. Ces deux projets veulent faire intervenir des experts en économie et des juristes d'affaires au moyen des Comités d'arbitrage sous la forme de communautés d'experts qui régleront *de facto* la concurrence avec peu d'interférence du pouvoir politique des États. Le dirigisme supranational est défendu par l'Italie et les Pays-Bas dans les négociations du Traité de Rome et il laisse la partie la plus importante de la résolution dans les mains des instances supranationales, la Commission, mais surtout sur la Cour de Justice composée seulement de juges professionnels. Le dirigisme intergouvernemental est celui proposé par le gouvernement français d'un contrôle *in fine* par le Conseil de ministres et qui dans le règlement de 1962 s'est réduit à un comité consultatif de fonctionnaires qui doivent servir de garde-fous aux excès de la Commission. Paradoxalement, la solution retenue a été celle d'un dirigisme supranational ponctué d'éléments intergouvernementaux. L'État vainqueur de la lutte pour le règlement 17/62, l'Allemagne, n'a pas réussi à transposer intégralement son modèle institutionnel à travers une autorité anti-cartel autonome, comme les industriels de la CCI l'avaient souhaité. Dans les négociations du Traité de Rome la proposition *ordoliberale* de Müller-Armack passe par un pouvoir non pas centralisé au niveau de la Commission mais au niveau du Tribunal de Justice.

Dans ce contexte, on peut bien affirmer que la solution européenne aux questions de la concurrence est bel et bien une innovation institutionnelle par rapport aux modèles préexistants car il est le résultat d'un compromis entre les États membres. Il faudrait effectuer des études historiques plus approfondies sur l'évolution ultérieure de la politique de la concurrence, non seulement d'un point de vue formel ou juridique, mais surtout administratif et politique avant de pouvoir arriver à une conclusion définitive sur la configuration finale définie par la pratique institutionnelle que l'article et le règlement ont délimitée. En tout cas, en 1962, la configuration de la politique de la concurrence semble ne pas avoir donné raison aux conclusions proclamées par le CEPES belge en 1952 sur l'incompatibilité supposée entre un pouvoir fédéral soucieux de libérer les économies et des gouvernements nationaux dirigistes. Cette politique est la nouvelle réponse des États-nations d'Europe à un vieux dilemme : contrôler le capitalisme sans l'étouffer. Mais c'est aussi une illustration d'un nouveau principe politique : céder de la souveraineté nationale au profit d'une puissance internationale accrue.

Le Comité économique et social européen et ses tentatives pour influencer la politique de la CEE, puis de l'UE[1]

Antonio VARSORI

Université de Padoue

L'intégration européenne trouve ses origines dans des initiatives dont l'objectif premier était de façonner l'économie de l'Europe. Dès 1947, le plan Marshall tente d'instaurer une forme de coopération entre pays européens ; il est suivi en 1950 du plan Schuman qui, le premier, introduit le principe de supranationalité en prévoyant la création d'une Communauté du charbon et de l'acier[2]. Un examen attentif du plan Schuman, fondement de l'intégration européenne basée sur le fonctionnalisme de Jean Monnet – qui allait caractériser tout le processus d'intégration des années 1950 à nos jours – montre que Monnet et ses

---

[1] Le présent document se fonde dans une large mesure sur les conclusions d'un projet de recherche sur les origines et les activités du Comité économique et social européen mené sous ma direction, de 1999 à 2000, avec le soutien du Comité économique et social, qui a ouvert ses archives jusqu'aux années 1990. À cet égard, je tiens à remercier M. Costantino Picco, alors directeur des Archives et du Centre de documentation du CESE, ainsi que M. J.-M. Libert, Mlle L. Knudsen, Mlle C. Chique, et le docteur J. Benavides, dont l'aide et les conseils ont rendu cette recherche possible. Les docteurs A. Graziosi, G. Di Muro, P. Venturini et B. Rangoni Machiavelli ont également été d'une aide précieuse. Lors de la conférence intitulée « Gli organi consultivi delle Comunità Europea attraverso l'esperienza del Comitato Economico e Sociale », qui s'est déroulée à l'Université de Florence, à l'automne 1999, la plupart des interventions reposaient sur les résultats des recherches effectuées dans les archives du CESE. Les débats de la conférence de Florence ont été publiés : Varsori, A. (ed.), *Il Comitato Economico e Sociale nelle costruzione europea*, Venise, Marsilio, 2000.

[2] Sur le plan Marshall, voir par exemple Aga Rossi, E. (ed.), *Il Piano Marshall e l'Europa*, Rome, Istituto dell'Enciclopedia Italiana, 1983 ; Milward, A.S., *The Reconstruction of Western Europe 1945-51*, London, Methuen, 1984 ; Bossuat, G., *L'Europe occidentale à l'heure américaine 1945-1952*, Bruxelles, Complexe, 1992 ; Girault, R., et Levy-Leboyer, M. (dir.), *Le Plan Marshall et le relèvement économique de l'Europe*, Paris, Comité pour l'histoire économique et financière de la France, 1993.

plus proches conseillers étaient conscients du rôle que les acteurs socio-économiques seraient amenés à jouer dans la réussite de sa mise en œuvre[3]. Si elles prévoient que l'organe supranational, la Haute Autorité, détiendra des pouvoirs étendus et aura pour interlocuteurs les gouvernements des Six, via le Conseil des ministres, et les milieux politiques, l'Assemblée commune, les délégations qui rédigent le Traité de Paris ne négligent cependant pas le fait que les décisions de la CECA auront des répercussions sensibles d'une part, sur les secteurs du charbon et de l'acier, et d'autre part, sur les salariés de ces secteurs. La question de la représentation de leurs intérêts et de leurs besoins est soulevée lors des négociations, si bien que le Traité de Paris envisage la création d'un organe tripartite, composé de représentants des associations d'employeurs, des syndicats non communistes et d'une catégorie mal définie, regroupant des associations d'« utilisateurs et négociants » du charbon et de l'acier. Baptisé Comité consultatif, cet organe, comme son nom l'indique, n'a théoriquement pas le pouvoir d'influencer les décisions de la Haute Autorité[4]. Néanmoins, la CECA, notamment sous la présidence de Jean Monnet, pose les jalons d'un dialogue social européen et permet aux forces socio-économiques d'exercer une certaine influence sur ses activités[5]. Les employeurs sont, pour leur part, les interlocuteurs naturels de la Haute Autorité qui est dotée d'un pouvoir de décision sur des questions aussi primordiales que le niveau de production, les prix, etc. En outre, comme le font observer certains représentants syndicaux, de nombreux membres de la Haute Autorité sont des experts ou d'anciens hauts fonctionnaires qui ont tissé des liens étroits avec les secteurs du charbon et de l'acier. Quant au groupe des « utilisateurs et négociants » du Comité consultatif, il est, cela va sans dire, composé de représentants des intérêts des entreprises. Enfin, dans les pays où l'État joue un rôle prépondérant dans les secteurs du charbon et de l'acier, comme l'Italie avec FINSIDER, les entreprises font entendre leur voix jusqu'au sein du Conseil des ministres. Cependant, Jean Monnet porte également une

---

[3] Sur le plan Schuman, voir par exemple Poidevin, R., et Spierenburg, D., *Histoire de la Haute Autorité de la Communauté Européenne du Charbon et de l'Acier. Une expérience supranationale*, Bruxelles, Bruylant, 1993 ; Schwabe, K. (ed.), *Die Anfaenge des Schuman-Plans 1950-1951. Beiträge des Kolloquiums in Aachen 28-30 Mai 1986*, Baden Baden, Nomos, 1988.

[4] Voir Mechi, L., « Il Comitato Consultivo della CECA », in Varsori, A. (ed.), *op. cit.*, pp. 34-46.

[5] Sur la politique sociale définie par le CESE, voir Mechi, L., « Una vocazione sociale ? Le azioni dell'Alta Autorità della CECA a favore dei lavoratori sotto le Presidenze di Jean Monnet e di René Mayer », in *Storia delle relazioni internazionali*, X-XI (1994-1995) n° 2, pp. 147-184 ; *id.*, « Il ricollocamento dei lavoratori licenziati nei primi anni di attività della CECA », in *Annali della Fondazione Giulio Pastore*, 26-27 (1997-1998), pp. 77-136.

grande attention à l'opinion des syndicats : en cette période de guerre froide, les partisans du processus d'intégration européenne savent que la réalisation de leurs objectifs passe aussi par la création d'un plus large consensus parmi les travailleurs qui seront directement affectés par les décisions de la Haute Autorité[6]. À cet égard, il est intéressant de noter que la Haute Autorité compte parmi ses membres deux représentants syndicaux, le Belge Finet et l'Allemand Potthof, et que les principaux syndicats non communistes sont représentés au Comité consultatif qui se montre particulièrement actif dans le domaine social, notamment en matière de santé des travailleurs et de conditions de travail. Enfin, la Haute Autorité lance très tôt diverses initiatives dans ce domaine qui va prendre une place croissante dans les activités de la CECA, et trace ainsi l'ébauche d'une politique sociale européenne. Ces premières initiatives englobent aussi bien la construction de nouveaux logements pour les employés des mines et des sidérurgies que le développement de l'enseignement et de la formation professionnels[7].

En dépit de ces avancées, lorsqu'en 1955, à la Conférence de Messine, les gouvernements des Six décident de relancer la construction européenne, ils adoptent une attitude différente quant au rôle que les acteurs socio-économiques seront appelés à jouer, non seulement lors des négociations, qui aboutiront à la création de la CEE et de l'EURATOM, mais également dans les structures des futures communautés européennes. La rédaction des Traités de Rome est confiée à un tout petit groupe d'experts, de diplomates et de hauts fonctionnaires et s'effectue sous la direction de quelques hommes politiques de premier plan[8]. Aucun représentant des forces socio-économiques ne participe aux négociations en dépit des pressions exercées sur les gouvernements des Six par le Comité d'action Jean Monnet (fortement influencé par certains membres des syndicats non communistes et hommes politiques proches des intérêts patronaux) pour que des représentants des associations d'employeurs et

---

[6]   Sur la position des syndicats vis-à-vis du lancement du processus d'intégration européenne, voir Ciampani, A. (ed.), *L'altéra via per l'Europe. Forez social e organizzazione degli interessi nell'integrazione europea (1947-1957)*, Milan, Angeli, 1995.

[7]   Voir Mechi, L., *op. cit.*, note de bas de page n° 4 ; Degimbe, J., *La politique sociale européenne du Traité de Rome au Traité d'Amsterdam*, Bruxelles, Institut Syndical Européen, 1999, pp. 49-58.

[8]   Sur les négociations qui ont abouti à la signature des Traités de Rome, voir Gerbet, P., *La naissance du Marché commun*, Bruxelles, Complexe, 1987 et Kuesters, H.J., *Die Gründung der Europäischen Wirtschaftsgemeinschaft*, Baden Baden, Nomos, 1982 ; Serra, E. (ed.), *The Relaunching of Europe and the Treaties of Rome*, Milan/Baden Baden Giuffrè/Nomos, 1989.

des syndicats soient admis à y prendre part[9]. Apparemment, la plupart des délégations craignent que la présence des partenaires socio-économiques n'empêche les négociations d'aboutir. En outre, certains gouvernements considèrent que le Marché commun a pour principal enjeu le développement économique des Six fondé sur la liberté du marché. Il est également fort probable qu'une certaine forme de représentation ait été perçue comme un pas vers encore davantage de supranationalité, alors que les Six semblaient privilégier une approche essentiellement intergouvernementale. Néanmoins, surtout lors des phases finales des négociations, l'avis de certains syndicats aura pesé dans les décisions des délégations française et néerlandaise. Il est ainsi décidé que les partenaires socio-économiques bénéficieront d'une certaine forme de représentation dans les structures mises en place par les traités. À cet égard, le Comité consultatif de la CECA et certains organes nationaux, notamment français et néerlandais, auront indéniablement servi de modèles. Malgré la ferme opposition de la délégation ouest-allemande, les Six décident d'intégrer au traité certains articles prévoyant la création d'un Comité économique et social[10]. Ce comité sera fondé sur une composition tripartite et aura pour organe principal une Assemblée formée de représentants de trois groupes : les associations d'employeurs, les syndicats de salariés, le groupe « Activités diverses » (professions libérales, artisanat, etc.). Le Comité économique et social nommera son président et comportera une structure administrative, ainsi qu'un secrétaire général. Le CESE ne sera pas une institution européenne, mais un simple organe consultatif entretenant des liens étroits avec le Conseil et la Commission, qui pourront lui demander son avis sur différentes questions socioéconomiques ayant des incidences sur la réussite des objectifs des Communautés européennes[11]. Bien qu'en vertu des Traités de Rome, le Comité économique et social n'ait, à sa création, en 1958, qu'un pouvoir très limité, voire inexistant, la plupart des associations d'employeurs et des syndicats de travailleurs manifestent un vif intérêt à son égard, leurs membres les plus influents se portant candidats pour en intégrer

---

[9]   Varsori, A., « Euratom, une organisation qui échappe à Jean Monnet ? », in Bossuat, G., et Wilkens, A. (dir), *Jean Monnet, l'Europe et les chemins de la paix*, Paris, Publications de la Sorbonne, 1999, pp. 343-356.

[10]   Sur les origines du CESE, voir Calandri, E., « La genesi del CES : forze professionali e strategie nazionali », in Varsori, A. (ed.), *op. cit.*, pp. 47-65.

[11]   Sur l'organisation du CESE, voir Varsori, A., « Per una storia del CES », in *id.* (ed.), *op. cit.*, et *id.*, *Politica e amministrazione nel Comitato economico e sociale europeo, in Storia Amministrazione Costituzione Annale per l'Istituto per la Scienza dell'Amministrazione Pubblica*, 8/2000, Bologne, il Mulino, 2000, pp. 105-134 ; Van der Voort, W J., *In Search of a Role. The Economic and Social Committee in European Decision Making*, Utrecht, 1996.

l'Assemblée[12]. Cette attitude montre que les partenaires socio-économiques des Six espéraient que le Comité économique et social deviendrait un organe efficace et influent, qui pèserait sur les décisions de la Commission et du Conseil. En 1960, André de Staercke, l'une des figures de proue de la Fédération des industries de Belgique, devient le premier président du CESE. Élu pour deux ans, le président du CESE est alternativement choisi dans chacun des trois groupes. Ludwig Rosenberg, représentant syndical de poids et vice-président de la Fédération des syndicats allemands (DGB) succède à de Staercke, et en 1962, c'est au tour du Français Émile Roche, représentant du troisième groupe, d'accéder à la présidence[13]. Quant au poste de secrétaire général, il échoit en 1958 à Jacques Genton, ancien député français et conseiller aux Affaires étrangères, qui le conservera jusqu'au début des années 1970.

Pendant la période gaullienne, la CEE s'attelle à deux grands chantiers : l'union douanière et la politique agricole commune. Quelques années après sa création en 1958, le CESE a déjà à son actif de nombreux avis sur divers aspects relatifs à l'instauration du Marché commun et de la PAC. La majorité des conseillers ont à cœur de poursuivre l'intégration européenne et les avis du CESE, généralement fondés sur des analyses approfondies et exhaustives, proposent une interprétation large des Traités de Rome. En outre, le CESE joue souvent un rôle moteur dans la mise en œuvre par la CEE de nouvelles politiques, notamment dans le domaine social. Cependant, au bout de quelques années, il apparaît évident que le CESE a bien peu de chances d'orienter les politiques communautaires[14]. Le Comité économique et social n'a aucun moyen de savoir dans quelle mesure ses avis sont pris en compte dans les choix de la Commission. Par ailleurs, il est souvent fait mention du désintérêt du Conseil à l'égard des activités du CESE. Aux yeux de la Commission et du Conseil, le Comité économique et social apparaissait très probablement comme un simple organe consultatif et technique, alors que la plupart des membres de cet organe pensaient ou espéraient jouer un rôle politique significatif dans le processus d'intégration. Le Comité économique et social tentera, à de nombreuses reprises, de renforcer ses droits et d'élargir son champ d'intervention, mais il se heurtera toujours au refus de la Commission et du Conseil.

---

[12] Varsori, A., « Per una storia… », *op. cit.*, pp. 7-8.

[13] Sur le rôle des présidents du CESE à la fin des années 1950 et dans les années 1960, voir Dundovich, E., « I primi presidenti del CES, personalità e orientamenti, 1958-1968 », in Varsori, A. (ed.), *op. cit.*, pp. 89-100.

[14] Guasconi, M.E., « Il CES e le origini della politica sociale europea 1959-1965 », in Varsori, A. (ed.), *op. cit.*, pp. 155-167.

À mesure qu'il devient de plus en plus prévisible que les décisions de la CEE ont un impact important sur l'économie des Six, les compétences limitées du CESE commencent à poser problème aux partenaires socio-économiques, soucieux de préserver leurs intérêts. Très rapidement, les employeurs se rendront compte des faiblesses structurelles du Comité économique et social, dont l'Assemblée, il convient de le rappeler, ne compte que des représentants des organisations nationales. L'année 1952 voit la création d'une organisation qui vise à défendre les intérêts des employeurs européens, le Conseil des fédérations industrielles d'Europe ; elle devient l'Union des industries de la Communauté européenne (UNICE) en 1957[15]. L'UNICE n'est pas le seul groupe de pression européen né en réaction au processus d'intégration. En effet, d'autres puissantes organisations font aussi leur apparition, comme le Comité des Organisations Professionnelles Agricoles (COPA), défenseur des intérêts des agriculteurs, ou la Confédération Européenne des Entreprises Publiques (CEEP), composée de représentants de sociétés appartenant à l'État[16]. L'UNICE et d'autres groupes de pression comprennent qu'il existe d'autres moyens de faire entendre leurs voix, comme par exemple de faire nommer certains de leurs représentants ou experts dans les divers comités *ad hoc* que la Commission commençait à mettre en place pour faire appliquer ses décisions. À partir de la deuxième moitié des années 1960, la composition du premier groupe du CESE s'en trouve radicalement modifiée : les associations nationales d'employeurs ne sont plus représentées par leurs présidents, mais par des responsables de second rang ou de simples membres[17]. De leur côté, les syndicats souffrent des divisions qui caractérisent encore aujourd'hui le mouvement ouvrier international : communistes contre anti-communistes, socialistes contre catholiques, etc. De plus, la CEE semble peu encline à promouvoir une quelconque politique sociale, tandis que la création d'une union douanière s'accompagne d'une approche libérale laissant peu de marge de manœuvre aux syndicats, notamment au plan européen[18]. Aussi la plupart des représentants syndicaux considèrent-ils

---

[15] Segreto, L., « Gli imprenditori europei e il CES », in Varsori, A. (ed.), *op. cit.*, pp. 139-154 : pour une présentation générale de l'UNICE, voir Matya, M., *Der Einfluss des Vereinigung der Industrie – und Arbeitgeberverbände Europas (UNICE) auf den Entscheidungsprozess der Europäischen Union*, Berne, Peter Lang, 1999.

[16] Sur les groupes d'intérêt et de pression européens, voir Middlemas, K., *Orchestrating Europe. The Informal Politics of the European Union 1973-1995*, London, Fontana Press, 1995, pp. 429-612.

[17] J. Van der Voort, *op. cit.*, p. 184-186.

[18] Sur la position des syndicats vis-à-vis de la CEE pendant les années 1960, voir par exemple Ciampani, A., *La CISL tra integrazione europea e mondializzazione. Profilo storico del sindacato nuovo nelle relazioni internazionali : dalla Conferenza di Lon-*

que le CESE reste l'unique organe européen où ils peuvent disposer d'une représentation officielle, et à travers lequel ils peuvent espérer influencer quelque peu, du moins à l'avenir, les décisions de la CEE relatives au monde salarial. Le rôle des syndicats était appelé à se renforcer au sein du CESE et de nombreux avis émis par ce dernier portent la marque de cette évolution. Le Comité économique et social commence à préconiser le lancement par la CEE de certaines initiatives sociales, perçues comme un complément nécessaire aux décisions économiques visant à la création de l'union douanière et de la PAC. À cet égard, le CESE porte un intérêt particulier à des questions telles que la mobilité de la main d'œuvre, les conditions de travail, l'enseignement et la formation professionnels, et encourage la Communauté européenne à poursuivre des objectifs précis dans ces domaines[19]. En dépit de la force de son engagement, les efforts du CESE demeureront vains, du moins jusqu'à la fin des années 1960.

Entre la fin des années 1960 et le début des années 1970, la situation change, à la suite de certains événements qui ont des répercussions significatives sur la CEE : le changement social consécutif aux événements de 1968, le renforcement du rôle des syndicats dans la plupart des pays de la CEE, la crise économique qui touche l'Europe occidentale et la nouvelle « relance européenne » instituée lors du Sommet de La Haye en décembre 1969. Les Six, qui devaient bientôt être rejoints par le Royaume-Uni, le Danemark et l'Irlande, tentent alors de mettre en œuvre de nouvelles politiques (par exemple, une forme d'intégration monétaire mettant l'accent sur la nécessité d'une cohésion économique et sociale). Pour certains responsables européens, la réponse aux problèmes sociaux, tels que le chômage, qui s'accentuent et se généralisent, passe par la recherche de solutions au niveau communautaire[20]. En 1970, au Luxembourg, se déroule la première conférence tripartite, qui réunit représentants des associations d'employeurs et des syndicats, ministres du Travail des Six et commissaires européens. Par la suite, un Comité permanent sur l'emploi, de composition tripartite, est créé et la CEE procède à la première réforme du Fonds social européen[21]. Ces réaménagements importants conduisent également à une réforme partielle du CESE. En 1972, la Communauté européenne décide d'habiliter le Comité économique et social à émettre des avis et à mener des études de ma-

---

dra al Trattato di Amsterdam, Rome, EL, 2000, pp. 103-144 et Gobin, C., *L'Europe syndicale entre désir et réalité*, Bruxelles, Éditions Labor, 1997, *passim.*

[19] Varsori, A., « Per una storia… », *op. cit.*, pp. 10-12.

[20] Degimbe, J., *op. cit.*, pp. 93-116.

[21] Guasconi, M.E., « Paving the Way for a European Social Dialogue », in *Journal of European Integration History*, 2003, vol. 9, n° 1, pp. 9-36.

nière indépendante, c'est-à-dire sans y être officiellement invité par la Commission ou le Conseil[22]. Une nouvelle fois, les syndicats se montrent désireux de profiter de cette ouverture. En 1973, les principaux syndicats européens se regroupent au sein de la Confédération européenne des syndicats (CES), peu après rejointe par le CGIL, important syndicat communiste italien[23]. Il n'est donc pas surprenant de voir le CESE se pencher sur les fondements d'une politique sociale européenne : mobilité des personnes, enseignement et formation professionnels, chômage, égalité des chances, etc. Il est difficile de déterminer si le CESE – ou plus précisément les représentants des forces socio-économiques – ont été en mesure d'influer sensiblement sur les décisions de la Commission et du Conseil. Cependant, une affaire très récemment étudiée semble confirmer le succès relatif des actions du CESE ou du moins, montre combien ses avis ont confirmé, aux yeux des États membres et de la Commission européenne, l'importance de certaines questions[24]. Dans les années 1960, le Comité économique et social européen souligne la nécessité de mettre en œuvre une politique européenne commune aux fins de l'application des dispositions des Traités de Rome relatives à l'enseignement et à la formation professionnels. Le CESE, et certains de ses membres en particulier, estiment que la Communauté européenne devrait créer un Centre européen chargé de mener des études et des recherches dans ce domaine. La création de ce Centre, entre la fin des années 1960 et le début des années 1970, est préconisée par des membres du CESE appartenant également à d'autres comités de la CEE[25].

---

[22] Varsori, A., « Per una storia… », *op. cit.*, pp. 9-13.

[23] Sur la Confédération européenne des syndicats (CES), voir Ciampani, A., *op. cit.*, pp. 103-144 ; Gobin, C., *op. cit.*, *passim* ; Dolvik, J., *An Emerging Island ? ETUC, Social Dialogue and the Europeanisation of the Trade Unions in the 1990s*, Bruxelles, ETUI, 1999.

[24] De 2001 à 2002, un projet de recherche sur l'enseignement et la formation professionnels dans le cadre de la politique sociale européenne, ainsi que sur l'histoire du CEDEFOP, a été mené sous ma direction, avec le soutien du CEDEFOP. Les conclusions de ce projet de recherche ont servi de base à la conférence internationale qui s'est tenue en octobre 2002 à l'université de Florence sous les auspices du CEDEFOP (« The History of Vocational Education and Training in Europe in a Comparative Perspective »). Les actes de cette conférence seront publiés par l'OPOCE (Luxembourg) avec le soutien du CEDEFOP.

[25] Voir en particulier Dundovich, E., *The Economic and Social Committee's Contribution to Establishing a « Vocational Training Policy » 1960-1975* et Petrini, F., *The Common Vocational Policy in the EEC from 1961 to 1972* ; ces deux articles doivent être publiés avec les actes de la conférence de Florence sur l'enseignement et la formation professionnels et le CEDEFOP. Deux conseillers du CESE, l'Italien Marcello Germozzi et la représentante syndicale ouest-allemande Maria Weber, ont joué un rôle essentiel dans la création d'un Centre européen pour l'étude de la formation professionnelle.

Rien d'étonnant, donc, à ce qu'au début des années 1970, alors que Bruxelles commence à manifester un intérêt croissant pour les questions sociales, la Commission et le Conseil décident de créer le Centre pour le développement de la formation professionnelle, la première agence européenne, qui entrera en activité en 1975. À l'évidence, le CESE, par ses avis et ses déclarations, a ouvert la voie à la création de ce Centre.

Suite à la décision du Conseil, pendant la seconde moitié des années 1970, le CESE émet de façon autonome études et avis, témoignant de son engagement à poursuivre l'intégration européenne aux plans économique et social. Le CESE encourage les initiatives audacieuses dans des domaines nouveaux : il est ainsi partisan d'une politique monétaire efficace, d'un engagement plus affirmé en matière de politique sociale européenne, du lancement d'une politique régionale et de l'élargissement de la Communauté. Si les représentants syndicaux semblent fréquemment jouer un rôle moteur, compte tenu de l'obligation pour le CESE d'adopter ses décisions à la majorité des membres présents, certains membres des premier et troisième groupes (employeurs et « Activités diverses ») se montrent souvent très actifs[26]. Pourtant, au début des années 1970, le désenchantement gagne à nouveau les membres du Comité économique et social européen. Les responsables administratifs du CESE eux-mêmes sont convaincus que les actions menées par l'organe auquel ils appartiennent n'a aucune influence décisive sur les décisions des institutions européennes : les forces économiques et sociales ne disposent d'aucune instance officielle pour représenter leurs intérêts, en dépit de l'activité croissante des groupes d'intérêt et de pression qui poursuivent leurs objectifs par des voies non officielles, notamment par l'intermédiaire des comités *ad hoc* toujours plus nombreux qui assistent la Commission européenne. Certains milieux européens se disent alors favorables à la suppression du CESE[27]. En 1979, l'avenir du Comité économique et social est encore plus menacé : le Parlement européen voit ses pouvoirs renforcés et son rôle de porte-parole des opinions et des besoins des citoyens de la Communauté légitimé par son élection au suffrage universel direct ; tous les aspects relatifs au processus d'intégration (y compris les intérêts des forces économiques et sociales) peuvent désormais y être débattus. Pendant quelque temps, le CESE tente

---

[26]   Varsori, A., « Per una storia… », *op. cit.*, pp. 12-15.

[27]   Des remarques critiques ont été formulées sur le CESE par le comité des trois sages (le Français R. Marjolin, le Hollandais B. Biesheuvel et le Britannique E. Dell), chargé d'élaborer une réforme structurelle de la CEE ; voir Toft-Nielsen, P., *Un bref historique du Comité Economique et Social depuis sa création en 1957*, Bruxelles, CES, 1994, p. 14. Voir également Varsori, A., « Politica e amministrazione… », *op. cit.*, pp. 120-123.

de rivaliser avec le Parlement, et se présente comme l'« autre assemblée représentative » de la Communauté européenne. Ses efforts seront bien sûr voués à l'échec, non seulement en raison de l'influence croissante du Parlement, mais aussi des relents corporatistes de ses revendications[28]. Finalement, la place imprécise du Comité économique et social au sein de la CEE pose un véritable problème, qui ne peut être résolu par l'activité des groupes de pression ou par la comitologie : celui du rôle des représentants des forces économiques et sociales dans le processus de décision communautaire. Ce problème est souvent débattu au sein du CESE, sans aboutir à des résultats concrets, les gouvernements et la Commission paraissant peu soucieux de trouver une solution viable. Cependant, au début des années 1980, le Comité économique et social tente de porter son attention sur d'autres questions, comme l'élargissement de la Communauté à l'Europe du Sud, qu'il considère comme une évolution très positive. Par ailleurs, le CESE engage diverses initiatives visant à renforcer ses liens avec des organisations nationales similaires, non seulement à l'intérieur, mais aussi à l'extérieur de la Communauté européenne, notamment avec les comités économiques et sociaux des pays ACP et de l'Amérique latine[29]. Il s'agit là d'une évolution d'importance car elle montre que la majorité des membres du CESE considère cet organe comme ayant sa place dans un modèle européen susceptible d'être suivi par d'autres pays. Si les caractéristiques de ce modèle sont difficiles à définir, l'existence du Comité laisse supposer que la CEE est un exemple de rapprochement entre l'économie capitaliste basée sur la liberté du marché et l'État Providence soucieux des besoins des classes les plus pauvres de la société, et que dans un tel système, les forces économiques et sociales doivent être officiellement représentées[30]. Cela offre au CESE l'occasion de se poser une nouvelle fois comme le forum le mieux adapté à l'expression de leurs opinions et à l'exercice d'une influence sur les politiques communautaires.

---

[28] Raffaelli, F., « Il Parlamento Europeo ed il CES : organi complementari o antagonisti ? », in Varsori, A. (ed.), *op. cit.*, pp. 168-183.

[29] Magone, J., « La costruzione di una società civile europea : legami a più livelli tra Comitati Economici e Sociali », in Varsori, A. (ed.), *op. cit.*, pp. 222-242.

[30] Pendant les années 1980, les questions ayant trait à la politique sociale européenne et à l'existence d'un modèle social européen sont à nouveau au cœur de débats animés ; voir Neri Gualdesi, M., « Esiste un modello sociale europeo ? Il contributo del CES all'elaborazione della Carta comunitaria dei diritti sociali fondamentali », in Varsori, A. (ed.), *op. cit.*, pp. 195-208 ; voir également Ciampani, A., « La politica sociale nel processo di integrazione europea », in *Europa Europe*, X (2001) n° 1, pp. 120-134 ; Kowalsky, W., *Focus on European Social Policy Countering Europessimism*, Bruxelles, ETUI, 2000, pp. 23-35.

Au milieu des années 1980, la nomination de Jacques Delors à la présidence de la Commission européenne consolide le rôle du CESE. La « relance européenne » de la seconde moitié des années 1980 dote les institutions communautaires d'une influence croissante et Bruxelles est alors perçue comme un acteur-clé du processus d'intégration. La plupart des politiques européennes voient leur champ d'application étendu et renforcé[31]. Le Comité économique et social européen tire quelque avantage de cette évolution, dont il a toujours été partisan. En 1985, Jacques Delors organise les rencontres de Val Duchesse, généralement considérées comme le point de départ d'un véritable dialogue social, auxquelles prennent part la Commission et les représentants des syndicats et des associations d'employeurs[32]. Pour la majorité des membres du CESE, cette initiative marque une avancée considérable, même s'ils ne peuvent ignorer que les membres de l'Assemblée restent les porte-paroles d'organisations nationales, alors que Delors s'efforce d'établir un dialogue social au plan européen, en renforçant la position d'organisations comme l'UNICE, le CES, etc. Néanmoins, en 1988, Delors offre au CESE l'occasion qu'il attend depuis si longtemps. En vue d'adjoindre à un marché réellement unifié, basé sur le principe de la liberté du marché, une forme d'« Europe sociale », il propose d'engager un projet de charte sociale européenne. La Commission charge le CESE de rédiger l'avant-projet. Il est probable que le Comité économique et social n'aura été pour Delors qu'un instrument stratégique. Le président de la Commission ne peut ignorer que les décisions du CESE sont prises à la majorité de ses membres, représentant non seulement les syndicats, mais aussi les associations nationales d'employeurs et le groupe « Activités diverses », et que cela donne du poids à son projet. Si un grand nombre de ses membres admet la pertinence de la proposition de Delors, le CESE reste prudent, conscient de ce que le projet de la Commission vise à promouvoir un modèle social européen, dont les règles auront des répercussions sur les relations entre partenaires sociaux et sur le système économique de la CEE. À l'issue d'une étude approfondie menée par un sous-comité *ad hoc*, prenant également en considération l'activité du Conseil de l'Europe et la place des Nations Unies (c'est-à-dire du BIT, à Genève), le CESE rédige un document appuyant les objectifs de Delors, et notamment la nécessité de créer une structure à même de percevoir la place des acteurs socio-économiques dans les bouleversements que s'apprête à subir la Communauté européenne. Ce document est approuvé par une large majorité de l'assemblée du CESE (155 voix pour, 22 voix contre et 8 abstentions). Cependant, l'UNICE exprime immédiatement son oppo-

---

[31] Ross, G., *Jacques Delors and European Integration*, Cambridge, Polity Press, 1995.
[32] Degimbe, J., *op. cit.*, pp. 206-222.

sition ; elle affirme que les représentants des associations nationales d'employeurs du CESE qui ont voté en faveur du document se sont exprimés à titre personnel et que leur vote n'engage donc pas les associations d'employeurs au plan européen. Par ailleurs, la Commission doit faire face à l'hostilité de certains gouvernements nationaux de poids, tel que celui de Margaret Thatcher en Grande-Bretagne, favorable à une Communauté européenne néo-libérale et inquiet de la création d'une politique sociale effective et contraignante, laissant une marge de manœuvre aux syndicats. Un compromis est donc trouvé avec la déclaration de décembre 1989, qui n'a aucun caractère réellement contraignant[33].

Du point de vue du CESE, cet arrangement s'apparente à un nouvel échec. Certaines dispositions prévues par le Traité de Maastricht annoncent pour le CESE un avenir encore plus sombre : tout d'abord, la clause d'exemption apparaît comme une entrave à toute tentative de définition d'un modèle social européen ; ensuite, le Traité ne renforce pas le rôle du CESE ; enfin, il prévoit la création du Comité des régions, organe similaire au CESE, mais aux ambitions plus grandes. En effet, le Comité des régions se targue d'une véritable représentativité : les membres de son assemblée sont généralement élus et les besoins des citoyens aux niveaux régional et local peuvent s'y exprimer, une nouvelle forme de représentation qui éveille un fort intérêt durant cette période ; en revanche, la représentation des syndicats et des associations d'employeurs est souvent jugée légèrement obsolète en cette ère de société post-industrielle[34].

Ces changements marquent le début d'une nouvelle période pour le CESE. Le Comité économique et social part en quête d'une nouvelle identité, capable de lui offrir un rôle nouveau et plus affirmé. Un nouvel équilibre se fait jour dans les relations entre les trois groupes du Comité, le rôle du troisième se voyant renforcé. Le sentiment qui prévaut de plus en plus est que le CESE est incapable d'influer de manière effective sur les politiques économiques et sociales européennes, de sorte que les acteurs concernés (employeurs, syndicats, professions libérales, etc.) sont amenés à trouver d'autres moyens et d'autres structures pour réaliser leurs objectifs (depuis le dialogue social instauré par Jacques Delors jusqu'à la comitologie et les groupes de pression). De plus, la société européenne connaît de profondes mutations. Des acteurs socio-économiques, inconnus dans les années 1950 et 1960, font leur apparition dans les années 1990 : des « verts » aux organisations non-gouvernemen-

---

[33] Neri Gualdesi, M., *op. cit.*, *passim*.

[34] Bindi, F., « Il COREG e il CES : due tipi di influenza posti a paragone », in Varsori, A. (ed.), *op. cit.*, pp. 243-264.

tales, des mouvements des femmes aux groupes de défense des droits de différentes « minorités ». La présidence du CESE estime alors que le Comité économique et social européen peut devenir l'instance représentative des organisations de ce que l'on appelle la « société civile »[35], mais cette évolution n'est pas favorablement accueillie par tous les membres qui le composent. Ces dernières années, la vie du CESE aura été marquée par un débat opposant d'une part, les tenants de la « vieille école », qui n'ont pas perdu l'espoir de voir le Comité économique et social européen exercer une certaine influence sur les politiques économiques et sociales de l'Union européenne, et d'autre part, les partisans de la « nouvelle école », qui pensent que le CESE ne peut pas agir sur le système économique européen avec son cortège de problèmes et de besoins sociaux, et qu'il doit donc acquérir un nouveau rôle et une nouvelle place dans le cadre institutionnel de l'Union européenne. La question de la représentation des forces économiques et sociales demeure posée[36].

---

[35] Mismans, S., « La legittimità del CES europeo : promuovere il suo carattere rappresentativo per rafforzare il suo ruolo consultivo », in Varsori, A. (ed.), *op. cit.*, pp. 265-283.

[36] Voir par exemple quelques unes des contributions in Hoffman, J. (ed.), *The Solidarity Dilemma : Globalisation, Europeanisation and the Trade Unions*, Bruxelles, ETUI, 2002.

CFDT et organisation des marchés européens au cours des années 1960

Sylvain SCHIRMANN

Université Robert Schuman-Strasbourg

Évoquer la question des rapports entre syndicats et organisation des marchés en Europe peut sembler paradoxal, dans la mesure où prédomine le sentiment qu'il y a fondamentalement une opposition viscérale du mouvement syndical au marché. En dehors de l'économie dirigée, il n'y aurait point de salut ! Cette vision est extrêmement réductrice, tant les positions syndicales sont souvent le fruit de compromis avec les réalités. Elle est extrêmement réductrice surtout lorsqu'on évoque le cas de la CFDT, dont les réflexions théoriques sur les marchés sont antérieures à sa fondation en 1964. Au sein du groupe des *Cahiers Reconstruction*, Paul Vignaux ou Edmond Maire avaient déjà réfléchi à l'adaptation du syndicalisme à l'économie de marché, dans un contexte de croissance[1]. On est dès lors loin des positions tranchées attendues.

Il convient tout d'abord de faire quelques remarques préliminaires qui situent le cadre du débat sur l'organisation des marchés, en rappelant les positions de la centrale d'Eugène Descamps concernant le processus de la construction européenne. Ce rappel est nécessaire pour aborder la question de l'armature économique de la CEE, telle que l'envisage la CFDT. Ces projets « cédétistes » débouchent nécessairement sur des modifications institutionnelles aux enjeux politiques essentiels.

La CFDT a toujours été favorable à la construction européenne. Ses prises de position nombreuses ont constamment réaffirmé son attachement à ce processus. Sans faire référence à l'intégralité de son discours à ce sujet, qu'il me soit simplement permis de rappeler les propos de son vice-président, Gérard Espéret, dans *Syndicalisme Hebdo* en juillet 1965.

---

[1]   Il suffit de se reporter à quelques numéros des *Cahiers Reconstruction* pour s'en convaincre : les numéros des années 1962 et 1963 sont consacrés à la planification ; en 1960 et 1961, une série d'articles s'intéresse aux rapports entre Syndicalisme, socialisme et démocratie ; en 1959, les *Cahiers Reconstruction* se penchent sur le néo-libéralisme français.

Au moment de la crise de la chaise vide, il n'hésita pas à fustiger la position française en ces termes :

> Que nous le voulions ou non, l'Europe se fera avec des gens qui n'ont pas les mêmes façons de penser, ni en politique, [...] ni en économie, ni au point de vue social...
>
> Alors ? Mais tout simplement, il faut cesser cet état de rupture, parce que la CEE et la communauté organisée sont dans les faits. L'Europe a pu être un mythe, une mystique pour certains. Actuellement, elle est un fait. Il n'est pas possible de revenir en arrière [...]. Certes la construction doit se faire avec la sagesse nécessaire, mais elle ne doit pas s'arrêter.[2]

Cette position est certes dictée par des considérations politiques, mais elle est également motivée par l'analyse économique que la centrale a du processus de la construction communautaire. Celui-ci a indéniablement favorisé la progression des salaires et des revenus agricoles. Le Marché commun peut être bénéfique pour les Européens, à condition qu'il n'évolue pas vers une zone de libre-échange et que l'on conserve la notion d'espace de politiques communes, faute de quoi, comme le rappelle J. Boissonnat en 1965 dans *Syndicalisme magazine*, « on assurerait le triomphe du capitalisme à l'anglo-saxonne [...], on abandonnerait ainsi l'espace des Six à l'influence américaine »[3].

La CEE mérite cependant des critiques, car sa construction n'a été jusqu'alors « qu'un processus d'accélération de la réalisation de l'Europe économique »[4]. Pour la CFDT, l'abaissement des barrières douanières a conduit à un renforcement de la concentration et de la spécialisation des entreprises. Cette évolution s'est accompagnée de la désertification de certaines régions. Elle empêche toute politique cohérente d'aménagement des espaces. Elle a ainsi des conséquences dramatiques sur l'emploi. L'Europe qui se met en place risque de devenir – si on n'y prend garde – l'Europe des trusts sur le plan économique, et, l'Europe des États sur le plan politique. Salariés et citoyens seraient alors les grands absents de cette construction. La centrale syndicale regrette dès lors l'absence d'autres politiques communes (par exemple, comme elle le mentionne, une politique énergétique ou encore une politique d'harmonisation sociale)[5]. Cette insuffisance traduit, pour elle, l'absence d'ambi-

---

[2]   Il convient de se reporter à CFDT, *Syndicalisme hebdo*, n° 1043 du 17 juillet 1965 et n° 1044 du 24 juillet 1965.

[3]   Boissonnat, Jean, « Le marché commun est-il condamné ? », in *Syndicalisme magazine CFDT*, (un mensuel) n° 1051, octobre 1965.

[4]   Cf. par exemple, *Syndicalisme hebdo*, n° 1119 du 14 janvier 1967, n° 1159 du 26 octobre 1967 ou encore *Syndicalisme Magazine*, n° 1202 septembre 1968.

[5]   *Syndicalisme hebdo*, n° 1075, 5 mars 1966, n° 1119 du 14 janvier 1967 et le n° 1249 du 17 juillet 1969.

tions de l'Europe. Elle amène la CFDT à définir sa propre vision de l'Europe économique.

La CFDT souhaite tout d'abord que les gouvernements des Six approfondissent la PAC. La centrale est en contact permanent avec le monde agricole, notamment à travers le Groupe de recherche ouvrier-paysan (GROP), et surtout dialogue avec le CNJA (Centre national des jeunes agriculteurs) et Michel Debatisse. Germe l'idée que la PAC devrait élaborer un contrat de solidarité entre les régions et les productions. Ce contrat implique la réduction des inégalités, car on estime à la CFDT que le discours unitaire des organisations syndicales agricoles ne profite guère à l'ensemble des agriculteurs[6]. Il faut dire que pour la CFDT les politiques communes sont essentielles dans un marché commun.

Dès sa fondation en 1964, la confédération s'était prononcée très clairement en faveur de la conservation du Marché commun, car il évitait – c'est essentiel à ses yeux – une dérive vers une zone de libre-échange. Il faut en revanche chercher à construire un espace original, neuf pour des politiques communes. Comment organiser un tel espace ? La centrale se prononce clairement en faveur d'un marché dirigé. Elle en définit également les contours : organiser un marché c'est prendre les mesures nécessaires pour que se maintienne un certain équilibre entre l'offre et la demande, conduisant à des prix qui ne soient inacceptables ni pour les producteurs parce qu'ils seraient trop bas, ni pour l'État et les consommateurs parce qu'ils seraient trop élevés et conduiraient à une surproduction. Cet équilibre s'obtient par des interventions en provenance ou des instances communautaires, comme c'est déjà le cas dans l'organisation du marché agricole, ou des salariés associés par leurs organisations représentatives à la définition des politiques économiques[7]. Ce dernier point est significatif : l'organisation des marchés doit reposer sur un mode de gestion paritaire. Il pose la question du contrôle syndical au sein des entreprises et sur les instruments de la politique économique européenne.

La priorité de la CFDT consiste à donner vie à l'Europe sociale face à l'Europe économique. La protection sociale requiert ainsi toute son attention. L'idéal serait de parvenir à une harmonisation de la protection au sein des États européens. Il faut donc aboutir à une réduction progressive des différences sans interdire aux pays qui sont déjà en flèche d'améliorer encore les prestations servies. Sur cette question s'opposent

---

[6] *Syndicalisme hebdo*, n° 963 du 4 janvier 1964, n° 1103 du 24 septembre 1966 et n° 1107 du 22 octobre 1966.

[7] *Syndicalisme hebdo*, n° 980 du 2 mai 1964, n° 1055 du 16 octobre 1965, n° 1075 du 5 mars 1966, n° 1131 du 6 avril 1967, n° 1142 du 22 juin 1967.

cependant les tenants de deux lignes. Une ligne est par exemple favorable à la gratuité des soins ; une autre souhaite la participation des assurés aux dépenses de santé. Cette dernière insiste sur le fait que la gratuité des soins ne contribue pas à réduire les inégalités de revenus. La centrale adoptera une position intermédiaire : gratuité catégorielle des soins pour les salariés les plus âgés. Sur la gestion des systèmes sociaux apparaît un clivage entre les partisans d'une gestion étatique et ceux favorables à une gestion paritaire des systèmes sociaux. Ceux-ci insistent sur le fait que le système paritaire permet une meilleure défense des intérêts des salariés associés par leurs représentants aux organismes de gestion[8]. Cette harmonisation des systèmes sociaux est d'autant plus indispensable que la libre circulation des travailleurs est à l'ordre du jour. Elle n'en rend que plus indispensable une politique de l'emploi européenne.

La définition d'une politique de l'emploi relèverait d'une Conférence européenne sur l'emploi, regroupant Commission, ministres des Affaires sociales, organisations ouvrières et patronales[9]. Pour la CFDT, la libre circulation des travailleurs n'est effective que si elle ne résulte pas de pressions économiques. Cela suppose une politique d'aménagement de l'espace européen. Elle passe par l'égalisation progressive des salaires masculins et féminins (à qualification et à tâche égales) – disposition prévue par le Traité de Rome –, par la décentralisation industrielle et par une politique de développement régional. Pour y parvenir, il conviendrait « d'européïser » les secteurs clefs, comme l'énergie, les transports et les banques. « L'européanisation » éviterait la domination des grosses concentrations financières ou industrielles[10]. En 1968, si la CFDT se félicite de l'achèvement l'union douanière en matière de circulation des marchandises, elle relève également les objectifs qui restent à atteindre : un taux commun de TVA, la suppression des entraves techniques aux échanges et des restrictions sur la libre circulation des travailleurs, et enfin la promotion de politiques monétaires, financières et industrielles communes[11].

Toutes les dimensions d'une Europe sociale pourraient se mettre en place à partir de l'ouverture d'une nouvelle politique commune. C'est ce que réclame la CFDT en 1969 en formulant un projet de politique énergétique européenne. Point de départ de la réflexion cédétiste, l'Europe devrait se détacher davantage du pétrole, car « le prix du fuel est défini

---

[8] *Syndicalisme hebdo*, n° 964 du 1er janvier 1964.

[9] *Syndicalisme hebdo*, n° 1117 du 31 décembre 1966.

[10] *Syndicalisme hebdo*, n° 1119 du 14 janvier 1967, n° 980 du 2 mai 1964, n° 1037 du 5 juin 1965.

[11] *Syndicalisme hebdo*, n° 1196 du 11 juillet 1968 et *Syndicalisme Magazine*, n° 1202, septembre 1968

hors de la communauté en fonction du seul profit des sociétés pétro-lières ». Une bonne PEC (politique énergétique commune) viserait trois objectifs : l'indépendance énergétique, le règlement de la régression charbonnière aux aspects sociaux si dramatiques, et l'aménagement du territoire en empêchant la désertification de certaines régions euro-péennes[12].

Mais s'il s'agit d'aller vers « cette économie encadrée », qui prenne en compte à la fois les aspects sociaux et les aspects spatiaux, une ré-forme des institutions européennes s'impose pour la centrale syndicale. Le projet d'approfondissement des politiques communes débouche dès lors sur une construction politique nouvelle, une perspective politique que la CFDT a toujours envisagée.

La CFDT a une vision très claire des institutions européennes qu'elle souhaite. Elle l'expose dès le milieu des années 1960 au moment de la question de la fusion des exécutifs.

Il s'agit pour elle, dans un premier temps de redéfinir le rôle et la composition de la Commission européenne. Celle-ci doit obtenir un droit d'initiative pour convoquer des conférences européennes tripartites qui définiraient les moyens adéquats de mise en place des politiques communes. Une des missions essentielles de la Commission consisterait à élaborer, avec le Comité économique et social, un plan européen. Elle serait en quelque sorte l'organe de planification à l'échelon des Six. Nécessairement indépendante des gouvernements, la Commission de-vrait disposer d'un budget conséquent, avec des ressources propres des-tinées à financer les actions qui relèveraient de ses compétences. Sa composition varierait quelque peu par rapport à ce qui était prévu par le Traité de Rome. La CFDT souhaite expressément que des « person-nalités faisant autorité dans le monde syndical » soient désignées au sein de l'institution[13].

Elle se prononce ensuite en faveur de la reconnaissance d'un droit d'initiative au Comité économique et social. La confédération estime que les politiques sociales et salariales devraient être du ressort du Co-mité économique et social et de la Commission, dont la composition de type tripartite (représentants des gouvernements, des organisations pa-tronales et syndicales) constituerait un gage d'indépendance. Il s'agit enfin d'obtenir un accroissement des pouvoirs du Parlement européen. Celui-ci aurait un droit de contrôle sur le budget et la gestion des affaires communautaires. Les modifications institutionnelles s'accompagneraient

---

[12] *Syndicalisme hebdo*, n° 1249 du 17 juillet 1969.
[13] *Syndicalisme hebdo*, n° 1130 du 30 mars 1967.

aussi de transferts de souveraineté, et la CFDT réclame également la généralisation du vote à la majorité au sein du Conseil des ministres[14].

En mars 1969, à Luxembourg, le président de la confédération, André Jeanson demande la création d'un Commissariat européen au plan (transposition d'une structure française à l'échelon européen)[15]. Cette demande est l'aboutissement d'une réflexion entamée dès les années 1950 au sein du groupe *Reconstruction* et de la CFTC. Dès 1964, la CFDT reprend à son compte ces idées et plaide en faveur d'un plan européen de cinq ans émanant d'un bureau européen de programmation assisté d'une commission de planification comprenant des employeurs, des travailleurs et des représentants des administrations[16]. En 1965, elle prend fait et cause pour une planification élaborée par la Commission européenne et soumise à un contrôle démocratique auquel participeraient les organisations syndicales[17]. Les modalités de la planification européenne sont davantage précisées encore en 1967. Celle-ci doit, pour la centrale syndicale, se fixer des objectifs à la fois quantitatifs et qualitatifs, provenir d'institutions communautaires assurant la présence des représentants des groupements économiques et sociaux au stade de l'élaboration et du contrôle du plan. Au centre du dispositif, les instances de planification programmeraient notamment les investissements publics au niveau européen[18]. La voie était ouverte vers la revendication d'un Commissariat européen au plan. Celui-ci permettrait au syndicalisme de s'exprimer face aux pouvoirs patronaux et politiques au sein d'une institution permanente, capable de peser sur la politique économique européenne, une institution qui existerait à part entière aux côtés du Conseil des ministres, de la Commission, du Parlement européen et du Comité économique et social.

Quelle place la CFDT accorde-t-elle à la propriété privée des moyens de production dans son ébauche d'Europe ? Les réflexions à propos de cette question remontent également aux années 1950. Si la CFDT admet la propriété privée, l'actionnariat, elle estime en revanche que l'apport de capital ne donne pas droit à l'automaticité de la gestion. Ce qui est souhaitable, c'est l'organisation contractuelle de la société, c'est-à-dire la participation des salariés à la responsabilité de la production, au pouvoir politique dans la nation et au pouvoir économique dans l'entreprise[19].

---

[14] *Syndicalisme hebdo*, n° 1131 du 6 avril 1967, n° 1162 du 16 novembre 1967, n° 1267 du 27 novembre 1969.

[15] *Syndicalisme hebdo*, n° 1231 du 19 mars 1969.

[16] *Syndicalisme hebdo*, n° 980 du 2 mai 1964.

[17] *Syndicalisme hebdo*, n° 1055 du 16 octobre 1965.

[18] *Syndicalisme hebdo*, n° 1130 du 30 mars 1967, n° 1131 du 6 avril 1967, n° 1142 du 22 juin 1967.

[19] Se reporter aux *Cahiers Reconstruction* mentionnés plus haut.

C'est dans cette perspective qu'il faut comprendre les propositions évoquées précédemment : la propriété privée des moyens de production est limitée par « l'européanisation » des secteurs clefs, contrebalancée par la gestion paritaire, la création d'un organisme de planification européen et le rééquilibrage des institutions au profit de ce qui est communautaire (Commission, Parlement, Comité économique et social). Tout cela constitue les caractéristiques du socialisme démocratique tel qu'il a été défini par les minoritaires de la CFTC devenus majoritaires en 1961, par les *Cahiers Reconstruction*. C'est ce socialisme démocratique que la confédération veut transposer au niveau européen dès les années 1960. Il s'appuie sur l'idée que la fonction d'investissement ne dépend pas de l'initiative privée, mais procède d'une responsabilité publique associant l'ensemble des acteurs économiques, politiques et sociaux. L'investissement procède donc d'une organisation contractuelle de la société civile.

La position de la CFDT évolue à nouveau au tournant des années 1970 dans la foulée de mai 1968. Au Congrès confédéral de 1970, le second des quatre grands thèmes abordés s'intitule « Planification et Europe ». L'avenir s'inscrit dorénavant autour du triptyque : autogestion, propriété sociale des moyens de production et planification décentralisée. Le principe autogestionnaire s'applique aussi bien à la gestion des entreprises, qu'à la gestion de l'économie ou de la cité. La propriété sociale des moyens de production récuse autant la propriété étatique que la concentration privée. Il s'agit donc d'être imaginatif sur les formes de participation à la gestion des moyens de production. La planification décentralisée s'appuie, quant à elle, sur des organes régionaux travaillant de concert avec une instance centrale[20].

Pour concilier syndicalisme et marché à l'échelle européenne, la CFDT insiste sur la nécessité de « plus d'Europe », en affirmant son soutien au processus de construction, en réclamant l'élargissement à d'autres États et l'approfondissement par le biais de nouvelles politiques communes (notamment une politique sociale). Elle se prononce également en faveur d'une modification des mécanismes institutionnels et décisionnels de l'Europe des Six. Ses priorités concernent le renforcement du pouvoir des institutions communautaires par rapport aux États, la gestion tripartite des politiques communautaires, et la création d'un organe de planification, gestionnaire de l'investissement public et débouchant sur un contrôle par les salariés des rouages économiques. Ce projet d'un socialisme démocratique dérive au début des années 1970

---

[20] Voir Branicard, Michel, *Histoire de la CFDT. Soixante-dix ans d'action syndicale*, Paris, Éditions La Découverte, 1990, chap. 8, p. 221 sqq.

vers un socialisme autogestionnaire (propriété sociale des moyens de production). La « dérive » sera de courte durée.

Le syndicat veut surtout éviter le libéralisme à l'anglo-saxonne, une communauté qui ne soit qu'un marché. D'économique, elle doit devenir sociale et politique. Les perspectives tracées par la CFDT supposent également une modification des structures du syndicalisme international. Elles réclament l'émergence d'un syndicalisme européen. Le projet cédétiste n'est pas seulement un défi pour l'Europe ; il l'est bien davantage encore pour le syndicalisme. La nécessaire mise en place d'un syndicalisme européen, capable de défendre les salariés, suppose la confrontation d'expériences syndicales nationales, de projets différents. L'affaire ne s'annonce pas sans risque !

Conclusions

Éric Bussière

Université de Paris IV

À condition de ne pas figer les concepts, de les adapter au contexte historique et de bien peser le sens des mots, les notions d'Europe organisée ou d'Europe du marché rendent bien compte de la compétition qui se développa au cours du siècle entre deux modèles de mise en œuvre de l'intégration européenne. La notion d'Europe organisée fut d'abord portée par le modèle des ententes ou des cartels. La cartellisation ne représente pas, a priori, un programme européen. À l'échelle nationale les cartels ont pu être utilisés comme une arme de promotion des exportations, voire être présentés comme une arme de guerre économique. C'est cette pratique que dénonce en 1915 l'historien Henri Hauser dans *Les méthodes allemandes d'expansion économique.* On remarquera cependant que dès les négociations de Paris en 1919, certaines ententes à participation allemande, comme la Convention internationale des glaceries, furent autorisées à se maintenir bénéficiant des dispositions de l'article 299 du Traité de Versailles relatif au maintien des contrats entre ex-ennemis, dans la mesure où elles furent alors considérées comme des facteurs de stabilité, de coopération, voire de paix économique. C'est d'ailleurs le sens qu'on attribue aux ententes nouées à partir de 1925 dont l'entente internationale de l'acier, conclue l'année suivante, constitue le modèle. L'on sait qu'après 1945 bien des branches d'activité restèrent attachées à ce type d'organisation, avec le plus souvent l'appui tacite des gouvernements.

Lorsqu'après 1945 les États tendirent à assumer eux-mêmes les tâches de coordination économique, en particulier à travers diverses formes de planification, le modèle des ententes, sous des formes parfois renouvelées, fut souvent proposé comme mode de mise en œuvre du projet européen, en particulier en matière industrielle. L'on sait avec quelle persévérance le gouvernement français proposa à ses partenaires la mise en place d'une sorte de planification européenne à logique largement sectorielle au cours de la phase de reconstruction puis au cours des années 1950. Au-delà de cette substitution dans les responsabilités, il s'agissait toujours d'une Europe organisée au sein de laquelle les pouvoirs publics nationaux puis européens prendraient le relais des intérêts privés. D'un autre côté l'on se souviendra que la conférence de Westminster organisée par le Mouvement européen en 1949 avait proposé un modèle d'intégration économique basé sur un système d'ententes industrielles privées. Au cours de la première moitié des années 1960, les projets développés à l'initiative de Robert Marjolin au sein de la Commission européenne, en particulier à travers l'idée d'une programmation à moyen terme, s'inscrivent dans la perspective d'une économie organisée. Il en est de même des réflexions au sein des milieux du syndicalisme réformiste, par exemple à travers les projets de planification européenne de la CFDT. Au cours des années 1970, les tentatives de politique industrielle discutées à l'échelle communautaire, des projets comme Airbus ou Unidata relèvent encore de cette démarche contractuelle, même si leur centre d'impulsion ne se situe pas au sein de la Commission mais implique gouvernements et entreprises de plusieurs États de la CEE.

L'Europe du libre-échange vient dans une certaine mesure en contrepoint de l'approche contractuelle. La thématique du grand marché qui la sous-tend relève de critères d'efficacité économique dont le modèle américain constitue la référence depuis la fin du XIXe siècle. Dans sa mise en œuvre, elle s'appuya sur une législation de la concurrence partiellement inspirée du modèle américain, mise en place dans certains pays d'Europe avant de l'être, à la suite d'âpres discussion, à l'échelle communautaire. Mais les ambiguïtés ne manquèrent pas quant à ses finalités tandis que les projets de grand marché furent souvent interprétés par les moins forts comme couvrant les projets de domination économique de telle ou telle puissance européenne ou extra- européenne. Aux craintes que pouvaient ainsi exprimer les entreprises françaises ou italiennes face à leurs concurrentes allemandes plus concentrées, correspondent celles des entreprises européennes face à l'hypothèse d'une intégration de l'espace communautaire jouant principalement au profit des multinationales américaines. D'une manière plus générale furent souvent mis en avant les effets jugés néfastes d'une intégration provoquée par une concurrence trop violente au plan social, économique et des équilibres interrégionaux.

L'originalité de la démarche européenne consiste probablement dans la tentative de synthèse entre Europe organisée et Europe du marché même si les conflits furent permanents et les arbitrages difficiles entre les deux. Le cartel fut considéré dès les années 1880 comme un moyen d'organiser la production et de réguler la concurrence dans un espace donné. Souvent il fut considéré comme un mode transitoire à l'installation de la liberté au sein d'une branche. Le « modèle Loucheur » correspond bien à ce mode d'organisation, relayé par des mouvements tels que l'Union douanière européenne. Les vues exprimées par les industriels allemands et Français dans les débats internes à la Chambre de commerce internationale ou à la Commission d'études pour l'union européenne au tout début des années 1930 s'inscrivent dans cette perspective. L'on sait que d'autres mouvements tels que le Comité d'action économique et douanière s'opposèrent à ce modèle. Dans les débats des années 1950 au sein de l'OECE, dans le cadre du projet de ZLE, les approches sectorielles envisagées afin de permettre à la France de participer au projet britannique reposèrent sur cette notion de mode d'organisation destinée à gérer les transitions. Les débats préparatoires au Traité de Rome puis les délicates négociations relatives à la législation européenne de la concurrence montrent l'attachement de certains pays et plus encore du monde des entreprises à des formes d'ententes capable de gérer les différences de structures et de législation, permettant des formes de coopération préservant l'indépendance des firmes voire préparant le terrain à d'éventuels regroupements à l'échelle européenne. L'on sait que les pratiques de nombreuses branches industrielles aux cours des années 1960 relèvent de cette logique d'ensemble. Il faut enfin mentionner dans cette perspective d'ensemble le débat quasi permanent au cours des années 1960 entre intégration par le marché et politique de la concurrence d'un côté, développement des politiques communes dans le domaine industriel et social de l'autre. Les options des syndicats s'inscrivent dans cette perspective d'ensemble selon une tradition établie dès les années 1920 par le BIT, à travers le soutien permanent au rôle du Conseil économique et social, au développement de politiques communes, à une législation sociale européenne comme contrepartie de l'intégration dans un espace élargi.

La dialectique Europe organisée – Europe du libre-échange se prête également à une série de réflexions en termes d'articulations au sein de l'espace européen. Durant l'entre-deux-guerres l'on distingue habituellement l'Europe occidentale autour du couple franco-allemand et de ses périphéries immédiates, d'un espace centre-européen que l'on a pu considérer comme pouvant constituer un ensemble relativement autonome. On remarquera, à travers les statistiques livrées dans ce volume par F. Berger sur les ententes, que l'Allemagne se trouve de toute évidence au cœur de tout ce dispositif tant du fait de sa puissance industrielle que de son positionnement géographique. Cette position de fait renvoie aux débats sur le régionalisme économique des années 1930-1932, à l'époque où, suivant F. Delaisi, l'on dissertait sur la thématique des deux Europe. L'Europe s'organiserait-elle autour d'un noyau dur franco-allemand par rapport auquel viendrait s'articuler une Europe centrale elle même organisée sur une base régionale ou l'Allemagne essayerait-elle de jouer, à son seul profit, de l'influence qu'elle pouvait exercer dans cette région ? À la suite d'une première tentative au cours de la Première Guerre mondiale elle chercha de nouveau à mettre en œuvre un tel projet au cours de la deuxième et l'on sait qu'un Délaisi se laissa persuader du bien-fondé de cette tentative, reproduisant en 1942 des schémas qu'il avait imaginé en 1929 mais cette fois-ci dans un tout autre contexte politique. À cette première articulation il convient d'ajouter la dimension atlantique. Celle-ci passe dans un premier temps par l'association des groupements britanniques aux ententes européennes puis par celle du couple Canada–États-Unis qui s'y rattache dans un vaste diptyque atlantique dès les années 1920 dans une série de branches à haute technologie puis de manière plus massive au cours des années 1930. Ces articulations définissent ainsi une polarisation continentale, expression d'un modèle dominant à base contractuelle durant l'entre-deux-guerres, que les évolutions géopolitiques et la dérive atlantique de l'Europe après 1945 tendront, mais dans une certaine mesure seulement, à affaiblir. C'est le même débat de fond que l'on retrouve, de manière implicite, au sein de la Fédération des entreprises de Belgique (FEB) au tournant des années 1950 et 1960 : faut-il opter pour une solution large à finalité libre-échangiste dans un cadre proche de celui de l'OECE, ou pour une solution plus réduite mais, semble-t-il, marquée du sceau du dirigisme comme l'avait été la CECA ? L'orientation de la FEB en faveur de la petite Europe au fur et à mesure que le Marché commun à Six se consolidait marque en réalité l'adhésion à une synthèse que l'Europe des Six était en passe de réaliser entre Europe organisée et Europe du marché.

Les années 1980 semblent avoir représenté une inflexion du modèle : le regain de puissance des grands concurrents de l'Europe, remettent en cause les stratégies de type contractuel soutenues jusque-là par de nombreuses branches comme le montre de manière éclatante l'exemple phare de la sidérurgie. Les années 1980 puis 1990, c'est à dire celles des dernières années de vie de la CECA et, de manière symbolique, celles qui voient l'établissement du « grand marché européen » se traduisent par une « dénationalisation » de la branche à plusieurs échelles : liquidation des aides nationales, fusions transnationales qui mettent un terme au caractère national des groupes dans ce secteur. La signification de ces changements institutionnels est ainsi posée : l'approfondissement de l'intégration économique à travers la monnaie unique et le grand marché représente-t-elle une inflexion de portée historique majeure du modèle qui relègue les idées d'Europe organisée au simple rang d'objet d'études ? De ce point de vue la question reste ouverte tant pour la recherche historique que pour le débat politique.

Notices biographiques

Françoise BERGER est maître de conférences en histoire contemporaine à l'Institut d'études politiques de Grenoble (Université de Grenoble 2). Ses pincipaux thèmes de recherches sont les relations économiques franco-allemandes au XXe siècle, particulièrement dans le cadre des constructions européennes ; l'évolution des entreprises de la sidérurgie à l'échelle régionale, nationale et internationale ; les liens entre milieux diplomatiques et milieux économiques européens.

Eric BUSSIÈRE est Professeur à l'Université de Paris IV-Sorbonne, chaire Jean Monnet d'histoire de la construction européenne. Membre de plusieurs conseils scientifiques dont celui du Comité pour l'histoire économique et financière de la France (CHEFF) et celui de l'Association Georges Pompidou dont il est président, il est également directeur ou co-directeur de plusieurs collections d'ouvrages scientifiques. Il est co-rédacteur de la revue *Histoire, Économie et société* (HES). Ses travaux portent sur l'histoire des entreprises, l'histoire des relations économiques internationales et celle de la construction européenne, tout particulièrement dans le champ de l'économie. Parmi ses publications récentes : *Georges Pompidou face à la mutation économique de l'Occident, 1969-1974*, PUF, 2003. *London and Paris as International Financial Centres*. Oxford, Oxford University Press, (dir. avec Y. Cassis), 2005.

Michel DUMOULIN est Professeur ordinaire à l'Université catholique de Louvain dont il a présidé l'Institut d'études européennes de 1994 à 2004. Coordonnateur général de la Chaire Glaverbel, il préside aussi le Comité directeur de l'Institut historique belge de Rome. Membre de l'Académie royale de Belgique et membre correspondant de l'Academia portuguesa da historia, il poursuit ses recherches dans les domaines de l'histoire de la construction européenne et de la Belgique contemporaine.

Jürgen ELVERT est Professeur à l'Université de Cologne, où il occupe la chaire d'Histoire des XIXe et XXe siècles. Il mène ses recherches et dispense son enseignement principalement sur les questions de l'intégration européenne. Il est également, depuis 1999, chercheur au Centre de recherche sur l'intégration européenne à Bonn. Parmi ses publications, mentionnons : *Geschichte Irlands*, Munich, (4e édition, 2003) ; *Mitteleuropa ! Deutsche Pläne zur Europäischen Nueordnung (1918-1945)*, Stuttgart, 1999 ; *Zur gegenwärtigen Verfassung der Europäis-*

chen Union, Bonn, 2005 ; *Geschichte der europäischen Integration*, Darmstadt, 2006 ; et en collaboration avec Wolfram Kaiser, *European Union Enlargement. A comparative History*, London, New-York, 2004

Séverine Antigone MARIN, ancienne élève de l'École Normale Supérieure, agrégée d'histoire et chargée de conférences en histoire économique à l'Institut d'études politiques de Paris, prépare actuellement une thèse sur « L'invention du modèle américain ? Les États-Unis vus comme marché et comme concurrents par les milieux économiques allemands, 1876-1914 ».

Philippe MIOCHE est Professeur à l'Université d'Aix-en-Provence. Titulaire de la Chaire Jean Monnet, il a notamment publié : *Le Plan Monnet, genèse et élaboration*, Paris, 1987 ; *Modernisation ou décadence. Contribution à l'histoire du Plan Monnet et de la planification en France*, (en collaboration avec B. Cazes), Aix-en-Provence, 1990 ; *De l'idée européenne à l'Europe. XIXe - XXe*, Paris, 1997.

Sigfrido RAMÍREZ PÉREZ, diplômé en Histoire Contemporaine (Universités de Grenade et Jean Moulin-Lyon III), est chercheur en Histoire à l'Institut universitaire européen de Florence où il finit, sous la direction du Professeur Alan S. Milward, une thèse sur le rôle des multinationales du secteur automobile dans l'intégration européenne entre 1945 et 1973. Il est aussi membre du Groupe d'étude Histoire de l'Europe contemporaine (Université de Louvain-la-Neuve) et du Comité de Direction français du Groupe d'Études et de Recherches Permanent sur l'Industrie et les Salariés de l'Automobile (Université d'Evry Val d'Essone).

Sylvain SCHIRMANN est Professeur d'histoire contemporaine à l'Institut d'études politiques de Strasbourg et président du Conseil scientifique de la Maison Robert Schuman. Ses travaux portent sur les relations internationales contemporaines, plus particulièrement sur les relations franco-allemandes et sur les aspects économiques et sociaux de l'intégration européenne. Parmi ses publications : *Les relations économiques et financières franco-allemandes 1932-1939,* Paris, CHEFF, 1995 ; *Crise, coopération économique et financière entre États européens, 1929-1933,* Paris, CHEFF, 2000 ; *Organisations internationales et architecture européenne 1929-1939* (dir.), Metz, 2003.

Paolo TEDESCHI est « ricercatore » auprès du département d'économie politique de l'Université de Milan-Bicocca. Il est chargé de cours en Histoire économique et Histoire de l'intégration économique européenne. Ses recherches suivent plus particulièrement deux axes, le premier concerne les positions des milieux économiques italiens lors des débuts de l'intégration européenne et le second traite du développement agricole de la Lombardie orientale au XIXe siècle et de ses relations avec les processus d'industrialisation.

Antonio Varsori, docteur en histoire, est Professeur à la faculté des sciences politiques de l'Université de Padoue où il enseigne l'histoire des relations internationales et est titulaire de la Chaire Jean Monnet d'histoire de la construction européenne. Il fait partie du Groupe de liaison des historiens auprès de la Commission européenne et du comité de rédaction du Journal of European Integration History et de Cold War History. Ses publications les plus représentatives sont : *Il Patto di Bruxelles (1948) : tra integrazione europea e alleanza atlantica, Rome, Bonacci,* 1988 ; et *L'Italia nelle relazioni internazionali dal 1943 al 1992,* Rome, Laterza, 1998. Il a dirigé entre autres : *Europe 1945-1990: The End of An Era?,* London, Macmillan, 1995 ; *Il Comitato Economico e Sociale nella costruzione europea,* Venise, Marsilio, 2000 ; et co-dirigé, avec E. Calandri, *The Failure of Peace in Europe 1943-1948,* London, Palgrave, 2002.

Laurent Warlouzet, agrégé d'histoire, ATER à l'Université de Paris IV-Sorbonne, prépare un doctorat sous la direction du professeur Éric Bussière sur la France et le Marché Commun industriel de 1957 à 1968. Il a notamment publié « Les diplomates de la DAEF et le CNPF entre petite et grande Europe », in *Matériaux pour l'histoire de notre temps* (2004-2001) et « Le quai d'Orsay face au Traité de Rome. La direction des affaires économiques et financières (DAEF) de 1957 à 1975 », in L. Badel, S. Jeannesson, N. P. Ludlow (dir.), *Les administrations nationales et la construction européenne. Une approche historique (1919-1975),* P.I.E.-Peter Lang, 2005.

EUROCLIO – Ouvrages parus

N° 41 – *La France et l'Afrique sub-saharienne, 1957-1963. Histoire d'une décolonisation entre idéaux eurafricains et politique de puissance.* Guia MIGANI, 2007.

N° 40 – *Esquisses d'une Europe nouvelle. L'européisme dans la Belgique de l'entre-deux-guerres (1919-1939).* Geneviève DUCHENNE, 2007.

N° 39 – *La construction européenne. Enjeux politiques et choix institutionnels.* Marie-Thérèse BITSCH, 2007.

N° 38 – *Vers une eurorégion ? La coopération transfrontalière franco-germano-suisse dans l'espace rhénan de 1975 à 2000.* Birte WASSENBERG, 2007.

N° 37 – *Stratégies d'entreprise et action publique dans l'Europe intégrée (1950-1980). Affrontement et apprentissage des acteurs. Firm Strategies and Public Policy in Integrated Europe (1950-1980). Confrontation and Learning of Economic Actors.* Marine MOGUEN-TOURSEL (ed.), 2007.

N° 36 – *Quelle(s) Europe(s)? Nouvelles approches en histoire de l'intégration européenne / Which Europe(s)? New Approaches in European Integration History.* Katrin RÜCKER & Laurent WARLOUZET (dir.). 2006 (2ᵉ tirage 2007).

N° 35 – *Milieux économiques et intégration européenne au XXᵉ siècle. La crise des années 1970 de la conférence de La Haye à la veille de la relance des années 1980.* Éric BUSSIÈRE, Michel DUMOULIN & Sylvain SCHIRMANN (dir.), 2006.

N° 34 – *Europe organisée, Europe du libre-échange ? Fin XIXᵉ siècle - Années 1960.* Éric BUSSIÈRE, Michel DUMOULIN & Sylvain SCHIRMANN (dir.), 2006 (2ᵉ tirage 2007).

N° 33 – *Les relèves en Europe d'un après-guerre à l'autre.* Olivier DARD et Étienne DESCHAMPS (dir.), 2005 (2ᵉ tirage 2007).

N° 32 – *L'Europe communautaire au défi de la hiérarchie.* Bernard BRUNETEAU & Youssef CASSIS (dir.), 2007.

N° 31 – *Les administrations nationales et la construction européenne. Une approche historique (1919-1975).* Laurence BADEL, Stanislas JEANNESSON & N. Piers LUDLOW (dir.), 2005.

N° 30 – *Faire l'Europe sans défaire la France. 60 ans de politique d'unité européenne des gouvernements et des présidents de la République française (1943-2003).* Gérard BOSSUAT, 2005.

N° 29 – *Réseaux économiques et construction européenne – Economic Networks and European Integration.* Michel DUMOULIN (dir.), 2004.

N° 28 – *American Foundations in Europe. Grant-Giving Policies, Cultural Diplomacy and Trans-Atlantic Relations, 1920-1980.* Giuliana GEMELLI and Roy MACLEOD (eds.), 2003.

N° 27 – *Inventer l'Europe. Histoire nouvelle des groupes d'influence et des acteurs de l'unité européenne.* Gérard BOSSUAT (dir.), avec la collaboration de Georges SAUNIER, 2003.

N° 25 – *American Debates on Central European Union, 1942-1944. Documents of the American State Department.* Józef LAPTOS & Mariusz MISZTAL, 2002.

N° 23 – *L'ouverture des frontières européennes dans les années 50. Fruit d'une concertation avec les industriels ?* Marine MOGUEN-TOURSEL, 2002.

N° 22 – *Visions et projets belges pour l'Europe. De la Belle Époque aux Traités de Rome (1900-1957).* Geneviève DUCHENNE, 2001.

N° 21 – *États-Unis, Europe et Union européenne. Histoire et avenir d'un partenariat difficile (1945-1999) – The United States, Europe and the European Union. Uneasy Partnership (1945-1999).* Gérard BOSSUAT & Nicolas VAICBOURDT (eds.), 2001.

N° 20 – *L'industrie du gaz en Europe aux XIXᵉ et XXᵉ siècles. L'innovation entre marchés privés et collectivités publiques.* Serge PAQUIER et Jean-Pierre WILLIOT (dir.), 2005.

N° 19 – *1848. Memory and Oblivion in Europe.* Charlotte TACKE (ed.), 2000.

N° 18 – *The "Unacceptables". American Foundations and Refugee Scholars between the Two Wars and after.* Giuliana GEMELLI (ed.), 2000.

N° 17 – *Le Collège d'Europe à l'ère des pionniers (1950-1960).* Caroline VERMEULEN, 2000.

N° 16 – *Naissance des mouvements européens en Belgique (1946-1950).* Nathalie TORDEURS, 2000.

N° 15 – *La Communauté Européenne de Défense, leçons⁄pour demain ? The European Defence Community, Lessons for the Future?* Michel DUMOULIN (ed.), 2000.

N° 12 – *Le Conseil de l'Europe et l'agriculture. Idéalisme politique européen et réalisme économique national (1949-1957).* Gilbert NOËL, 1999.

N° 11 – *L'agricoltura italiana e l'integrazione europea.* Giuliana LASCHI, 1999.

N° 10 – *Jalons pour une histoire du Conseil de l'Europe. Actes du Colloque de Strasbourg (8-10 juin 1995).* Textes réunis par Marie-Thérèse BITSCH, 1997.

N° 9 – *Dynamiques et transitions en Europe. Approche pluridisciplinaire.* Claude TAPIA (dir.), 1997.

N° 8 – *Le rôle des guerres dans la mémoire des Européens. Leur effet sur leur conscience d'être européen.* Textes réunis par Antoine FLEURY et Robert FRANK, 1997.

N° 7 – *France, Allemagne et « Europe verte ».* Gilbert NOËL, 1995.

N° 6 – *L'Europe en quête de ses symboles.* Carole LAGER, 1995.

N° 5 – *Péripéties franco-allemandes. Du milieu du XIXᵉ siècle aux années 1950. Recueil d'articles.* Raymond POIDEVIN, 1995.

Réseau européen Euroclio
avec le réseau SEGEI

Coordination : Chaire Jean Monnet d'histoire
de l'Europe contemporaine (Gehec)
Collège Erasme, 1, place Blaise-Pascal, B-1348 Louvain-la-Neuve

Allemagne
Jürgen Elvert
Wilfried Loth

Belgique
Julie Cailleau
Jocelyne Collonval
Yves Conrad
Gaëlle Courtois
Pascal Deloge
Geneviève Duchenne
Vincent Dujardin
Michel Dumoulin
Roch Hannecart
Pierre-Yves Plasman
Béatrice Roeh
Corine Schröder
Caroline Suzor
Pierre Tilly
Arthe Van Laer
Jérôme Wilson
Natacha Wittorski

Espagne
Enrique Moradiellos
Mercedes Samaniego Boneu

France
Françoise Berger
Marie-Thérèse Bitsch
Gérard Bossuat
Éric Bussière
Jean-François Eck
Catherine Horel
Philippe Mioche
Marine Moguen-Toursel
Sylvain Schirmann
Matthieu Trouvé
Laurent Warlouzet
Emilie Willaert

Hongrie
Gergely Fejérdy

Italie
David Burigana
Elena Calandri
Eleonora Guasconi
Luciano Segretto
Antonio Varsori

Luxembourg
Charles Barthel
Etienne Deschamps
Jean-Marie Kreins
René Leboutte
Robert Philippart
Corine Schröder
Gilbert Trausch

Pays-Bas
Anjo Harryvan
Jan W. Brouwer
Jan van der Herst

Pologne
Józef Laptos
Zdzisiaw Mach

Suisse
Antoine Fleury
Lubor Jilek